AF354157

GEORG WILHELM FRIEDRICH HEGEL

Jenaer Kritische Schriften (II)

Wesen der philosophischen
Kritik

Gemeiner Menschenverstand
und Philosophie

Verhältnis des Skeptizismus
zur Philosophie

Wissenschaftliche Behand-
lungsarten des Naturrechts

Neu herausgegeben von

HANS BROCKARD

und

HARTMUT BUCHNER

FELIX MEINER VERLAG
HAMBURG

PHILOSOPHISCHE BIBLIOTHEK BAND 319b

Bibliographische Information der Deutschen Nationalbibliothek:
Die Deutsche Nationalbibliothek verzeichnet diese Publikation in der
Deutschen Nationalbibliographie; detaillierte bibliographische
Daten sind im Internet über *portal.dnb.de* abrufbar.
ISBN 978-3-7873-4826-3
ISBN eBook 978-3-7873-3229-8

Kontaktadresse nach EU-Produktsicherheitsverordnung:
Felix Meiner Verlag GmbH
Richardstraße 47, 22081 Hamburg
info@meiner.de

INHALT

EINLEITUNG

Mit vorliegendem Band wird die Neubearbeitung von Studienausgaben der Texte Hegels in der Philosophischen Bibliothek fortgesetzt[1]. Er enthält mit Ausnahme von *Glauben und Wissen oder die Reflexionsphilosophie der Subjektivität in der Vollständigkeit ihrer Formen als Kantische, Jacobische und Fichtesche Philosophie*, das als eigener Band erscheinen wird, alle für Hegel gesicherten Arbeiten aus dem *Kritischen Journal der Philosophie*.

I

Das *Kritische Journal der Philosophie* erschien 1802 und 1803 bei Cotta als Gemeinschaftswerk Hegels und Schellings, die das *Journal* nicht nur herausgaben, sondern selbst verfaßten. Sie kündigten ihr Vorhaben in der Erlanger *Litteratur-Zeitung*, Jahrgang 1801, Halbband 2, Nr. 48 vom 26. Dezember wie folgt an:

„*Kritisches Journal der Philosophie* herausgegeben von F.W.J. Schelling und G.W.F. Hegel.

Indes allmählich der große Haufen, den die Philosophie gegen ihren Willen in der letzten Zeit zur Teilnahme sowohl als zum Zuschauen herbei gezogen hatte, sich zu verlaufen anfängt, gewinnt die wahre Wissenschaft Zeit, sich in sich selbst zurückzuziehen, und einen lebendigen Mittelpunkt der Kontraktion bildend, sich auf immer von der Unphilosophie zu scheiden. Das allgemeine Interesse, das die Philosophie wirklich gefunden hat, ihre große, weltbürgerliche Beziehung, ihr Einfluß auf die Bildung des allgemei-

---

[1] 1979 erschienen in der Philosophischen Bibliothek als Band 319a die *Jenaer Kritischen Schriften (I)*.

nen und einzelnen Lebens der Menschen, und Herstellung
der alten Größe und des fast erloschnen spekulativen Charakters aller Wissenschaften, haben die echten Wirkungen
noch lange nicht hervorgebracht. Weit entfernt, daß alle
besonderen Interessen und überhaupt jede mit der Zeit allmählich eingetretene Absonderung der einzelnen Teile des
lebendigen Ganzen durch die Philosophie zur Totalität
zurück geführt und dadurch alle Besonderheiten vernichtet
worden wären, hat die letztere vielmehr sich brauchen lassen müssen, ihnen einen neuen Zuschuß scheinbaren Lebens zu schaffen, und anstatt jene in der Tiefe ihres eigenen Mittelpunkts zu versenken, vielmehr sich selbst zu ihnen ausgedehnt und verseichtet. – Vor allem, Darstellung
des kategorischen Wesens der Philosophie im Gegensatz des
negativen Charakters der Unphilosophie; dann Berücksichtigung so viel möglich aller Berührungspunkte der Philosophie mit der gesamten Kultur, Aufnahme jedes Teils der
allgemeinen Bildung ins Absolute, und Eröffnung der Aussicht auf die wahre Palingenesie [Wiedergeburt] aller Wissenschaften durch Philosophie, ist das, wodurch das angezeigte periodische Werk der Philosophie sich die Achtung
der sich für sie interessierenden Welt versichern, und sich
die Zuneigung der Zeitgenossen zu erwerben suchen wird.
Während einiges von dem, was sich jetzt für Philosophie
ausgibt, sich selbst durch sich selbst von ihr abgeschlossen
und völlig getrennt hat, und von andern Beschränktheiten,
die sich geltend machen wollten, eine nach der andern von
selbst abfällt, werden die wenigen, welche noch durch einen
schwachen Zufluß von der Philosophie aus, den sie durch
falsche Kanäle sich zu machen gesucht hatten, ihr Leben
fristen, unfehlbar verdorren und absterben, sobald diese
letzte Hilfe ihnen abgeschnitten ist. Damit wird endlich
reine Bahn gemacht sein; und unter der Hand der Kritik
der Grund und Boden der wahren Philosophie sich von
selbst bilden können, und ruhig emporsteigen."
Es folgen Angaben zur Erscheinungsweise und das Inhaltsverzeichnis des Ersten Heftes.
Dieser Ankündigung waren unterschiedliche Bemühungen der Freunde Schelling und Hegel vorausgegangen:

Schelling, seit 1798 (mit einer halbjährigen Unterbrechung von Mai bis Oktober 1800) Außerordentlicher Professor in Jena, hatte sich schon 1798 mit Plänen für eine kritisch-philosophische Zeitschrift getragen; nachdem weitgespannte Vorhaben, in die Fichte, aber auch die Brüder Schlegel, Schleiermacher und andere einbezogen waren, sich aus sachlichen wie persönlichen Gründen zerschlagen hatten, schloß Schelling im Juni 1800 mit Cotta einen Vertrag über die Herausgabe der *Revision der neuesten Fortschritte der Philosophie und der von ihr abhängigen Wissenschaften.* Für diese Zeitschrift war Fichte als Hauptmitarbeiter vorgesehen; der Plan, der kurz vor seiner Realisierung stand — das erste Heft der *Revision* sollte Ostern 1801 erscheinen — scheiterte jedoch an den damals deutlicher zutage tretenden Unterschieden zu Fichte. — Hegel suchte seine Stelle als Hauslehrer bei der Familie Gogel in Frankfurt, die er seit 1797 inne hatte, aufzugeben. Er schrieb deshalb am 2. November 1800 nach mehrjähriger Unterbrechung der Verbindung an seinen Jugendfreund Schelling und überlegte, „welche Rückkehr zum Eingreifen in das Leben der Menschen zu finden ist". Dabei schwebte Hegel selbst offenbar eine Übersiedelung nach Jena und eine engere Zusammenarbeit mit Schelling vor.[2] — In der Tat kam Hegel Januar 1801 nach Jena und wohnte dort sogar zeitweise mit Schelling zusammen; dort griff er auch

[2] Im gleichen Brief heißt es: „Ehe ich mich dem literarischen Saus von Jena anzuvertrauen wage, will ich mich vorher durch einen Aufenthalt an einem dritten Ort stärken. . . . Von allen Menschen, die ich um mich sehe, sehe ich nur in Dir denjenigen, den ich auch in Rücksicht auf die Äußerung und die Wirkung auf die Welt [als] meinen Freund finden möchte; denn ich sehe, daß Du rein, d. h. mit ganzem Gemüte und ohne Eitelkeit, den Menschen gefaßt hast. Ich schaue darum auch, in Rücksicht auf mich, so voll Zutrauen auf Dich, daß Du mein uneigennütziges Bestreben, wenn seine Sphäre auch niedriger wäre, erkennest und einen Wert in ihm finden könnest." — *Briefe von und an Hegel.* Herausgegeben von J. Hoffmeister. Band I, Hamburg (Meiner) [2] 1961. S. 59 f.

mit der *Differenzschrift*[3] unmittelbar ein in die Auseinandersetzung Schellings mit Fichte, der damals in Berlin lehrte. So waren vonseiten der beiden Freunde alle Voraussetzungen für eine fruchtbare gemeinsame Arbeit gegeben, die sie alsbald — das Erste Stück erschien zur Jahreswende 1801/02 — mit dem *Kritischen Journal der Philosophie* verwirklichten.

Hegel wird kaum vor Herbst 1801 dazu gekommen sein, sich intensiv der Arbeit an den Beiträgen für das *Journal* zu widmen, nachdem er sich nach Abschluß der *Differenzschrift* (die *Vorerinnerung* datiert vom Juli 1801) schon im Oktober in Jena mit einer Schrift *De orbitis planetarum* und den *Theses* habilitierte. Die Themen, die er im *Kritischen Journal* behandeln wollte, klärten sich ihm allerdings nicht erst während der Arbeit an der *Differenzschrift*; am Ende der *Vorerinnerung* kündigt er an: „Einige der interessantern dieser Gegenstände [d. i. die in der *Differenzschrift* behandelten] werden sonst noch eine größere Ausführung erhalten."

Das *Kritische Journal* sollte in jährlich 2 Bänden zu je drei Heften oder „Stücken" erscheinen; jeder Band sollte „ein Alphabet", d. i. 23 Bogen umfassen. Es wurde in Fraktur gesetzt. Obwohl offenbar auf mehrere Bände angelegt, erschienen insgesamt nur 6 Hefte, d. i. 2 Bände: I. Band, Heft 1 Anfang Januar 1802, I. Band, Heft 2 Mitte März 1802; es folgte Mitte Juli 1802 zunächst das erste Heft von Band II, bevor Heft 3 von Band I und Heft 2 von Band II Mitte Dezember 1802 zusammen ausgeliefert wurden. Schließlich erschien im Mai 1803 Heft 3 von Band II als letztes Stück. Aus dem Druckauftragsbuch des Verlages Cotta geht hervor, daß eine Auflage von 500 Exemplaren vorgesehen war. Die Herstellung besorgte Frommann in Jena. — Die einzelnen Stücke enthalten folgende Beiträge:

---

[3] *Differenz des Fichteschen und Schellingschen Systems der Philosophie* ... Jena 1801. Jetzt in: G.W.F. Hegel, *Jenaer Kritische Schriften (I)*, neu herausgegeben von Hans Brockard und Hartmut Buchner, Hamburg (Meiner) 1979 = Philosophische Bibliothek 319a.

Auf den Titelblättern erschienen Schelling und Hegel als
gemeinsame Herausgeber, die einzelnen Beiträge sind jedoch nicht namentlich gezeichnet. — Nachdem mit einiger
Sicherheit feststeht, daß Dritte nicht am *Kritischen Journal* mitgewirkt haben, hat sich nach Hegels Tod 1831 an-
läßlich der Herausgabe seiner Werke durch den *Freundes-
kreis* (insbesondere anhand des Beitrages *Über das Verhältnis der Naturphilosophie zur Philosophie überhaupt*) ein
Streit darüber entzündet, ob im Einzelfall Schelling oder
Hegel als Verfasser der *Journal*-Beiträge anzusehen ist.

Dieser Zuschreibungsstreit, der zu Zeiten unnötige Formen annahm, ist von den ersten Hegel-Herausgebern, insbesondere von C.-L. Michelet, in der Absicht geführt worden,
Hegels Originalität und philosophische Unabhängigkeit auch
schon in den Jenaer Jahren enger Freundschaft und Zusammenarbeit mit Schelling zu betonen.

Die Zeitgenossen um die Jahrhundertwende hatten, auch
wenn Vermutungen über die Autorschaft einzelner Beiträge
des *Journals* angestellt wurden, zunächst wenig Interesse an
einer Klärung der Verfasserfrage: Hegel, der literarisch bisher nur mit der *Differenzschrift* und hier Partei ergreifend
für die Positionen Schellings hervorgetreten war, galt damals

allgemein als Adlatus des schon früh zu literarischem Ruhm gelangten Schelling, obwohl die beiden Freunde selbst sich gegen diese Meinung verwahrten. — Auch wenn, wie man weiß, die zeitgenössische Vermutung nicht zutrifft, so verkennt der spätere Zuschreibungsstreit doch weitgehend die konkrete Situation: Schelling und Hegel waren sich während der Arbeit am Journal mindestens in ihren kritischen Grundpositionen einig. Sie wollten — vgl. die *Ankündigung* — gegen den (sich verlaufenden) „großen Haufen" einen Mittelpunkt bilden, der fähig sein sollte, die „wahre Wissenschaft" von der „Unphilosophie zu scheiden". Letztere sahen beide insbesondere in dem damals modischen dogmatischen Kantianismus am Werk, der unter dem Etikett der philosophischen Aufklärung Kant, statt seine Intentionen aufzunehmen und selbst kritisch weiterzuentwickeln, mechanisch und weitgehend geistlos rezipierte und für den ihnen Namen wie Schulze und Reinhold standen, aber auch, wenngleich auf anderem Niveau, Fichte in einer bestimmten Weise transzendentaler Reflexion. Eine z. T. starke gegenseitige Beeinflussung der zeitweilig zusammenlebenden Freunde ist hier nur natürlich, in einzelnen Fällen die unmittelbare Zusammenarbeit an einem Text jedenfalls möglich. — Ein selbst wieder mechanisches Auseinanderdividieren „typisch Hegelscher" oder „typisch Schellingscher" Gedanken oder Passagen ist dem Sachverhalt genauso unangemessen, wie es die plumpe Verrechnung des einen auf des anderen Namen wäre. Der Zuschreibungsstreit ist nur verstehbar aus der in die Vergangenheit zurückübertragenen späteren Kluft zwischen beiden Partnern. Rosenkranz, selbst daran beteiligt, formuliert schließlich schon 1842 die auch heute noch gültige Einsicht, diesmal mehr in Verteidigung Schellings:

„Es liegt auch nichts daran ... daß und ob und was Schelling aus vertraulichen Unterredungen mit Hegel in sich aufgenommen. Dergleichen Dingen nachzuspüren, fällt schon in die Kleinkrämerei; wenn zwei mit einander umgehen, so empfängt jeder vom andern; und sogar wenn der eine bloß eine weiblich nachbildende Seele hätte, aber ein geschickter Hörer wäre, so würde er schon dadurch, daß er dem Andem zum Reden, zur Darstellung Gelegenheit gibt, produktiv auf ihn einwirken. Hier, in unserem Falle, ist gar nicht zu zweifeln, daß nicht auch Hegel, obwohl er Schellings Entwicklung aus dessen Schriften kannte, auch mündlich positive Anregung durch Schellings Umgang empfangen habe und es ist überflüssig, Schelling mit solchen Vermutungen verkleinern zu wollen." (K. Rosenkranz: *Schelling. Vorlesungen, gehalten im Sommer 1842 an der Universität zu Königsberg*. Danzig 1843. S. 182).

Man muß die Tatsache, daß Schelling und Hegel ihre *Journal*-Beiträge nicht gezeichnet haben, als das verstehen, als was sie gemeint war: Als Absage an die „Eigentümlichkeiten" ohne Leugnung der „Individualität". „Das Wesen der Philosophie ist gerade bodenlos für Eigentümlichkeiten. . . . Das wahre Eigentümliche einer Philosophie ist die interessante Individualität, in welcher die Vernunft .. sich eine Gestalt organisiert hat."[4]

Nach heutiger Kenntnis stellt sich die Autorschaft der *Journal*-Beiträge wie folgt dar.[5] Aus dem von H. Nohl 1907 — also erst nach dem Zuschreibungsstreit — erstmals veröffentlichten Lebenslauf Hegels, der vermutlich aus dem Jahre 1804[6] stammt, geht hervor, daß

— die *Einleitung: Über das Wesen der philosophischen Kritik überhaupt und ihr Verhältnis zum gegenwärtigen Zustand der Philosophie insbesondere;*
— *Wie der gemeine Menschenverstand die Philosophie nehme — dargestellt an den Werken des Herrn Krug;*

---

[4] Hegel, *Differenzschrift*, S. 9 f.

[5] Zu den Einzelheiten vgl. H. Buchner: *Hegel und das Kritische Journal der Philosophie* (siehe Literaturverzeichnis), ferner die zusammenfassenden Darstellungen in: *Kritisches Journal der Philosophie*, herausgegeben von Fr. Wilh. Joseph Schelling und Ge. Wilh. Fr. Hegel. Mit einem Anhang hrsg. v. Hartmut Buchner, Hildesheim (Olms) 1967 (hier: Nachwort von H. Buchner S. XXI ff.) und: Hegel. *Gesammelte Werke 4. Jenaer Kritische Schriften*. Hrsg. v. H. Buchner und O. Pöggeler. Hamburg (Meiner) 1968 (hier: Anhang S. 540 ff).

[6] *Hegels theologische Jugendschriften*. Hrsg. v. H. Nohl. Tübingen 1907, S. IX. (Nachdr. Minerva, Frankfurt a. M. 1966 u. ö.). She. auch *Briefe von und an Hegel*. Bd. IV. Hrsg. von R. Flechsig. Hamburg ²1961; 3. Aufl. hrsg. v. Fr. Nicolin, ebd. 1977, Bd. IV, 1, S. 89 f., 315 f.

— *Verhältnis des Skeptizismus zur Philosophie, Darstellung seiner verschiedenen Modifikationen und Vergleichung des neuesten mit dem alten;*
— *Glauben und Wissen oder die Reflexionsphilosophie der Subjektivität, in der Vollständigkeit ihrer Formen als Kantische, Jacobische und Fichtesche Philosophie;* sowie
— *Über die wissenschaftlichen Behandlungsarten des Naturrechts, seine Stelle in der praktischen Philosophie und sein Verhältnis zu den positiven Rechtswissenschaften*

von Hegel verfaßt wurden, wobei für die *Einleitung* eine Mitautorschaft Schellings anzunehmen ist (s. u.). Weiterhin ist zu vermuten, daß Hegel an den *Notizenblättern* mitgewirkt hat; insbesondere die Notiz *Ausbruch der Volksfreude über den endlichen Untergang der Philosophie*, die an den *Skeptizismus-Aufsatz* anschließt, könnte von Hegel stammen. — Die restlichen Beiträge gehören Schelling.

Nach Inhalt und Umfang sind die Arbeiten Hegels für das *Kritische Journal* meist wichtiger als die Beiträge Schellings, der gleichzeitig noch die *Zeitschrift für spekulative Physik* und die *Neue Zeitschrift für spekulative Physik* herausgab bzw. selbst schrieb. Schon aus dem Umfang sowie aus dem weitgespannten Themenkreis geht hervor, daß Hegel umfangreiche Vorarbeiten, sei es in Form von Skizzen oder Notizen, sei es nur in Form von gut durchgearbeiteter Literatur und eigenen literarischen Plänen nach Jena mitgebracht haben muß.

Das *Kritische Journal* stellte mit Heft 3 des 2. Bandes sein Erscheinen ohne Mitteilung ein. Neben äußeren Gründen — Schelling wird im Frühjahr 1803 nach Würzburg berufen, Hegel entschließt sich, seine Jenaer Dozententätigkeit vorläufig fortzuführen und konzentriert sich auf diese Aufgabe — scheinen auch innere Gründe für das Einstellen maßgebend gewesen zu sein. Das kritische Geschäft war weder für Schelling noch für Hegel Selbstzweck; nicht zufällig beenden sie schon die Ankündigung des *Journals* mit dem programmatischen Satz: „Damit wird endlich reine Bahn gemacht sein, und unter der Hand der Kritik der

Grund und Boden der wahren Philosophie sich von selbst bilden können und ruhig emporsteigen."

II

Über das Wesen der philosophischen Kritik überhaupt, und ihr Verhältnis zum gegenwärtigen Zustand der Philosophie insbesondere steht dem ganzen *Kritischen Journal* als *Einleitung* voran, gilt also sowohl für die Beiträge Hegels als auch diejenigen Schellings. In dem oben erwähnten Zuschreibungsstreit um einzelne *Journal*-Beiträge konnte es daher nicht ausbleiben, daß auch hier die Verfasserschaft Hegels in Zweifel gezogen wurde. Dies geschah einige Jahre nach der 1834 erfolgten erstmaligen Wiederveröffentlichung der *Einleitung* im 16. Band von *Hegel's Werken*.[7] Auf eine Anfrage von C.H. Weisse antwortete Schelling am 31.10. 1838: „. . . Was die Einleitung zum Kritischen Journal betrifft (Wesen der philosophischen Kritik etc.), so ist er (?) zum Teil von H. geschrieben, viele Stellen, die ich jedoch im Augenblick nicht genau zu bezeichnen wüßte, so wie die Hauptgedanken sind indes von mir; es mag wohl keine Stelle sein, die ich nicht wenigstens revidiert."[8]

Diese etwas mehrdeutige Auskunft Schellings, die Hegel zwar ausdrücklich als Verfasser bzw. Mitverfasser nennt, die gedankliche Substanz der *Einleitung* aber sich selbst zuschreibt, mag aus den gespannten persönlichen und sachlichen Verhältnissen der am damaligen Streit Beteiligten verständlich sein. Zwar ist es fast selbstverständlich, daß Schelling als Initiator und Mitherausgeber des *Kritischen Journals* an dessen *Einleitung* teilgenommen hat, aber Hegels gedanklicher und sprachlicher Anteil wird wohl kaum so

---

[7] *G.W.F. Hegel's Werke.* Vollständige Ausgabe durch einen Verein von Freunden des Verewigten. Bd. 16: *Vermischte Schriften I.* Hrsg. v. Fr. Förster u. L. Boumann. Berlin 1834. S. 33–49.

[8] *Aus Schellings Leben. In Briefen.* Hrsg. v. G.L. Plitt. Bd. 3. Leipzig 1870. S. 143. Siehe auch H. Buchner: *Hegel und das Kritische Journal der Philosophie.*, in: *Hegel-Studien.* Bd. 3. Bonn 1965. S. 134 f.

subaltern gewesen sein, wie Schelling ihn Jahrzehnte später hinzustellen versuchte. Das Geben und Nehmen wird damals, als beide zuanfang des Jahrhunderts in Jena zusammen wohnten und miteinander, wenn auch keineswegs unselbstständig zueinander dachten, nicht so zu trennen gewesen sein, wie Schelling es dann im Brief von 1838 gerne haben möchte. Daß Schelling die damals noch etwas ungelenke, stilistisch schwere und in Orthographie und Zeichensetzung oft uneinheitliche Schreibweise Hegels zuweilen „nachgebessert" hat, mag außer Zweifel stehen, gleichwohl zeigt sie unverkennbar die Prägung Hegels.

Die Grundgedanken der *Einleitung*, vor allem die das *Kritische Journal* tragende Auseinandersetzung mit der Reflexionskultur und -philosophie der neueren Zeit so wie das Wissen um die wahre Idee der Philosophie und ihre jeweils geschichtliche Konstellation stimmen mit allem überein, was wir von Hegel aus jenen Jahren kennen. In dem 1907 von H. Nohl erstmals veröffentlichten Entwurf eines Lebenslaufes Hegels, geschrieben höchstwahrscheinlich 1804, heißt es denn auch klar: „Ich gab gemeinsam mit Prof. Schelling das Kritische Journal der Philosophie in zwei Bänden heraus, worin [von mir]: Die Einleitung, . . .".[9]

Unter Zugrundelegung der Idee der Philosophie als Maßstab gibt die *Einleitung* eine klare Aufgabenbestimmung der philosophischen Kritik, ihres Wofür und Wogegen, ihrer notwendigen Funktion als „Wegbereitung" für eine Philosophie, die sich gegen die Beschränktheiten und Endlichkeiten, in welchen sich das Denken geschichtlich fixiert hatte, ihren Wesensort — das Absolute — neu erstreiten muß.[10]

III

Hegel spricht in der *Einleitung* zum *Kritischen Journal* ausführlich von den verschiedenen Formen, die sich im allge-

---

[9] *Hegels theologische Jugendschriften*, hrsg. v. H. Nohl. Tübingen 1907. S. IX. Siehe auch *Briefe von und an Hegel*. Bd. IV, Teil 1. Neu hrsg. von Friedh. Nicolin. Hamburg 1977. S. 89 u. S. 315.

[10] Vgl. unten bes. S. 10 f und S. 14 f.

meinen mehr oder weniger herrschend in der jetzigen deutschen Philosophie fänden und auf die sich dieses *Journal* richte.[11] Beim Durchgehen dieser Formen kommt er am Schluß noch auf eine Manier zu sprechen, an die sich die Kritik vorzüglich zu heften habe, nämlich diejenige Manier, „welche im Besitz der Philosophie zu sein vorgibt, die Formen und Worte, in welchen große philosophische Systeme sich ausdrücken, gebraucht, viel mitspricht, aber im Grunde ein leerer Wortdunst ohne innern Gehalt ist. Ein solches Geschwätze ohne die Idee der Philosophie erwirbt sich durch seine Weitläufigkeit und eigene Anmaßung eine Art von Autorität, teils weil es fast unglaublich scheint, daß so viel Schale ohne Kern sein soll, teils weil die Leerheit eine Art von Verständlichkeit hat. Da es nichts Ekelhafteres gibt, als diese Verwandlung des Ernsts der Philosophie in Plattheit, so hat die Kritik alles aufzubieten, um dies Unglück abzuwehren.“[12]

Eine solche Abwehr unternimmt Hegel in dem „kleinen Scharmützel“[13] *Wie der gemeine Menschenverstand die Philosophie nehme, — dargestellt an den Werken des Herrn Krug.* Dieses Stück ist eine derbe Satire und gehört zum Bissigsten, was wir von Hegel kennen. Was ihn so aufbringt, ist neben manch anderem vor allem die völlige Verbiegung und das Plattmachen des für Hegel selbst zwar noch ganz einseitigen, aber zugleich wesentlichen und einzigartigen philosophischen Ansatzes, wie er mit der kritischen Philosophie (Kant) zum Durchbruch und zur Durchführung kam, dazu Krugs hochmütige und selbstgefällige, nur dem Anschein nach wirklich ernstnehmende „Auseinandersetzung“ mit Fichte und dem befreundeten Schelling. Es ist der Einzug des gemein gewordenen Menschenverstandes, dessen Borniertheit und Eitelkeit das echte Philosophieren in Unphilosophie verwandelt und so hoffähig macht. Dabei bleibt für uns freilich zu beachten, daß der mit Hegel gleichaltrige

[11] Siehe unten S. 6.
[12] Siehe unten S. 5.
[13] Karl Rosenkranz: *G.W.F. Hegels Leben.* Berlin 1844 (Nachdruck 1963 u. ö.). S. 165.

W. T. Krug damals ein durchaus angesehener und, verglichen mit manchen Späteren, auch solider und verständiger Philosoph war.[14] Nur wer die eigentliche Dimension der Hegelschen Philosophie, ihr Sein im Absoluten, ernst nimmt und durchzuhalten versucht, darf seine harte Abfertigung Krugs als gerechtfertigt ansehen und darüber auch mitlachen.

Hegel selbst weiß sehr wohl zu unterscheiden zwischen einem echten, gesunden Menschenverstand und dem zur Unphilosophie sich aufspreizenden gemein gewordenen Menschenverstand; seine Abfertigung Krugs ist nicht schon Abfertigung des echten, gesunden Menschenverstandes. Über dessen Verhältnis zur wahren Philosophie bzw. dieser zu ihm hatte Hegel bereits 1801 in einem kurzen, sehr eindringlichen Abschnitt seiner *Differenzschrift* gehandelt, und er hat dort auch gezeigt, wo und wie sich beide begegnen können; auf diesen Abschnitt sei gerade im Zusammenhang der Krug-Satire ausdrücklich hingewiesen.[15]

IV

Hegels große Abhandlung *Verhältnis des Skeptizismus zur Philosophie, Darstellung seiner verschiedenen Modifikationen, und Vergleichung des neuesten mit dem alten* geht, wie schon der Titel zeigt, weit über eine Auseinandersetzung mit der Reflexionsphilosophie in G. E. Schulzes (sog. Aenesidemus-Schulze) *Kritik der theoretischen Philosophie* hinaus, die hier für das steht, was Hegel den „neuesten Skeptizismus" nennt. Worum es Hegel eigentlich geht, sagt er gleich zuanfang der Abhandlung: „. . . eine Erörterung

[14] W.T. Krug wurde 1805 Nachfolger Kants in Königsberg. Siehe über ihn J. E. Erdmann: *Die Entwicklung der deutschen Spekulation seit Kant.* Nachdruck Stuttgart 1931 u.ö. Bd. 1. S. 368–382.

[15] Siehe das Kapitel *Verhältnis der Spekulation zum gesunden Menschenverstand* im 1. Abschnitt von Hegels *Differenz des Fichteschen und Schellingschen Systems der Philosophie*, in: G.W.F. Hegel: *Jenaer Kritische Schriften (I)*, hrsg. v. H. Brockard u. H. Buchner. Hamburg 1979. S. 20–25. (= Philosophische Bibliothek Bd. 319a)

des Verhältnisses des Skeptizismus zur Philosophie, und eine daraus entspringende Erkenntnis des Skeptizismus selbst, scheint auch darum nicht unverdienstlich, da die Begriffe, die sich gewöhnlich über ihn vorfinden, höchst formell sind, und sein, wenn er wahrhaft ist, edles Wesen in einen allgemeinen Schlupfwinkel und Ausrede von der Unphilosophie in den neuesten Zeiten verkehrt zu werden pflegt."[16] Dabei ist der „neueste Skeptizismus" nicht einmal mehr eine der verschiedenen Modifikationen des alten in seinem Verhältnis zur Philosophie, sondern eine völlige Verdrehung und Zerstörung des dem spekulativen Denken wesensnotwendigen skeptischen Momentes.

Die Abhandlung beginnt mit einer kurzen Charakterisierung dessen, was G.E. Schulze[17] unter Philosophie überhaupt und angeblich skeptischem Philosophieren insbesondere versteht (S. 35 bis etwa S. 44), geht dann über zu einer ausführlichen Darstellung des wahren Verhältnisses des Skeptizismus zur Philosophie (S. 46), wobei die verschiedenen Modifikationen dieses Verhältnisses in der antiken Philosophie behandelt werden (S. 46—67), um dann aus den gewonnenen Einsichten her noch einmal im Einzelnen den „Unterschied und das Wesen des neuesten Skeptizismus" dazu aufzuzeigen (S. 67—89); von einiger Bedeutung sind dabei u. a. auch die Ausführungen Hegels zu Leibniz. Stets geht es Hegel bei dieser ganzen Darstellung in erster Linie um die Rettung und Bewahrung jenes „echten Skeptizismus", der eins ist mit der spekulativen Philosophie, d. h. den ein Philosophieren unter dem Anspruch des Absoluten und als Darstellung des Absoluten im Element des Denkens zur Durchführung seiner ureigensten Aufgabe braucht.

Der „echte Skeptizismus" ist hier die Vorstufe dessen, was Hegel später dann als das dialektische Moment seiner philosophischen Methode bezeichnet (,,negative Seite der Erkenntnis des Absoluten"[18]). Bereits der erste Biograph

<hr>

[16] Siehe unten S. 34.
[17] Über G.E. Schulze siehe J.E. Erdmann, a.a.O., S. 501—509.
[18] Siehe unten S. 48.

Hegels, Karl Rosenkranz, hatte völlig zurecht darauf hingewiesen, daß die *Skeptizismusabhandlung* von 1802 „in das
Innerste der Philosophie" eingreife.[19] Dieses Innerste ist
eben das Verhältnis dessen, was Hegel um diese Zeit auch
„philosophische Reflexion" nennt, zur Darstellung des Absoluten bzw. als Darstellung des Absoluten.[20]

Die Beschäftigung des jungen Hegel mit dem Skeptizismus im Zuge der Ausarbeitung seines spekulativ-philoso-
phischen Ansatzes geht bereits in die Frankfurter Zeit
(1797—1800) zurück. So berichtet uns Karl Rosenkranz
einmal: „Aus den zufällig noch vorhandenen Buchhändler-
rechnungen, welche Hegel in Frankfurt bezahlte, ersehen
wir, daß er vorzüglich Schellings Schriften und Griechische Klassiker in den besten, neuesten Ausgaben kaufte.
Besonders muß er den Platon und Sextus Empirikus
viel studiert haben."[21]; Sextus Empirikus galt bis in den
Anfang des 19. Jahrhunderts hinein neben Platon und Aristoteles als der dritte alte Philosoph, der auf jeden Fall zu
studieren war. Der „echte Skeptizismus" taucht dann am
Schluß der *Differenzschrift*, Hegels erster philosophischer
Veröffentlichung (1801), auf als jene Denkweise, die ent-
stehe, wenn im Bedürfnis der Philosophie die Reflexion
über die Phantasie überwiege — eine Stelle, deren Deutung
freilich einige Schwierigkeiten bereitet und bis heute noch
aussteht.[22] Ebenso unvermittelt, wenn man die Hintergrün-
de nicht kennt, spricht Hegel dann, in scharfer Wendung
gegen Kant, wieder in seinen Habilitationsthesen von 1801
vom Skeptizismus. These VI lautet: „Idea est synthesis in-
finiti et finiti et philosophia omnis est in ideis" (Idee ist
die Synthesis des Unendlichen und Endlichen und alle Philosophie ist in Ideen").[23] Von der Kantischen Philosophie
heißt es dann in der nächsten These: „Philosophia critica

[19] K. Rosenkranz, a.a.O., S. 166.

[20] Siehe das Kapitel *Reflexion als Instrument des Philosophierens* im 1. Abschnitt der *Differenz des Fichteschen und Schellingschen Systems der Philosophie*, a.a.O., S. 15—20.

[21] K. Rosenkranz, a.a.O., S. 100.

[22] A.a.O., S. 115 f.

[23] K. Rosenkranz, a.a.O., S. 158.

caret ideis et imperfecta est Sceptcismi forma" („Die
kritische Philosophie ermangelt der Ideen und ist eine
unvollkommene Form des Skeptizismus");[24] Kant in diesem Sinne als unvollkommene Form des Skeptizismus zu
bezeichnen, das setzt einen Begriff von echtem Skeptizismus voraus, der allem, was damals an Skeptizismus-Auf-
fassungen herrschend war, geradezu entgegen ist. Diese
knappen historischen Hinweise zeigen zwar auf die große
Bedeutung, die beim jungen Hegel das echte und wahre
skeptische Moment für die philosophische Spekulation hat,
aber erst die *Skeptizismusabhandlung* aus dem *Kritischen
Journal* führt das bis dahin nur Angedeutete in seiner ganzen Fülle aus.

V

Die Abhandlung *Über die wissenschaftlichen Behandlungsarten des Naturrechts, seine Stelle in der praktischen Philosophie, und sein Verhältnis zu den positiven Rechtswissenschaften* ist nächst *Glauben und Wissen* die umfangreichste
Abhandlung, die Hegel für das *Kritische Journal* verfaßt
hat. Sie steht in engem Zusammenhang mit seiner Jenaer
Vorlesungstätigkeit: Hegel liest in Jena insgesamt fünfmal
‚ius naturae', erstmals im Sommersemester 1802, also unmittelbar vor Erscheinen des *Naturrechtsaufsatzes* im *Kritischen Journal*, letztmals im Sommersemester 1805.
Wenn man von einem modernen Vorverständnis von Naturrecht und vom letzten Teil des Titels — das Verhältnis
des Naturrechts zu den positiven Rechtswissenschaften —
ausgeht und eine Auseinandersetzung mit zeitgenössischem
positiven Recht, etwa dem Preußischen Allgemeinen Land-
recht von 1794, unter Berufung auf überpositives Recht
(Menschenrechte, Grundrechte) erwartet, wird man ent-
täuscht. Weder handelt der *Naturrechtsaufsatz* von überpositiven Rechts(grund)sätzen, noch beschäftigt er sich mit
identifizierbaren Rechtssystemen. Er entwickelt eher —

---

[24] K. Rosenkranz, a.a.O., S. 159.

weitgehend in polemischer Auseinandersetzung insbesondere mit Kant und Fichte, aber auch mit Hobbes, Rousseau und anderen — so etwas wie grundsätzliche Vorüberlegungen zu einer systematischen Ethik. Vom dreigeteilten Titel der Abhandlung ist somit die Fragestellung des mittleren Teils — die Stelle des ‚Naturrechts' in der ‚praktischen Philosophie' — in der Sache leitend.

Wenn Hegel auch in der Terminologie Kant und Fichte folgt — seit der *Kritik der praktischen Vernunft* steht der Begriff des Praktischen für das, was früher Ethik hieß, und Fichte handelte 1796 unter dem Begriff des Naturrechts die Rechts- und Staatsphilosophie ab[25] — und wir die Themenstellung somit übersetzen können als die Frage nach dem Verhältnis von Ethik zu Rechts- und Staatsphilosophie, so setzt sich Hegel inhaltlich von beiden gerade ab.

Im ersten Teil des Aufsatzes werden unter der Überschrift „Über die wissenschaftlichen [d. i. philosophischen] Behandlungsarten des Naturrechts" zunächst die als „empirisch" charakterisierten älteren Rechts- und Staatstheorien (etwa von Bodin bis Rousseau, ohne deren Namen zu nennen) kritisch, aber nicht ohne Sympathie behandelt (S. 95—108), während anschließend Kant und Fichte als „rein-formelle" Behandlungsarten des Themas der Kritik unterzogen werden (S. 108—132). „Empirisch" nennt Hegel die älteren Rechts- und Staatstheorien, weil sie nicht deduzierend, sondern induktiv, von der Wirklichkeit ausgehend, zu theoretischer Verallgemeinerung fortschreiten. Sie bleiben so zwar der „Zufälligkeit" ausgeliefert — in der Strafrechtstheorie z. B. dem Wiedergutmachungs- oder Besserungsgedanken — und enden aufs Ganze gesehen wegen der Unabweisbarkeit der Einheitsforderung jeder Theorie in Konstruktionen insbesondere eines hypothetischen Naturzustandes; durch ihr Beharren auf einem Wirklichkeitsbezug verfügen sie für Hegel aber jederzeit über ein wirksames Korrektiv gegen das Sich-Verlieren in bloße Reflexion. —

---

[25] Johann Gottlieb Fichte: *Grundlage des Naturrechts nach Prinzipien der Wissenschaftslehre*. (Teil 1) Jena und Leipzig 1796, Teil 2 ebenda 1797.

Wie schon in der *Differenzschrift*[26] gegen Fichtes Naturrecht moniert Hegel anschließend den aus Begriffen deduktiv konstruierenden Stil insbesondere der Kantischen Ethik in der *Kritik der praktischen Vernunft* als ‚rein formell‘. Im Versuch, von allem Inhalt abzusehen, verliert Kant nach Meinung Hegels von Anfang an den Boden der Wirklichkeit unter den Füßen und produziert unversehens Tautologien. Nicht nur das von Kant angezogene Beispiel des Depositums reduziert sich für Hegel zu der Aussage, daß, wenn Eigentum ist, Eigentum Eigentum sein und bleiben muß (– während es eigentlich Aufgabe ist, den Sinn von so etwas wie Eigentum in einer konkreten historischen Gestalt darzutun); auch der Kategorische Imperativ selbst ist tautologisch: stellt er doch die Forderung auf, den besonderen Willen allgemein zu machen und umgekehrt, ohne zu beider Inhalt etwas zu sagen. Eine von jeglichem Inhalt absehende (rein formelle) Ethik ist für Hegel unsittlich, was sich im Falle Kants an der Trennung von Legalität und Moralität zeigt: die Gesinnung/Gesittung emigriert in die Innerlichkeit, das Verhältnis der Bürger untereinander und zum Staat wird mechanisch; Treu und Glauben sind verlorengegangen, wie es Fichte[27] einerseits als die Folge der Trennung von Legalität und Moralität und andererseits als die Voraussetzung des ‚Rechtes in einem gemeinen Wesen‘ bezeichnet.

Im zweiten Teil seiner Abhandlung setzt Hegel diesen zeitgenössischen Versuchen zu Ethik, Rechts- und Staatsphilosophie zunächst die Wirklichkeit der griechischen Polis entgegen, um anschließend auf wenigen Seiten eine systematische Skizze seiner Position zu geben. – Wenn die Ethik – wie alle philosophischen ‚Disziplinen‘ – eine Wissenschaft vom Absoluten sein soll, muß sie dieses, wie Hegel in der *Differenzschrift*[28] ausführlich darlegt, vorausset-

---

[26] G.W.F. Hegel: *Differenz des Fichteschen und Schellingschen System der Philosophie*, in: *Jenaer Kritische Schriften* (I), hrsg. v. Hans Brockard und Hartmut Buchner. Hamburg (Meiner) 1979 (= PhB Band 319a), insbes. S. 64 ff.

[27] Fichte, a.a.O., §§ 13 und 14.

[28] Hegel, a.a.O., S. 15 f. und 20 ff.

zen und von ihm ausgehen, statt es konstruierend herstellen zu wollen. Der ‚empirische' Aspekt des Absoluten ist Totalität, sein ethisches Moment Sittlichkeit. So setzt Hegel „das Positive voraus, daß die absolute sittliche Totalität nichts anderes als ein Volk ist".[29] Unter der Voraussetzung, daß das rechte Verhältnis von Sittlichkeit, Recht und Staat in der Wirklichkeit eines Volkes nicht erst konstruktiv herzustellen, sondern rekonstruktiv einzuholen ist, gewinnt die griechische Polis paradigmatischen Charakter sowohl in ihrer politischen Realität im perikleischen Athen als auch in der denkerischen Aufarbeitung durch Plato und Aristoteles. Unter den Titeln der Tragödie bzw. der Komödie im Sittlichen bedenkt Hegel zugleich das geschichtlich Einmalige dieser Gestaltung. – Dieser schon ursprünglich geschichtlich-konkrete Ansatz bestimmt auch die systematische Skizze Hegels: er faßt Naturrecht auf als Ausdruck der „realen absoluten Sittlichkeit", d. h. als ἦθος eines Volkes und seiner Angehörigen im Gegensatz zur „Moralität" als dem Versuch, Sittlichkeit nicht als Geprägtheit eines Ganzen und seiner Glieder, sondern als Ergebnis individualistischer Gesetzeserfüllung zu thematisieren. So ist Ethos unter dem Titel Naturrecht für Hegel das Umfassende (Umgreifende) für Ethik, Rechts- und Staatsphilosophie; Recht, Staat und öffentliches wie privates Verhalten der Einzelnen stehen in einem organischen Verhältnis: „die Sittlichkeit des Einzelnen ist ein Pulsschlag des ganzen Systems, und selbst das ganze System".[30] Einheit ist nicht hergestellt, sondern ursprünglich, Recht und Staat nicht Zwang, sondern Gestalt(ung) der gemeinsamen Freiheit. Hegel faßt dies zusammen in der pythagoräischen Antwort auf die Frage nach der bestmöglichen Erziehung: Einen zum Bürger eines wohleingerichteten Volkes zu machen.[31] Die Leitfrage der Abhandlung nach dem Verhältnis von Ethik, Recht und Staat beantwortet Hegel also fast schroff so: alle drei sind im guten Fall Ausprägungen des einen Ethos

---

[29] Siehe unten S. 133.
[30] Siehe unten S. 154.
[31] Siehe unten S. 158.

und insofern entfaltete Identität (– und der schlechte Fall
des Verlusts der Identität ist philosophisch unergiebig: der
Verlust der Identität bedeutet konkret einen Zustand der
Unsittlichkeit, aus dem Sittlichkeit nicht abgeleitet werden
kann).

Im dritten Teil der Abhandlung – das „Verhältnis zu
den positiven Rechtswissenschaften" – kritisiert Hegel zunächst unter dem Titel „Form" der Positivität der Rechtswissenschaften, daß in der Moderne eine Form der positiven Rechtsverhältnisse, nämlich die bürgerliche des Ver-
trages, zum Paradigma von Rechtsverhältnissen überhaupt
geworden ist und sich sowohl auf Öffentliches wie auf
Staats- und Völkerrecht ausdehnen konnte. Daran anschließend beschreibt er das ‚Positivwerden' der Gesetzessphäre
in der Loslösung von der lebendigen Sittlichkeit eines Volkes als Zerbrechen der ursprünglichen, organischen Totalität – „Als Sitte und Gesetz Eins war. . ."[32] – und d.h. als
Verlust der (lebendigen) Totalität, der im Organischen der
Tod ist; so werden Gesetze schließlich „positiv", d.h. Ausdruck eines „erstorbenen Lebens".[33] Das goethesche „Weh'
euch, daß ihr Enkel seid!" ist für Hegel kein notwendiger
Zustand der Rechtssphäre des Staates, wohl aber der konkrete, politisch-geschichtliche Zustand der deutschen Klein-
staaterei zu Beginn des 19. Jahrhunderts, wo die Gesetze
nur noch „Wahrheit zu haben scheinen": „So können in
einem aufgelösten Volk, wie z. B. im deutschen allerdings,
die Gesetze Wahrheit zu haben scheinen. . ."[34] So endet
der *Naturrechtsaufsatz* in politischen Reflexionen: Das Hervortreten einer neuen Gestalt – geschichtlich vorgebildet
in der Französischen Revolution – geschieht im „Sprung"
ebenso, wie der Untergang der alten „auf einmal und brechend ist".[35] Im Falle Deutschlands wird das Neue nicht
durch die Wiederbelebung des alten Reiches erlangt werden
können, weil in ihm zu viel Totes = Positives mitgeschleppt
werden müßte; um sich von diesem Toten gereinigt erhal-

---

[32] Siehe unten S. 174.
[33] Siehe unten S. 175.
[34] Siehe unten S. 176.
[35] Siehe unten S. 177.

ten zu können, wird das bewußte „Opfer eines Teils ihrer selbst"[36] nötig. — Hegel denkt schon 1801/02 ‚preussisch'; die Zukunft Deutschlands liegt für ihn im protestantischen Norden. Naturrecht bezeichnet für Hegel also etwas anderes als heute der Begriff des gegen positives = geschriebenes Recht kritischen überpositiven (ungeschriebenen) Rechts, nämlich Sittlichkeit, ἦθος als Quellgrund geordneten staatlichen wie bürgerlichen wie privaten Lebens. So ist der von Rosenkranz *System der Sittlichkeit* genannte Reinschriftentwurf Hegels zur Naturrechtsvorlesung von 1802/03[38] sicher nicht falsch betitelt[37], auch wenn unter diesem Titel die angezielte politische Komponente für heutige Leser verlorengeht. — Hegel hat sein organisches, auf Gliederung als entfaltete Identität und Totalität ausgerichtetes Modell unter Modifikationen bis hin zu den *Grundlinien der Philosophie des Rechts* von 1821 aufrechterhalten, darin der deutschen Romantik vorangehend. In der rauhen Wirklichkeit des 19. und 20. Jahrhunderts aber haben sich (wenn man so will) Kant und Fichte, die Trennung von Legalität und Moralität, hat sich die ‚Reflexionskultur' durchgesetzt — man vergleiche nur die heutige Wirklichkeit des Meldewesens und der Paßämter mit Hegels kritischer Fußnote in der *Differenzschrift*.[39] Angesichts der Erfahrung von der Mißbrauchbarkeit identitätsphilosophischer Naturrechtsspekulation durch eine versteinerte Reflexion in den Faschismen des 20. Jahrhunderts läßt sich daraus jedoch kein Rückschluß auf die ‚Wahrheit' von Hegels Position ziehen.

[36] Siehe unten S. 178.
[37] Vgl. Franz Rosenzweig: *Hegel und der Staat*. Erster Band. München und Berlin 1920, S. 130 (Nachdruck Aalen, Scientia, 1962).
[38] Vgl. Heinz Kimmerle: *Hegels Naturrecht 1802–1805/06*, in: *Hegel-Studien*, Band 11. Bonn 1976. SS. 219–228.
[39] G.W.F. Hegel: *Differenzschrift* S. 69.

VI

Textgrundlage für vorliegende Studienausgabe ist der von Hartmut Buchner und Otto Pöggeler herausgegebene *Band 4* der historisch-kritischen Ausgabe der *Gesammelten Werke* G.W.F. Hegels (Hamburg 1968).

Hegel geht bei seinen frühen Schriften — auch verglichen mit seinen eigenen späteren Veröffentlichungen — recht willkürlich und zuweilen auch undurchsichtig mit Rechtschreibung und Zeichensetzung um. Im Rahmen dieser Studienausgabe wurden Rechtschreibung und Zeichensetzung vorsichtig normalisiert und modernisiert, wobei im Großen und Ganzen die Grundsätze gelten, die Friedhelm Nicolin und Otto Pöggeler bei der Studienausgabe der *Enzyklopädie der philosophischen Wissenschaften im Grundrisse* (Hamburg 1959, Philosophische Bibliothek Bd. 33) auf den Seiten L f. aufgestellt haben.

Insoweit dies sinnvoll erschien, wurden gewisse Eigenheiten der Hegelschen Rechtschreibung beibehalten (Ahndung statt Ahnung, Gemeine statt Gemeinde); auch wurde nicht versucht, Unregelmäßigkeiten Hegels z. B. im Gebrauch der Fälle, bei Getrennt- oder Zusammen-, Groß- und Kleinschreibung mechanisch zu vereinheitlichen. Eindeutig substantivisch gebrauchte Adjektive etc. (wie z. B. das Sittliche, die Entgegengesetzten) wurden jedoch regelmäßig groß geschrieben.

Der stark rhythmisierende Gebrauch von Kommata wurde beibehalten, wo Mißverständnisse nicht zu befürchten waren; auch das Semikolon, das Hegel nahezu als universelles Satzzeichen verwendet (also auch in der Funktion von Punkt, Doppelpunkt, Klammer, Gedankenstrich oder Komma), wurde nur dort ersetzt, wo andernfalls schwere Irritationen entstehen.

Wo irgend Zweifel möglich waren, wurde das Hegelsche Original wiedergegeben. — Hinzufügungen der Herausgeber stehen in eckigen Klammern; in wenigen Fällen wird in den Anmerkungen ein Lesevorschlag gemacht.

Die Textauszeichnungen Hegels (Sperrung und serifenlose Schrift) wurden übernommen; von Hegel zitierte Werke wurden kursiv, Autorennamen recte wiedergegeben (z. B. Sextus, *Pyrrhonische Hypotyposen*).

Die Seitenangaben auf dem Innenrand des lebenden Kolumnentitels verweisen auf die Seitenzahlen der historisch-kritischen Ausgabe, wobei der Beginn einer neuen Seite durch Schrägstrich markiert wurde. Die Kustoden am inneren Rand — die gegebenenfalls den Zeilenzähler verdrängen — verweisen auf Herausgeber-Anmerkungen; soweit sich diese Anmerkungen auf größere Textstücke beziehen, steht der Kustos jeweils bei der letzten Zeile der anzumerkenden Stelle.

Für die Anmerkungen der Herausgeber wurden die Anmerkungen der historisch-kritischen Ausgabe übernommen und gegebenenfalls ergänzt; fremdsprachliche Zitate und Termini Hegels wurden übersetzt.

Herbst 1982   Hans Brockard
                                               Hartmut Buchner

LITERATURHINWEISE

I. AUSGABEN

Kritisches Journal der Philosophie herausgegeben von Fr. Wilh. Joseph Schelling und Ge. Wilhelm Fr. Hegel. 2 Bde. Tübingen (Cotta) 1802–03 (= *KJ*). – Reprographischer Nachdruck dieses Erstdruckes mit einem Anhang hrsg. von Hartmut Buchner. 2 in 1 Bd. Hildesheim (Olms) 1967.

Friedrich Wilhelm Joseph Schelling – Georg Wilhelm Friedrich Hegel: Kritisches Journal der Philosophie 1802–03. Hrsg. mit Nachwort, Anmerkungen und Personenregister von Steffen Dietzsch. 2 in 1 Bd. Leipzig (Reclam) 1981 (= *KJR*). Zur Textgestaltung dieser Ausgabe s. dort S. 459.

Über das Wesen der philosophischen Kritik

1. Ueber das Wesen der philosophischen Kritik überhaupt, und ihr Verhältniß zum gegenwärtigen Zustand der Philosophie insbesondere (= Einleitung in das Kritische Journal der Philosophie). In: KJ. Ersten Bandes erstes Stück. S. III–XXIV. – KJR S. 7–20.
2. G. W. F. Hegel's Werke. Vollständige Ausgabe durch einen Verein von Freunden des Verewigten (= *Freundesausgabe*). Bd. 16: Vermischte Schriften I. Hrsg. v. Friedrich Förster u. Ludwig Boumann. Berlin 1834. S. 33–49.
3. G. W. F. Hegel. Sämtliche Werke. *Jubiläumsausgabe* hrsg. v. Hermann Glockner. Bd. 1: Aufsätze aus dem Kritischen Journal der Philosophie und andere Schriften aus der Jenenser Zeit. In neuer Anordnung hrsg. v. H. Glockner. Stuttgart ¹1927, ³1958. S. 171–189.
4. G. W. F. Hegel. *Erste Druckschriften*. Nach dem ursprünglichen Text hrsg. v. Georg Lasson (= Philosophische Bibliothek Bd. 62). Leipzig 1928. S. 117–130.
5. G. W. F. Hegel. *Studienausgabe*. Hrsg. v. Karl Löwith u. Manfred Riedel. Bd. 1: Gymnasialreden, Aufsätze, Rezensionen, Einlei-

tung zur Philosophie der Weltgeschichte (= Fischer-Bücherei Nr.
876). Frankfurt a.M. 1968. S. 95–106.
6. G. W. F. Hegel. *Gesammelte Werke*. Hrsg. im Auftrag der Deutschen Forschungsgemeinschaft. Bd. 4: Jenaer Kritische Schriften.
   Hrsg. v. Hartmut Buchner u. Otto Pöggeler. Hamburg 1968. S.
   117–128.
7. G. W. F. Hegel. *Theorie-Werkausgabe*. Hrsg. v. Eva Moldenhauer
   u. Karl Markus Michel. Frankfurt a.M. 1970. S. 171–187.
8. G. W. F. Hegel. *Jenaer Schriften*. Hrsg. v. Gerd Irrlitz. Berlin
   (DDR) 1972. S. 263–279.

Wie der gemeine Menschenverstand die Philosophie nehme

1. Wie der gemeine Menschenverstand die Philosophie nehme, –
   dargestellt an den Werken des Herrn Krug's. In: KJ. Ersten Bandes erstes Stück. Tübingen (Cotta) 1802. S. 91–115. – KJR S.
   74–89.
2. Freundesausgabe. Bd. 16. S. 50–59.
3. Jubiläumsausgabe. Bd. 1. S. 191–212.
4. Erste Druckschriften. S. 143–160.
5. Studienausgabe. Bd. 1. S. 81–95.
6. Gesammelte Werke. Bd. 4. S. 174–187.
7. Theorie-Werkausgabe. Bd. 2. S. 188–207.

Verhältnis des Skeptizismus zur Philosophie

1. Verhältniß des Skepticismus zur Philosophie, Darstellung seiner
   verschiedenen Modificationen, und Vergleichung des neuesten
   mit dem alten. In: KJ. Ersten Bandes zweytes Stück. S. 1–74. –
   KJR S. 90–139.
2. Freundesausgabe. Bd. 16. S. 70–130.
3. Jubiläumsausgabe. Bd. 1. S. 213–275.
4. Erste Druckschriften. S. 161–211.
5. Studienausgabe. Bd. 1. S. 107–151.
6. Gesammelte Werke. Bd. 4. S. 197–238.
7. Theorie-Werkausgabe. Bd. 2. S. 213–272.
8. Jenaer Schriften. S. 281–336.

Über die wissenschaftlichen Behandlungsarten des Naturrechts

1. Ueber die wissenschaftlichen Behandlungsarten des Naturrechts,
   seine Stelle in der praktischen Philosophie, und sein Verhältniß zu

den positiven Rechtswissenschaften. In: KJ. Zweyten Bandes zweytes Stück, S. 1–88 u. Zweyten Bandes drittes Stück, S. 1– 34. – KJR S. 331–412.

2. Freundesausgabe. Bd. 1. S. 321–423.

3. Hegels Schriften zur Politik und Rechtsphilosophie. Hrsg. v. Georg Lasson (= Philosophische Bibliothek Bd. 144). Leipzig 1913. S. 327–416.

4. Jubiläumsausgabe. Bd. 1. S. 435–537.

5. Gesammelte Werke. Bd. 4. S. 417–464.

6. Theorie-Werkausgabe. Bd. 2. S. 434–530.

7. Jenaer Schriften. S. 337–427.

8. G. W. F. Hegel. Frühe politische Systeme. System der Sittlichkeit. Über die wissenschaftlichen Behandlungsarten des Naturrechts. Jenaer Realphilosophie. Hrsg. u. kommentiert v. Gerhard Göhler (= Ullstein-Buch Nr. 3031). Frankfurt a.M.–Berlin–Wien 1974. S. 103–199.

II. WEITERFÜHRENDE LITERATUR

Avineri, Shlomo: Hegel's Theory of the Modern State. London 1972. Paperbackedition 1974. – Siehe auch die Rezension von O. Pöggeler in: Hegel-Studien. Bd. 9. Bonn 1974. S. 263–267.

Bloch, Ernst: Naturrecht und menschliche Würde. Frankfurt a.M. [2]1980 (= stw Bd. 250).

Bobbio, Noberto: Hegel und die Naturrechtslehre. In: Hegel in der Sicht der neueren Forschung. Hrsg. v. I. Fetscher (= Wege der Forschung Bd. 52). Darmstadt (Wissenschaftliche Buchgesellschaft) 1973. S. 291–321. Wiederabgedruckt in: Materialien zu Hegels Rechtsphilosophie. Bd. 2. Hrsg. v. M. Riedel (= stw Bd. 89). Frankfurt a.M. 1975. S. 81–108.

Bonsiepen, Wolfgang: Der Begriff der Negativität in den Jenaer Schriften Hegels. Hegel-Studien. Beiheft 16. Bonn 1977.

Buchner, Hartmut: Hegel und das Kritische Journal der Philosophie. In: Hegel-Studien. Bd. 3. Bonn 1965. S. 95–156.

–:Zur Bedeutung des Skeptizismus beim jungen Hegel. In: Hegel-Studien. Beiheft 4 (Hegel-Tage Urbino 1965). Bonn 1969. S. 49–56.

Caujolle-Zaslawsky, F.: Le scepticisme selon Hegel. In: Revue Philosophique de la France et de l'Etranger. Bd. 98. Paris 1973. S. 461–476.

Claesges, Ulrich: Legalität und Moralität in Hegels Naturrechtsschrift. Zur Problematik der praktischen Philosophie im Deutschen Idealismus. In: Der Idealismus und seine Gegenwart. Festschrift für Werner Marx zum 65. Geburtstag. Hrsg. v. U. Guzzoni, B. Rand u. L. Siep. Hamburg 1976. S. 53–74.

Cruysberghs, P.: De zedelijke organisatie van een volk. Een analyse van Hegels artikel „Über die wissenschaftlichen Behandlungsarten des Naturrechts". [Die sittliche Organisation eines Volkes. Eine Analyse von Hegels Aufsatz. . .] In: Tijdschrift voor Filosofie. Bd. 38. Leuven 1976. S. 236–263.

Dilthey, Wilhelm: Die Jugendgeschichte Hegels und andere Abhandlungen zur Geschichte des deutschen Idealismus (= Gesammelte Werke Bd. IV). Leipzig–Berlin 1921 u. ö.

Dinkel, Bernhard: Die Einheit von Indifferenz und Verhältnis im System der Sittlichkeit. Hegels Frühjenaer Verknüpfung von antikem und neuzeitlichem Natur- und Staatsrecht. In: Salzburger Jahrbuch für Philosophie. Bd. 21/22. Salzburg–München 1976–77. S. 95–134.

Düsing, Klaus: Die Bedeutung des antiken Skeptizismus für Hegels Kritik der sinnlichen Gewißheit. In: Hegel-Studien. Bd. 8. Bonn 1973. S. 119–130.

—: Das Problem der Subjektivität in Hegels Logik. Hegel-Studien Beiheft 15. Bonn 1976.

—: Hegel in Jena. Eine Übersicht über die Lage der Forschung . . . In: Zeitschrift für philosophische Forschung. Bd. 32. Meisenheim/ Glan 1978. S. 405–416.

Erdmann, Johann Eduard: Versuch einer wissenschaftlichen Darstellung der Geschichte der neueren Philosophie. 3. Abtlg. Bd. 1–3: Die Entwicklung der deutschen Spekulation seit Kant. Riga und Leipzig 1834–1853. Erweiterter Neudruck hrsg. v. Hermann Glockner. Stuttgart 1931 und, mit Gesamtregister, ebd. 1978 ff.

Fischer, Kuno: Hegels Leben, Werke und Lehre. Bd. 1. Nachdruck der 2. Aufl. von 1911. Darmstadt (Wissenschaftliche Buchgesellschaft) 1963.

Flechtheim, Ossip K.: Hegels Strafrechtstheorie. Berlin [2]1975. ([1]1936) – Vgl. die Rezension von H. Ottmann in: Hegel-Studien. Bd. 13. Bonn 1978. S. 302–304.

Fuhrmans, Horst: Der große Zeitschriftenplan. In: F. W. J. Schelling, Briefe und Dokumente. Bd. 1: 1775–1809. Hrsg. v. H. Fuhrmans. Bonn 1962. S. 201–208.

—: Schelling und Hegel. Ihre Entfremdung. In: F. W. J. Schelling, Briefe und Dokumente. Bd. 1: 1775–1809. Hrsg. v. H. Fuhrmans. Bonn 1962. S. 451–553.

Glockner, Hermann: Hegel. Bd. 2: Entwicklung und Schicksal der Hegelschen Philosophie. 2. verb. Aufl. Stuttgart 1958. (= G. W. F. Hegel. Sämtliche Werke. Jubiläumsausgabe. Bd. 22.)

Göhler, Gerhard: Dialektik und Politik in Hegels frühen politischen Systemen. Kommentar und Analyse. In: G. W. F. Hegel. Frühe politische Systeme. Hrsg. u. kommentiert v. G. Göhler. Frankfurt a.M.–Berlin–Wien 1974 (= Ullstein-Buch Nr. 3031.) S. 337–610. – Vgl. hierzu die Diskussion von H. Kimmerle in: Hegel-Studien. Bd. 11. Bonn 1976. S. 219–228.

Haering, Theodor L.: Hegel. Sein Wollen und sein Werk. Eine chronologische Entwicklungsgeschichte der Gedanken und der Sprache Hegels. Bd. 1 und 2. Leipzig–Berlin 1929 u. 1938. Nachdruck Aalen (Scientia) 1963.

Haney, Gerd: Zur Rechtsphilosophie Hegels. (Der Jenenser Naturrechtsaufsatz.) In: Wissenschaftliche Zeitschrift der Friedrich-Schiller-Universität Jena. Bd. 21. Berlin 1972. S. 115–123.

Hasler, Ludwig: Skepsis und Natur. Zur philosophischen Funktion des Skeptizismus beim frühen Hegel. In: Hegel-Jahrbuch 1976. Köln 1978. S. 333–342.

–: Gesunder Menschenverstand und Philosophie. Vom systematischen Sinn der Auseinandersetzung Hegels mit W. T. Krug. In: Hegel-Jahrbuch 1977–78. Köln 1980.

Haym, Rudolf: Hegel und seine Zeit. 2., um unbekannte Dokumente vermehrte Aufl. Hrsg. v. H. Rosenberg. Leipzig 1927. (Ein Nachdruck der 1. Aufl. von 1857 erschien 1962 in der Wissenschaftlichen Buchgesellschaft Darmstadt.)

Briefe von und an Hegel. Bd. 1. Hrsg. v. Johannes Hoffmeister. 2. Aufl. Hamburg 1961. – Bd. IV, Teile 1 u. 2. Dritte, völlig neu bearb. Auflage, hrsg. von Friedhelm Nicolin. Hamburg 1977 u. 1981 (= Philosoph. Bibliothek Bde. 238a und 238b).

Dokumente zu Hegels Entwicklung. Hrsg. v. Johannes Hoffmeister. Stuttgart 1936 u. ö.

Helferich, Christoph: G. W. Fr. Hegel. Stuttgart 1979 (= Sammlung Metzler Bd. 182).

Horstmann, Rolf P.: Probleme der Wandlung in Hegels Jenaer Systemkonzeption. In: Philosophische Rundschau. Bd. 19. Tübingen 1973. S. 96–98.

–: Über die Rolle der bürgerlichen Gesellschaft in Hegels politischer Philosophie. In: Hegel-Studien. Bd. 9. Bonn 1974. S. 209–240. Wiederabgedruckt in: Materialien zu Hegels Rechtsphilosophie. Hrsg. v. M. Riedel. Bd. 2 (= stw Bd. 89). Frankfurt a.M. 1975. S. 276–311.

Ilting, Karl-Heinz: Hegels Auseinandersetzung mit der aristotelischen Politik. In: Philosophisches Jahrbuch der Görres-Gesellschaft. Bd. 71. München 1963–64. S. 38–58.

Kimmerle, Heinz: Dokumente zu Hegels Jenaer Dozententätigkeit (1801–1807). In: Hegel-Studien. Bd. 4. Bonn 1967. S. 21–99.

–: Zur Chronologie von Hegels Jenaer Schriften. In: Hegel-Studien. Bd. 4. Bonn 1967. S. 125–176.

–: Das Problem der Abgeschlossenheit des Denkens. Hegels „System der Philosophie“ in den Jahren 1800–1804. Hegel-Studien Beiheft 8. Bonn 1970.

–: Hegels Naturrecht 1802–1805/06. In: Hegel-Studien. Bd. 11. Bonn 1976. S. 219–228. (= Diskussion von: G. W. F. Hegel: Frühe politische Systeme. System der Sittlichkeit; Über die wissenschaftlichen Behandlungsarten des Naturrechts; Jenaer Realphilosophie. Hrsg. u. kommentiert v. G. Göhler. Frankfurt a.M.–Wien–Berlin 1974.)

Krings, Hermann: Die Entfremdung zwischen Schelling und Hegel (1801–1807). Sitzungsberichte der Bayerischen Akademie der Wissenschaften. Philosophisch-historische Klasse. Jg. 1976, Heft 6. München 1977.

Kroner, Richard: Von Kant bis Hegel. Bd. 2: Von der Naturphilosophie zur Philosophie des Geistes. 2. Aufl. Tübingen 1961.

Lukács, Georg: Der junge Hegel. Über die Beziehungen von Dialektik und Ökonomie. Zürich–Wien 1948 u. ö.

Maluschke, Günther: Kritik und absolute Methode in Hegels Dialektik. Hegel-Studien Beiheft 13. Bonn 1974.

Marcic, René: Hegel und das Recht. In: Hegel und die Folgen. Hrsg. v. Gerd-Klaus Kaltenbrunner. Freiburg i. Brsg. 1970 (= Sammlung Rombach NF Bd. 7). S. 181–212 (S. 209–212 Schrifttumsverzeichnis).

Marcovič, F.: Hegel et le droit naturel. In: Critique. Bd. 29. Paris 1973. S. 636–658.

Marcuse, Herbert: Vernunft und Revolution. Hegel und die Entstehung der Gesellschaftstheorie. Neuwied [5]1975 (= Sammlung Luchterhand Bd. 78).

Marsch, Wolf-Dietrich: Gegenwart Christi in der Gesellschaft. München 1965 (= Forschungen zur Geschichte und Lehre des Protestantismus. 10. Reihe, Bd. XXXI).

Merker, Nicolao: La origini della logica hegeliana. Milano 1961.

–: Hegel e lo scetticismo. In: Società 16. Milano 1960. S. 545–583.

Michelet, Karl Ludwig: Einleitung in Hegels philosophische Abhandlungen. In: Freundesausgabe. Bd. 1. Berlin 1832, S. I—LI (auch als Einzeldruck erschienen).

Pöggeler, Otto: Hegel und die griechische Tragödie. In: Hegel-Studien Beiheft 1 (= Heidelberger Hegel-Tage 1962). Bonn 1964. S. 285—305. Wiederabgedruckt in: O. Pöggeler: Hegels Idee einer Phänomenologie des Geistes. Freiburg—München 1973. S. 79—109.

—: Hegels Jenaer Systemkonzeption. In: Philosophisches Jahrbuch der Görres-Gesellschaft. Jg. 71. Freiburg—München 1964. S. 286—318. Wiederabgedruckt in: O. Pöggeler: Hegels Idee einer Phänomenologie des Geistes. Freiburg—München 1973. S. 110—170.

—: (Zur systematischen Stellung des Naturrechtsaufsatzes). In: The Legacy of Hegel. Proceedings of the Marquette Hegel-Symposium 1970. Den Haag (Nijhoff) 1973. S. 216—219.

Pöggeler, Otto (Hrsg.): Hegel. Einführung in seine Philosophie. Freiburg—München 1977 (= Alber Kolleg Philosophie).

Pupi, Angelo: G. E. Schulze tra la „Moral-Theologie" e la speculazione hegeliana. In: Rivista di Filosofia Neo-Scolastica. Bd. 64. Milano 1972. S. 594—647.

Riedel, Manfred: Hegels Kritik des Naturrechts. In: Hegel-Studien. Bd. 4. Bonn 1967. S. 177—204. Wiederabgedruckt in: M. Riedel: Studien zu Hegels Rechtsphilosophie. Frankfurt a.M. 1969 (= es Nr. 355). S. 42—74.

Riedel, Manfred (Hrsg.): Materialien zu Hegels Rechtsphilosophie. Bd. 2. Frankfurt a.M. 1975 (= stw Bd. 89).

Rosenkranz, Karl: Georg Wilhelm Friedrich Hegels Leben. Berlin 1844. Paperback-Nachdruck mit Nachbemerkungen von O. Pöggeler. Darmstadt (Wissenschaftliche Buchgesellschaft) 1977.

Rosenzweig, Franz: Hegel und der Staat. Bd. 1. Neudruck d. Ausg. München—Berlin 1920. Aalen (Scientia) 1962.

Schmitz, Hermann: Hegel als Denker der Individualität. Meisenheim/Glan 1957.

Siep, Ludwig: Der Kampf um Anerkennung. Zu Hegels Auseinandersetzung mit Hobbes in den Jenaer Schriften. In: Hegel-Studien. Bd. 9. Bonn 1974. S. 155—207.

—: Praktische Philosophie und Geschichte beim Jenaer Hegel. In: Der Idealismus und seine Gegenwart. Festschrift für Werner Marx zum 65. Geburtstag. Hrsg. v. U. Guzzoni, B. Rand und L. Siep. Hamburg 1976. S. 398—411.

Trede, Johann Heinrich: Mythologie und Idee. Die systematische Stellung der „Volksreligion" in Hegels Jenaer Philosophie der Sittlichkeit (1801—1803). In: Hegel-Studien Beiheft 9 (Das älteste

Systemprogramm. Studien zur Frühgeschichte des deutschen Idealismus. Hrsg. v. R. Bubner). Bonn 1973. S. 167–210.

Verneaux, Roger: L'Essence du Scepticisme selon Hegel. In: Histoire de la Philosophie et Métaphysique. Aristote, Saint Augustin, Saint Thomas, Hegel (= Recherches de Philosophie I). Paris 1955. S. 109–151.

Über die weiter erscheinende Literatur sind die laufenden Literaturberichte und Bibliographien in den periodisch erscheinenden *Hegel-Studien* (Bonn, hrsg. v. Friedhelm Nicolin u. Otto Pöggeler) einzusehen.

Kritisches
Journal der Philosophie

herausgegeben

von

Fr. Wilh. Joseph Schelling

und

Ge. Wilhelm Fr. Hegel.

Ersten Bandes erstes Stück.

ÜBER DAS WESEN DER PHILOSOPHISCHEN KRITIK ÜBERHAUPT, UND IHR VERHÄLTNIS ZUM GEGENWÄRTIGEN ZUSTAND DER PHILOSOPHIE INSBESONDERE

Die Kritik, in welchem Teil der Kunst oder Wissenschaft sie ausgeübt werde, fordert einen Maßstab, der von dem Beurteilenden eben so unabhängig, als von dem Beurteilten, nicht von der einzelnen Erscheinung, noch der Besonderheit des Subjekts, sondern von dem ewigen und unwandelbaren Urbild der Sache selbst hergenommen seie. Wie die Idee schöner Kunst durch die Kunstkritik nicht erst geschaffen oder erfunden, sondern schlechthin vorausgesetzt wird, eben so ist in der philosophischen Kritik die Idee der Philosophie selbst die Bedingung und Voraussetzung, ohne welche jene in alle Ewigkeit nur Subjektivitäten gegen Subjektivitäten, niemals das Absolute gegen das Bedingte zu setzen hätte.

Da die philosophische Kritik sich von der Kunstkritik nicht durch Beurteilung des Vermögens zur Objektivität, das in einem Werke sich ausdrückt, sondern nur durch den Gegenstand, oder die Idee selbst unterscheidet, welche diesem zu Grunde liegt, und welche keine andre als die der Philosophie selbst sein kann, so müßte (da, was das erste betrifft, die philosophische Kritik mit der Kunstkritik gleiche Ansprüche auf allgemeine Gültigkeit hat), wer derselben gleichwohl Objektivität des Urteils absprechen wollte, nicht die Möglichkeit bloß verschiedener Formen der Einen und selben Idee, sondern die Möglichkeit wesentlich verschiedener und doch gleich wahrer Philosophien behaupten, — eine Vorstellung, auf welche, so großen Trost sie enthalten mag, eigentlich keine Rücksicht zu nehmen ist. Daß die Philosophie nur Eine ist, und nur Eine sein kann, beruht darauf, daß die Vernunft nur Eine ist; und so wenig es verschiedene Vernunften geben kann, eben so wenig kann sich zwischen die Vernunft und ihr Selbsterkennen eine Wand stellen, durch welche dieses eine wesentliche Verschiedenheit der Erscheinung werden könnte, denn die Vernunft absolut betrachtet und insofern sie Objekt ihrer selbst im Selbsterkennen, also Philosophie wird, ist wieder nur Eins und dasselbe; und daher durchaus das Gleiche.

Da der Grund einer Verschiedenheit in der Philosophie selbst nicht im Wesen derselben liegen kann, welches schlechthin Eines ist, auch nicht in der Ungleichheit des Vermögens, die Idee derselben objektiv zu gestalten, weil nämlich philosophisch / betrachtet die Idee selbst alles ist, das Vermögen aber, sie darzustellen, das zu ihrem Besitz 10 hinzukommt, der Philosophie nur noch eine andre, ihr nicht eigentümliche Seite gibt, so könnte also eine Möglichkeit unendlich vieler und verschiedener Reflexe, deren jeder, seinem Wesen nach verschieden vom andern gesetzt, gleiches Recht hätte, sich gegen die andern zu behaupten, nur dadurch herausgebracht werden, daß, indem die Philosophie als ein Erkennen des Absoluten bestimmt wird, dieses, es seie als Gott oder in irgend einer andern Rücksicht als Natur, in unbeweglicher und absoluter Entgegensetzung gegen das Erkennen als subjektives gedacht würde.   20

Allein auch bei dieser Ansicht würde die Verschiedenheit sich selbst aufheben und verbessern müssen. Denn indem das Erkennen als etwas Formelles vorgestellt wird, wird es in seinem Verhältnisse zum Gegenstand als durchaus passiv gedacht, und an das Subjekt, das dieses Empfangens der Gottheit, oder des reinen objektiven Anschauens der Natur fähig sein soll, gefordert werden, daß es überhaupt sich gegen jedes andre Verhältnis zu irgend einer Beschränkung verschließe, und aller eignen Tätigkeit sich enthalte, indem dadurch die Reinheit des Empfangens getrübt 30 würde. Durch diese Passivität des Aufnehmens und die Gleichheit des Objekts würde dasjenige, was als Resultat vorgestellt wird, das Erkennen des Absoluten, und eine daraus hervorgehende Philosophie durchaus wieder nur Eine und allenthalben dieselbe sein müssen.

Dadurch daß die Wahrheit der Vernunft, so wie die Schönheit nur Eine ist, ist Kritik als objektive Beurteilung überhaupt möglich, und es folgt von selbst, daß sie nur für diejenigen einen Sinn habe, in welchen die Idee der Einen

und selben Philosophie vorhanden ist; eben so nur solche
Werke betreffen kann, in welchen diese Idee als mehr oder
weniger deutlich ausgesprochen zu erkennen ist. Das Geschäft der Kritik ist für diejenigen und an denjenigen Werken durchaus verloren, welche jener Idee entbehren sollten.
Mit diesem Mangel der Idee kommt die Kritik am meisten
in Verlegenheit, denn wenn alle Kritik Subsumtion unter
die Idee ist, so hört da, wo diese fehlt, notwendig alle Kritik auf, und diese kann sich kein anderes unmittelbares Ver-
10 hältnis geben, als das der Verwerfung. In der Verwerfung
aber bricht sie alle Beziehung desjenigen, worin die Idee
der Philosophie mangelt, mit demjenigen, in dessen Dienst
sie ist, gänzlich ab. Weil das gegenseitige Anerkennen hiermit aufgehoben wird, erscheinen nur zwei Subjektivitäten
gegeneinander; was nichts mit einander gemein hat, tritt
eben damit in gleichem Recht auf, und die Kritik hat sich,
indem sie das zu Beurteilende für alles Andere, nur nicht für
Philosophie, und weil es doch nichts sein will als Philosophie, dadurch für gar nichts erklärt, in die Stellung eines
20 Subjektiven versetzt, und ihr Ausspruch erscheint als ein
einseitiger Machtspruch; eine Stellung, welche, da ihr Tun
objektiv sein soll, unmittelbar ihrem Wesen widerspricht;
ihr Urteil ist eine Appellation an die Idee der / Philosophie,
die aber, weil sie nicht von dem Gegenpart anerkannt wird,
für diesen ein fremder Gerichtshof ist. Gegen dies Verhältnis der Kritik, welche die Unphilosophie von der Philosophie abscheidet, — auf einer Seite zu stehen, und die Unphilosophie auf der entgegengesetzten zu haben, ist unmittelbar keine Rettung. Weil die Unphilosophie sich negativ
30 gegen die Philosophie verhält, und also von Philosophie
nicht die Rede sein kann, so bleibt nichts übrig, als zu er-
zählen, wie sich diese negative Seite ausspricht, und ihr
Nichtssein, welches, insofern es eine Erscheinung hat, Plattheit heißt, bekennt, und da es nicht fehlen kann, daß was
im Anfang nichts ist, im Fortgang nur immer mehr und
mehr als Nichts erscheine, so daß es so ziemlich allgemein
als solches erkannt werden kann, so versöhnt die Kritik
durch diese von der ersten Nullität aus fortgesetzte Konstruktion wieder auch die Unfähigkeit, welche in dem er-

sten Ausspruch nichts als Eigenmächtigkeit und Willkür sehen konnte.

Wo aber die Idee der Philosophie wirklich vorhanden ist, da ist es Geschäft der Kritik, die Art und den Grad, in welchem sie frei und klar hervortritt, so wie den Umfang, in welchem sie sich zu einem wissenschaftlichen System der Philosophie herausgearbeitet hat, deutlich zu machen.

Was das letztere betrifft, so muß man es mit Freude und Genuß annehmen, wenn die reine Idee der Philosophie ohne wissenschaftlichen Umfang mit Geist als eine Naivität sich ausdrückt, welche nicht zur Objektivität eines systematischen Bewußtseins gelangt; es ist der Abdruck einer schönen Seele, welche die Trägheit hatte, sich vor dem Sündenfall des Denkens zu bewahren, aber auch des Muts entbehrte, sich in ihn zu stürzen, und seine Schuld bis zu ihrer Auflösung durchzuführen, darum aber auch zur Selbstanschauung in einem objektiven Ganzen der Wissenschaft nicht gelangte. Die leere Form solcher Geister aber, die ohne Geist in kurzen Worten Wesen und Hauptsache der Philosophie geben wollen, hat weder wissenschaftliche noch sonst eine interessante Bedeutung.

Wenn aber die Idee der Philosophie wissenschaftlicher wird, so ist von der Individualität, welche unbeschadet der Gleichheit der Idee der Philosophie, und der rein objektiven Darstellung derselben, ihren Charakter ausdrücken wird, die Subjektivität oder Beschränktheit, welche sich in die Darstellung der Idee der Philosophie einmischt, wohl zu unterscheiden; an den hierdurch getrübten Schein der Philosophie hat sich die Kritik vorzüglich zu wenden und ihn herunter zu reißen.

Wenn es sich hier zeigt, daß die Idee der Philosophie wirklich vorschwebt, so kann die Kritik an die Forderung und an das Bedürfnis, das sich ausdrückt, das Objektive, worin das Bedürfnis seine Befriedigung sucht, halten, und die Eingeschränktheit der Gestalt aus ihrer eigenen echten Tendenz nach vollendeter Objektivität widerlegen.

Es ist aber hierbei ein gedoppelter Fall möglich. Entweder hat sich das Bewußtsein über die Subjektivität nicht eigentlich entwickelt; die Idee der Philosophie hat sich /

nicht zur Klarheit freier Anschauung erhoben, und bleibt in einem dunklern Hintergrunde stehen, etwa auch weil Formen, in denen sich viel ausgedrückt findet, und die eine große Autorität haben, noch den Durchbruch zur reinen Formlosigkeit, oder, was dasselbe ist, zur höchsten Form hindern. Wenn die Kritik das Werk und die Tat nicht als Gestalt der Idee kann gelten lassen, so wird sie doch das Streben nicht verkennen; das eigentlich wissenschaftliche Interesse dabei ist, die Schale aufzureiben, die das innere Aufstreben noch hindert, den Tag zu sehen; es ist wichtig, die Mannigfaltigkeit der Reflexe des Geistes, deren jeder seine Sphäre in der Philosophie haben muß, so wie das Untergeordnete und Mangelhafte derselben zu kennen.

Oder es erhellt, daß die Idee der Philosophie deutlicher erkannt worden ist, daß aber die Subjektivität sich der Philosophie insoweit, als um sich selbst zu retten nötig wird, zu erwehren bestrebt ist.

Hier gilt es nicht darum, die Idee der Philosophie emporzuheben, sondern die Winkelzüge aufzudecken, welche die Subjektivität, um der Philosophie zu entgehen, anwendet, so wie die Schwäche, für welche eine Beschränktheit ein sicherer Halt ist, teils für sich, teils in Rücksicht auf die Idee der Philosophie, die mit einer Subjektivität vergesellschaftet wird, anschaulich zu machen; denn wahre Energie jener Idee und Subjektivität sind unverträglich.

Es gibt aber noch eine Manier, an die sich die Kritik vorzüglich zu heften hat, nämlich diejenige, welche im Besitz der Philosophie zu sein vorgibt, die Formen und Worte, in welchen große philosophische Systeme sich ausdrücken, gebraucht, viel mitspricht, aber im Grunde ein leerer Wortdunst ohne innern Gehalt ist. Ein solches Geschwätze ohne die Idee der Philosophie erwirbt sich durch seine Weitläufigkeit und eigene Anmaßung eine Art von Autorität, teils weil es fast unglaublich scheint, daß so viel Schale ohne Kern sein soll, teils weil die Leerheit eine Art von allgemeiner Verständlichkeit hat. Da es nichts Ekelhafteres gibt, als diese Verwandlung des Ernsts der Philosophie in Plattheit, so hat die Kritik alles aufzubieten, um dies Unglück abzuwehren.

Diese verschiedenen Formen finden sich im allgemeinen mehr oder weniger herrschend in dem jetzigen deutschen Philosophieren, worauf dieses kritische Journal gerichtet ist. Dabei haben sie aber die Eigentümlichkeit, daß, seitdem durch Kant und noch mehr durch Fichte, die Idee einer Wissenschaft und besonders der Philosophie als Wissenschaft aufgestellt worden, und die Möglichkeit, durch mancherlei philosophische Gedanken über diesen oder jenen Gegenstand, etwa in Abhandlungen für Akademien, sich als Philosophen geltend zu machen, vorbei ist, und das einzelne Philosophieren allen Kredit verloren hat, – jedes philosophische Beginnen sich zu / einer Wissenschaft und einem System erweitert oder wenigstens als absolutes Prinzip der ganzen Philosophie aufsteht, und daß dadurch eine solche Menge von Systemen und Prinzipien entsteht, die dem philosophierenden Teil des Publikums eine äußere Ähnlichkeit mit jenem Zustande der Philosophie in Griechenland gibt, als jeder vorzüglichere philosophische Kopf die Idee der Philosophie nach seiner Individualität ausarbeitete. Zugleich scheint die philosophische Freiheit, die Erhebung über Autorität und die Selbständigkeit des Denkens unter uns so weit gediehen zu sein, daß es für Schande gehalten würde, sich als Philosophen nach einer schon vorhandenen Philosophie zu nennen; und das Selbstdenken meint sich allein durch Originalität, die ein ganz eigenes und neues System erfindet, ankündigen zu müssen.

So notwendig das innere Leben der Philosophie, wenn es sich zur äußern Gestalt gebiert, ihr von der Form seiner eigentümlichen Organisation mitgibt, so sehr ist das Originelle des Genies verschieden von der Besonderheit, die sich für Originalität hält und ausgibt; denn diese Besonderheit, wenn sie näher ins Auge gefaßt wird, hält sich in Wahrheit innerhalb der allgemeinen Heerstraße der Kultur, und kann sich nicht einmal rühmen, aus dieser heraus zur reinen Idee der Philosophie gekommen zu sein; denn wenn sie diese ergriffen hätte, würde sie dieselbe in andern philosophischen Systemen erkennen, und eben damit, wenn sie ihre eigene lebendige Form zwar behalten muß, doch sich nicht den Namen einer eigenen Philosophie beilegen kön-

nen. Was sie innerhalb jener Heerstraße sich Eigenes er-
schaffen hat, ist eine besondere Reflexionsform, aufgegriffen von irgend einem einzelnen und darum untergeordneten Standpunkt, die in einem Zeitalter, das den Verstand
so vielseitig ausgebildet, besonders auch ihn so mannigfaltig an der Philosophie verarbeitet hat, wohlfeil zu haben ist.
Eine Versammlung solcher origineller Tendenzen und des
mannigfaltigen Bestrebens nach eigenen Formen und Systemen bietet mehr das Schauspiel der Qual der Verdamm-
10 ten, die entweder ihrer Beschränktheit ewig verbunden
sind, oder von einer zu der andern greifen, und alle durch-
bewundern, und eine nach der andern wegwerfen müssen,
als das Schauspiel des freien Aufwachsens der mannigfaltigsten lebendigen Gestalten in den philosophischen Gärten
Griechenlands dar.

Was die Arbeit betrifft, eine solche Besonderheit zum
System zu erweitern, und sie als das Ganze darzustellen, so
hält diese Arbeit freilich härter, und die Besonderheit müßte an ihr scheitern, denn wie wäre das Beschränkte fähig,
20 sich zu einem Ganzen auszudehnen, ohne eben damit sich
selbst zu zersprengen? Schon die Sucht nach einem besondern Prinzip geht darauf, etwas Eigentümliches und nur
sich selbst Genügendes zu besitzen, das sich dem Anspruch
an Objektivität des Wissens und an Totalität desselben entzieht. Und doch ist das Ganze mehr oder weniger, in objek-
tiver Form, wenigstens als Materialien, als eine Menge des
Wissens vorhanden; es ist schwer, / ihm Gewalt anzutun,
und konsequent, seinen eigentümlichen Begriff durch dasselbe durchzuführen; zugleich ist es nimmer erlaubt, es bei-
30 fällig, weil es einmal da ist, ohne Zusammenhang aufzufüh-
ren; am genialischsten sieht es aus, sich darum nicht zu bekümmern, und sein eigentümlichstes Prinzip einmal als das
alleinige hinzustellen, um den Zusammenhang mit welchem sich das übrige Wissen selbst bekümmern möge; es
scheint eher eine niedrige Arbeit zu sein, dem Grundprin-
zip seinen wissenschaftlichen objektiven Umfang zu geben.
Soll aber dieser Umfang teils nicht fehlen, teils doch die
Mühe erspart sein, das Mannigfaltige des Wissens in den Zusammenhang unter sich und mit der Beschränktheit des

Prinzips zu bringen, so vereinigt diejenige Manier alle diese Forderungen, welche provisorisch philosophiert, d. h. das Vorhandene nicht aus dem Bedürfnisse eines Systems des Wissens, sondern aus dem Grunde aufführt, weil es scheint, daß es doch auch seinen Gebrauch, den Kopf zu üben, habe, denn wofür wäre es sonst vorhanden?

In dieser Rücksicht hat die kritische Philosophie einen vorzüglich guten Dienst geleistet. Indem nämlich durch sie erwiesen worden ist, um es in ihren Worten zu sagen, daß die Verstandesbegriffe nur ihre Anwendung in der Erfah- 10 rung haben, die Vernunft als erkennend sich durch ihre theoretischen Ideen nur in Widersprüche verwickelt, und dem Wissen überhaupt seine Objekte durch die Sinnlichkeit gegeben werden müssen, so wird dies dahin benutzt, auf die Vernunft in der Wissenschaft Verzicht zu tun, und sich dem krassesten Empirismus zu ergeben. Wenn die rohesten in die Erfahrung hineingetragenen Begriffe, eine durch die grellsten Geburten einer geistlosen Reflexion verunreinigte Anschauung, für innere und äußere Erfahrung und für Tatsachen des Bewußtseins ausgegeben und unter diesem Titel 20 alles zusammengerafft wird, auf irgend woher erhaltene Versicherung, daß es im Bewußtsein sich vorfinde, so geschieht dies mit Berufung auf die kritische Philosophie, welche die Erfahrung und Wahrnehmung zur Erkenntnis für notwendig erweise, und der Vernunft kein konstitutives, sondern nur ein regulatives Verhältnis zum Wissen erlaube. Außerdem daß die Unphilosophie und Unwissenschaftlichkeit, wie sie sonst die Philosophie frei verachtete, eine philosophische Form zu ihrer Rechtfertigung angenommen hat, hat sie hierdurch zugleich noch höhere Vor- 30 teile erreicht, nämlich den gesunden Menschenverstand und jedes beschränkte Bewußtsein, und die höchsten Blüten desselben, nämlich die jeweiligen höchsten moralischen Interessen der Menschheit mit der Philosophie ausgesöhnt.

Wenn aber die Subjektivität ohne Rücksicht der Schwierigkeit, welche sie findet, sich als ein System darzustellen, auch darum, weil bereits die kritische Philosophie wenigstens einen großen Umfang endlicher Formen verdächtig oder unbrauchbar gemacht hat, mit einer Einsicht in ihre

Beschränktheit und einer Art von bösem / Gewissen behaftet ist, und sich scheut, sich als absolut hinzustellen, wie mag sie ohnerachtet des eigenen bessern Wissens und der vorschwebenden Idee der Philosophie erhalten und geltend gemacht werden? — Mit einer als endlich anerkannten Form soll nur vors erste angefangen werden, sie soll nichts vorstellen als den dem Scheine nach willkürlichen Anfangspunkt, der sich zwar nicht für sich selbst trägt, aber den man vor der Hand, weil sich seine Nützlichkeit schon zeigen werde, gelten, nur provisorisch, problematisch und hypothetisch auf Bitte einstweilen ohne weitere Prätention sich gefallen lassen soll; hintennach werde er sich schon legitimieren; — wenn wir nun von ihm aus zu dem Wahren gelangen, so werde die Dankbarkeit für das Wegweisen jenen willkürlichen Anfangspunkt für ein Notwendiges erkennen, und ihn bewährt finden. Allein weil das Wahre keines Gängelbandes bedarf, um an demselben herbeigeführt zu werden, sondern gleich für sich selbst aufzutreten die Kraft in sich tragen muß, und weil das Beschränkte, für was es darin, daß es nicht in sich den Gehalt des Bestehens zu haben, sondern nur etwas Hypothetisches und Problematisches zu sein eingestanden wird, selbst anerkannt ist, denn doch noch am Ende als ein wahres Wahres bewährt werden soll, so erhellt, daß es hauptsächlich um die Rettung der Endlichkeit zu tun war; was hinterher nicht mehr hypothetisch sein soll, kann es auch nicht von Anfang sein, oder was anfangs hypothetisch ist, kann hinterher nicht mehr kategorisch werden; sonst trete es gleich als absolut auf, aber da es dazu wie billig zu schüchtern ist, bedarf es eines Umwegs, um es einzuschwärzen.

Daß ein solcher endlicher Anfangspunkt für etwas einstweilen Hypothetisches ausgegeben wird, bringt, da er mit dem Scheine, ohne alle Prätention zu sein, auftritt, nur eine Täuschung weiter herein; er trete bescheiden als ein hypothetischer oder sogleich als ein gewisser auf, so führt beides zu demselben Resultat, daß das Endliche als das, was es ist, in seiner Trennung erhalten, und das Absolute eine Idee, ein Jenseits, d. h. mit einer Endlichkeit behaftet bleibt.

Der gewisse Anfangspunkt, der, um gewiß zu sein, im unmittelbaren Bewußtsein aufgegriffen wird, scheint, was ihm dadurch, daß er ein endlicher ist, abgeht, durch seine unmittelbare Gewißheit zu ersetzen; und das reine Selbstbewußtsein, da es, insofern es Anfangspunkt ist, als ein reines in unmittelbarer Entgegensetzung gegen das empirische gesetzt wird, ist ein solcher; um solche endliche Gewißheiten kann es an und für sich der Philosophie nicht zu tun sein; eine Philosophie, die, um an eine Gewißheit sich anzuknüpfen, von dem Allgemeingültigsten, jedem Menschenverstande nahen Satze oder Tätigkeit ausgeht, tut entweder mit dieser Nützlichkeit etwas Überflüssiges, denn sie muß, um Philosophie zu sein, doch sogleich über diese Beschränktheit hinausgehen und sie aufheben; der gemeine Menschenverstand, der / damit verführt werden sollte, wird es sehr gut merken, wenn man seine Sphäre verläßt, und ihn über sich hinausführen will; oder wenn dieses endliche Gewisse als solches nicht aufgehoben, sondern als ein Fixes bleiben und bestehen soll, so muß es wohl seine Endlichkeit anerkennen, und Unendlichkeit fordern; aber das Unendliche tritt damit eben nur als eine Forderung, als ein Gedachtes auf, nur als eine Idee, welche als notwendige und umfassende, alles beschließende Vernunftidee, doch darum noch ein Einseitiges ist, weil dasjenige, das sie denkt (oder sonst irgend das Bestimmte, mit dem angefangen wurde) und sie selbst als getrennt gesetzt werden. Diese Arten von Rettungen des Beschränkten — durch welche das Absolute zur höchsten Idee, nur nicht zugleich zum einzigen Sein erhoben wird, und, da von hier an erst die Wissenschaft der Philosophie anfängt, in dem ganzen System derselben der Gegensatz herrschend und absolut bleibt — sind gewissermaßen das, was unsere neuere philosophische Kultur charakterisiert, so daß in diesen Begriff ziemlich alles fällt, was in unsern Tagen für Philosophie gegolten hat. Wenn auch die höchste philosophische Erscheinung der letzten Zeit die fixe Polarität des Innerhalb und Außerhalb, Diesseits und Jenseits nicht so weit überwunden hat, daß nicht eine andre Philosophie, mit der man sich im Wissen dem Absoluten nur nähert, und eine andre, die im Absoluten selbst ist (gesetzt die letztere werde auch nur unter dem Titel des Glaubens statuiert) als entgegengesetzte zurückblieben, und wenn auf diese Art dem Gegensatze des Dualismus seine höchste Abstraktion gegeben, und die Philosophie damit nicht aus der Sphäre unserer Reflexionskultur herausgeführt worden ist, so ist schon die Form der höchsten Abstraktion des Gegensatzes von der größten Wichtigkeit und von diesem schärfsten Extrem der Übergang zur echten Philosophie um so leichter; weil die Idee des Absoluten, die aufgestellt wird, eigentlich selbst schon den Gegensatz, den die Form einer Idee, eines Sollens, einer unendlichen Forderung mit sich führt, verwirft. Es ist nicht zu übersehen, wie sehr durch die mannigfaltige Bearbeitung, welche der Gegensatz überhaupt, den jede Philosophie überwinden will, dadurch erfahren hat, daß gegen eine Form desselben, in der er in einer Philosophie herrschend war, sich eine folgende Philosophie richtete, und sie überwand, wenn sie schon bewußtlos wieder in eine andere Form desselben zurückfiel, das Studium der Philosophie überhaupt gewonnen hat, zugleich aber in welcher Mannigfaltigkeit der Formen sie sich herumzuwerfen fähig ist.

Dagegen hat eine andere herrschende Manier durchaus nur nachteilige Seiten, nämlich diejenige, welche sogleich die philosophischen Ideen, wie sie hervortreten, populär oder eigentlich gemein zu machen bestrebt ist. Die Philosophie ist ihrer Natur nach etwas Esoterisches, für sich weder für den Pöbel gemacht, noch einer Zubereitung für den Pöbel fähig; sie ist nur dadurch Philosophie, daß sie dem Verstande, / und damit noch mehr dem gesunden Menschenverstande, worunter man die lokale und temporäre Beschränktheit eines Geschlechts der Menschen versteht, gerade entgegengesetzt ist; im Verhältnis zu diesem ist an und für sich die Welt der Philosophie eine verkehrte Welt. Wenn Alexander an seinen Lehrer, als er hörte, dieser mache Schriften über seine Philosophie öffentlich bekannt, aus dem Herzen von Asien schrieb, daß er das, was sie zusammen philosophiert hätten, nicht hätte sollen gemein machen, und Aristoteles sich damit verteidigte, daß seine Philosophie herausgegeben und auch nicht herausgegeben

seie, so muß die Philosophie zwar die Möglichkeit erken- *
nen, daß das Volk sich zu ihr erhebt, aber sie muß sich
nicht zum Volk erniedrigen. In diesen Zeiten der Freiheit
und Gleichheit aber, in welchen sich ein so großes Publikum gebildet hat, das nichts von sich ausgeschlossen wissen
will, sondern sich zu allem gut, oder alles für sich gut genug
hält, hat das Schönste und das Beste dem Schicksal nicht
entgehen können, daß die Gemeinheit, die sich nicht zu
dem, was sie über sich schweben sieht, zu erheben vermag,
es dafür so lange behandelt, bis es gemein genug ist, um zur 10
Aneignung fähig zu sein; und das Plattmachen hat sich zu
einer Art von anerkannt verdienstlicher Arbeit emporge-
schwungen. Es ist keine Seite des bessern Bestrebens des
menschlichen Geistes, welche dieses Schicksal nicht erfahren hätte; es braucht eine Idee der Kunst oder der Philosophie sich nur blicken zu lassen, so geht es gleich an ein Zu-
bereiten, bis die Sache für Kanzel, Kompendien und für
den Hausbedarf des Reichsanzeigerischen Publikums zu- *
recht gerührt ist; Leibniz hatte durch seine *Theodizee* diese Mühe für seine Philosophie zum Teil selbst übernommen, 20
und seiner Philosophie dadurch nicht, aber seinem Namen
großen Eingang verschafft; und jetzt finden sich sogleich
genug dienstfertige Leute zu diesem Zweck. Mit einzelnen
Begriffen macht sich die Sache von selbst; es ist nichts nötig, als ihren Namen auf das, was man in seinem bürgerlichen Leben längst hat, zu ziehen; die Aufklärung drückt
schon in ihrem Ursprung und an und für sich die Gemeinheit des Verstandes, und seine eitle Erhebung über die Vernunft aus, und daher hat es keiner Veränderung ihrer Bedeutung bedurft, um sie beliebt und faßlich zu machen; 30
aber man kann annehmen, daß das Wort Ideal nunmehr die
allgemeine Bedeutung dessen trägt, was keine Wahrheit in
sich hat, oder das Wort Humanität desjenigen, was überhaupt platt ist. — Der scheinbar umgekehrte Fall, welcher
aber im Grunde mit jenem ganz gleich ist, tritt da ein, wo
schon der Stoff populär ist, und Popularitäten, die mit keinem Schritt die Sphäre des gemeinen Begreifens überschrei-
ten, durch philosophische und methodische Zubereitung
zum äußern Ansehen der Philosophie gebracht werden sol-

len. So wie im ersten Fall die Voraussetzung gemacht wird, daß, was philosophisch ist, doch zugleich populär sein, so im zweiten, daß, was seiner Beschaffenheit nach populär ist, auf irgend eine Weise philosophisch werden könne; also in beiden Kompatibilität der Flachheit mit der Philosophie. /

Man kann diese mancherlei Bestrebungen überhaupt auf den in allen Dingen sich regenden Geist der Unruhe und des unsteten Wesens beziehen, welcher unsere Zeit auszeichnet, und der den deutschen Geist nach langen Jahrhunderten der härtesten Zähheit, der es die fürchterlichsten Krämpfe kostet, eine alte Form abzustreifen, endlich so weit gebracht hat, auch philosophische Systeme in den Begriff des immer Wechselnden und der Neuigkeiten zu ziehen; doch müßte man diese Sucht des Wechselnden und Neuen nicht mit der Indifferenz des Spiels, welches in seinem größten Leichtsinn zugleich der erhabenste und der einzig wahre Ernst ist, selbst verwechseln; denn jenes unruhige Treiben geht mit der größten Ernsthaftigkeit der Beschränktheit zu Werke; aber doch hat das Schicksal ihr notwendig das dunkle Gefühl eines Mißtrauens, und eine geheime Verzweiflung gegeben, die zunächst dadurch sichtbar wird, daß, weil die ernsthafte Beschränktheit ohne lebendigen Ernst ist, sie im Ganzen nicht viel an ihre Sachen setzen kann, und darum auch keine große oder höchst ephemere Wirkungen tun kann.

Sonst, wenn man will, kann man jene Unruhe auch als eine Gährung betrachten, durch welche der Geist aus der Verwesung der verstorbenen Bildung zu einem neuen Leben sich emporringt, und unter der Asche hervor einer verjüngten Gestalt entgegenquillt. Gegen die Cartesische Philosophie nämlich, welche den allgemein um sich greifenden Dualismus in der Kultur der neuern Geschichte unserer nordwestlichen Welt — einen Dualismus, von welchem, als dem Untergange alles alten Lebens, die stillere Umänderung des öffentlichen Lebens der Menschen, so wie die lautern politischen und religiösen Revolutionen überhaupt nur verschiedenfarbige Außenseiten sind — in philosophischer Form ausgesprochen hat, mußte, wie gegen die allgemeine

Kultur, die sie ausdrückt, jede Seite der lebendigen Natur, so auch die Philosophie, Rettungsmittel suchen; was von der Philosophie in dieser Rücksicht getan worden ist, ist, wo es rein und offen war, mit Wut behandelt worden; wo es verdeckter und verwirrter geschah, hat sich der Verstand desselben um so leichter bemächtigt, und es in das vorige dualistische Wesen umgeschaffen; auf diesen Tod haben sich alle Wissenschaften gegründet, und was noch wissen- schaftlich, also wenigstens subjektiv lebendig an ihnen war, hat die Zeit vollends getötet; so daß, wenn es nicht unmit- telbar der Geist der Philosophie selbst wäre, der in dieses weite Meer untergetaucht und zusammengeengt die Kraft seiner wachsenden Schwingen um so stärker fühlt, auch die Langeweile der Wissenschaften – dieser Gebäude eines von der Vernunft verlassenen Verstandes, der, was das Ärgste ist, mit dem geborgten Namen entweder einer aufklären- den oder der moralischen Vernunft, am Ende auch die Theologie ruiniert hat – die ganze flache Expansion uner- träglich machen, und wenigstens eine Sehnsucht des Reich- tums nach einem Tropfen Feuers, nach einer / Konzentra- tion lebendigen Anschauens, und, nachdem das Tote lange genug erkannt worden ist, nach einer Erkenntnis des Le- bendigen, die allein durch Vernunft möglich ist, erregen müßte.

Es muß notwendig an die Möglichkeit einer solchen wirk- lichen Erkenntnis, nicht bloß an jenes negative Durchwan- dern, oder perennierende Aufschießen neuer Formen ge- glaubt werden, wenn eine wahre Wirkung von einer Kritik derselben, nämlich nicht ein bloß negatives Zerschlagen die- ser Beschränktheiten, sondern von ihr eine Wegbereitung für den Einzug wahrer Philosophie erwartet werden soll; sonst, inwiefern sie nur die erste Wirkung sollte haben kön- nen, ist es wenigstens immer billig, daß Beschränktheiten auch die Prätention und der Genuß ihres ephemeren Da- seins verbittert und abgekürzt wird; und wer mag, kann in der Kritik auch nichts weiter als das ewig sich wälzende Rad, das jeden Augenblick eine Gestalt, welche die Welle oben hinauf trug, hinunterzieht, erblicken; es sei, daß er auf der breiten Base des gesunden Menschenverstandes ru-

hend, seiner selbst sicher nur an diesem objektiven Schauspiel des Erscheinens und Verschwindens sich weidet, und
aus ihm selbst sich noch mehr Trost und Befestigung für
seine Entfernung von der Philosophie holt, indem er a priori durch Induktion die Philosophie, an welcher das Beschränkte scheitert, auch für eine Beschränktheit ansieht;
— oder daß er mit inniger und neugieriger Teilnahme das
Kommen und Gehen der aufschießenden Formen bewun-
dernd und mit vieler Bemühung aufgreift, dann mit klugen
10 Augen ihrem Verschwinden zusieht, und schwindelnd sich
forttreiben läßt.

Wenn die Kritik selbst einen einseitigen Gesichtspunkt
gegen andere eben so einseitige geltend machen will, so ist
sie Polemik und Parteisache; aber auch die wahre Philosophie kann sich gegenüber von der Unphilosophie des äußern
polemischen Ansehens um so weniger erwehren, da ihr, weil
sie nichts Positives mit dieser gemein hat, und darüber in
einer Kritik sich mit ihr nicht einlassen kann, nur jenes negative Kritisieren und das Konstruieren der, notwendig ein-
20 zelnen, Erscheinung der Unphilosophie, und weil diese keine Regel hat und in jedem Individuum auch wieder anders
sich gestaltet, auch des Individuums, in dem sie sich aufge-
tan hat, übrig bleibt. — Weil aber, wenn eine Menge eine andere Menge gegen sich über stehen hat, jede von beiden eine
Partei heißt, aber wie die Eine aufhört, Etwas zu scheinen,
auch die andere aufhört, Partei zu sein, so muß eines Teils
jede Seite es unerträglich finden, nur als eine Partei zu erscheinen, und den augenblicklichen, von selbst verschwin-
denden Schein, den sie sich im Streit gibt, nicht vermeiden,
30 sondern sich in Kampf, der zugleich die werdende Manifestation des Nichts der andern Menge ist, einlassen. Andern-
teils wenn eine Menge sich gegen die Gefahr des Kampfs
und der Manifestation ihres innern Nichts damit retten
wollte, daß sie die andere n u r für / eine Partei erklärte, so
hätte sie diese ebendamit für Etwas anerkannt, und sich
selbst diejenige Allgemeingültigkeit abgesprochen, für welche das, was wirklich Partei ist, nicht Partei, sondern vielmehr gar nichts sein muß, und damit zugleich sich selbst
als Partei, d. h. als Nichts für die wahre Philosophie bekannt.

WIE DER GEMEINE MENSCHENVERSTAND
DIE PHILOSOPHIE NEHME, – DARGESTELLT AN
DEN WERKEN DES HERRN KRUG

I. Briefe über die Wissenschaftslehre. Nebst einer Abhandlung über die von der Wissenschaftslehre versuchte philosophische Bestimmung des religiösen Glaubens. *
Leipzig bei Roch und Kompanie 1800.

II. Briefe über den neuesten Idealism. Eine Fortsetzung der Briefe über die Wissenschaftslehre. Leipzig in der Heinrich Müllerschen Buchhandlung 1801.   10

III. Entwurf eines neuen Organons der Philosophie oder Versuch über die Prinzipien der philosophischen Erkenntnis. Von Wilhelm Traugott Krug, Adjunkt der philosophischen Fakultät in Wittenberg. Τί πρῶτον ἐστὶν ἔργον τοῦ φιλοσοφοῦντος; – ἀποβαλεῖν οἴησιν. *
Arrian. Meissen und Lübben bei K. F. W. Erbstein 1801.

Herrn Krugs philosophische Bemühungen teilen sich von selbst nach zwei Seiten, deren eine polemisch gegen den transzendentalen Idealismus gekehrt ist, die andere aber seine eigenen philosophischen Überzeugungen, wie Herr 20 Krug es nennt, betrifft.   *

Was nun das polemische Verfahren des Herrn Krug betrifft, so soll der Standpunkt, den er gegen die Wissenschaftslehre sich gibt, der Standpunkt der Skepsis sein, S. 5 Vorrede, und zwar so, wie es der Skepsis zieme, daß Herr Krug nicht aus seinen eigenen Überzeugungen (warum nicht? wird sich bei Gelegenheit der *Briefe* über den transzendentalen Idealismus und vorzüglich des *Organon*, wo der Verfasser seine eigenen Überzeugungen darlegt, ergeben), sondern aus der Wissenschaftslehre selbst argumentiere, und 30 Herr Krug meint, daß eine wissenschaftliche Untersuchung durch seine *Briefe* eingeleitet werden soll. In Rücksicht der *
subjektiven Art der Äußerung ist es eine wahre Lust, des Herrn Verfassers Nüchternheit, Billigkeit und Rechtschaf-

fenheit sprechen zu hören. „Die Wissenschaftslehre, sagt er, hat, zwar, bisher, ziemlich, spröde getan, und ihre Gegner, größtenteils, in einem, etwas, unsanften Tone zurecht gewiesen; indessen, ist, auch, nicht zu leugnen, daß sie, in manchen Fällen, bloß, das Wiedervergeltungsrecht gebraucht hat, und, wenn sie dabei, die Grenzen, desselben, hin und wieder, überschritten hat, dies / vielleicht, mehr, von der Kraftfülle, womit sie den Kampfplatz betrat, als von einer feindseligen Gesinnung herrühren mag. Der Ver-

10 fasser habe bisher keinen Anteil an diesem Streite genommen, weil er es für Pflicht hielt, ein System erst genauer für sich selbst zu prüfen, ehe er mit einer öffentlichen Prü-

* fung hervortrete." Mit dem edlen und wohltätigen Bewußtsein dieser erfüllten Pflicht behandle er nun „die Wissenschaftslehre mit der ihr gebührenden Achtung, habe ihr nicht gehässige Folgerungen, sondern Gründe entgegengesetzt, und fürchtet, wenn er sich nicht gänzlich in seinen Gegnern irre, keine entgegengesetzte Behandlung, denn, er habe von ihnen eine viel zu vorteilhafte Meinung, als daß er

20 nicht hoffen sollte, auf einen andern Fuß behandelt zu werden als u.s.w. Sollte er sich aber, doch, in seiner Hoffnung betrogen finden, so werde er seine Untersuchungen aufgeben"; der rechtschaffene und würdige Grund hiervon ist, weil aus einer literarischen Fehde, die mit leidenschaftlicher Hitze geführt werde, selten, etwas Kluges, herauskomme, und am Ende den Zuschauern nur ein Skandal gegeben werde, das die Wissenschaft samt ihren Pflegern (unter

* welche sich Herr Krug auch rechnet), in öffentlichen Mißkredit bringe.

30 Im ersten Briefe erzählt Herr Krug, was er am transzendentalen Idealismus zu billigen finde, er erklärt S. 14, daß er das Ich gar nicht so lächerlich noch so undenkbar finde, als es manche zu finden scheinen; was denn, fragt er, Ungereimtes, was einem verständigen Menschen, ein Lachen oder, auch nur, ein Lächeln abnötigen könnte, darin liege, wenn ich das, was ich durch die Abstrakzion (so orthographiert Herr Krug) von Allem, was nicht zu mir selbst gehört, denke, schlechthin Ich nenne? – auch finde er die Forderung sehr gegründet: „Merke auf dich selbst, kehre deinen Blick

von allem, was dich umgibt, ab und in dein Inneres."–Fer- *
ner habe er auch nichts dagegen u.s.w. endlich könne *
er auch den Idealism als philosophische Theorie nicht für
so gefährlich halten, als er von Vielen scheint gehalten zu
werden. Von diesen Seiten wüßte er dem transzendentalen *
Idealisme (so dekliniert Herr Krug: dem Organisme, dem
Dogmatisme; im Genitiv: des Idealismes, des Organismes,
des Realismes u.s.w.) nichts entgegenzusetzen; ob er aber
nicht sonst Blößen habe, wird sich in der Folge zeigen. *
Dasjenige, worin Herr Krug dem transzendentalen Idea- 10
lismus seinen Beifall schenkt, macht den Inhalt des ersten
Briefs aus; aber dieser dünkelvolle und selbstgefällige Ton
der Gerechtigkeit und Nüchternheit, und diese Langweilig-
keit der Manier geht durchs Ganze durch.
Was aber Herr Krug gegen die Wissenschaftslehre vorbringt, und was er S. 79 eine ausführliche Prüfung nennt, *
geht von S. 24–52; denn im zweiten Brief hat / er es nur
mit den Namen des Idealismes, Dogmatismes und Realismes zu tun; „es komme zwar in der Hauptsache nicht auf
die Namen an, aber durch die Entgegensetzung des Dogma- 20
tismes sei, gewissermaßen, schon zum Voraus der Stab
über alle und jede Gegner der Wissenschaftslehre gebrochen,
und eben dadurch werde dem Geiste der unparteiischen Prüfung, wozu doch, so oft und so nachdrücklich, von ihr aufgefordert worden ist, aller Zugang wo nicht verwehrt,
doch erschwert"; – um solche Gefahr nun abzuwenden, *
teilt Herr Krug den Dogmatismus in materialer Hinsicht ein
in Idealismus, der die Realität der Außenwelt leugne, Realismus, wenn er die Realität zugebe und behaupte; – aber *
bei dieser Einteilung ist gerade der transzendentale Idealis- 30
mus ausgelassen; denn dieser gibt nicht bloß zu – denn von
einem Zugeben ist die Rede in philosophischen Systemen
nicht –, sondern behauptet die Realität der Außenwelt
eben so wohl als ihre Idealität, und der theoretische Teil
der Wissenschaftslehre geht auf gar nichts anders als auf
eine Deduktion der Realität der Außenwelt.
Die ausführliche Prüfung selbst (S. 24–52) der Wissenschaftslehre ist gegen einen einzigen Punkt gerichtet; Herr
Krug kann nämlich die Beschränktheit des Ich nicht ertra-

gen: Ich soll sich nämlich beschränken, und zwar nicht
etwa mit Freiheit und Willkür (eine gute Zusammen-
stellung), sondern zufolge eines immanenten Gesetzes
seines eigenen Wesens; und doch beruhe der Beglaubi-
gungsgrund des transzendentalen Idealismus auf dem Interesse der Selbständigkeit; und auch ich, sagt Herr Krug, bin
mit dem Freunde, an den er diese *Briefe* richtet, und mit
dem Urheber der Wissenschaftslehre sehr für meine Selbständigkeit interessiert; daß sich Fichte mit Herrn Krug und
seinem Freunde als gemeinschaftlicher Interessent an Herrn
Krugs Selbständigkeit assoziiert habe, wie Herr Krug hier
erzählt, ist dem Publikum sonst nicht bekannt gewesen. Für
das Interesse dieser Selbständigkeit sei es aber völlig gleichgültig, ob das Ich durch seine äußere oder durch eine innere
Natur notwendig so handle, wie es handle. Herr Krug ver-
gleicht das Ich, das aus innerer Naturnotwendigkeit handelt,
und das Ich, das durch eine Natur außer uns bestimmt werde, dieses mit einer bloßen Flöte, die ein Künstler spielt,
jenes mit einer Flötenuhr, die durch sich selbst harmoni-
sche Töne hervorbringe.

Hieraus erhelle, also wohl auch, zur Genüge, daß es mit
der Pflichtmäßigkeit der idealistischen Denkart so ernstlich
nicht gemeint sei; mit jeder philosophischen Theorie können ein guter Willen und eine moralische Gesinnung verbunden sein. (Dagegen ist ihm der Anthropomorphism der
Einbildungskraft, der Polytheism, S. 112 ein desto ärgerer
Greuel, er erklärt ihn für durchaus unverträglich mit der /
Moralität.) Ungeachtet nun das Interesse der Selbständigkeit durch den transzendentalen Idealismus nicht hinläng-
lich befriedigt sei, so sei doch für das spekulative Interesse
der Vernunft ungemein viel gewonnen; hier sei alles Licht
und Klarheit, das Ich läßt und sieht alles vor seinen Augen
entstehen; aber die Hauptaufgabe sei doch nicht gelöst;
Herr Krug sehe nämlich zwei Menschen, einen Europäer
und einen Mohren, und fühle sich genötigt, sich den Einen
mit weißer, den Andern mit schwarzer Hautfarbe vorzustellen; oder er möchte einen Menschen aus einer Lebensge-
fahr retten, aber die Fluten toben, oder die Flammen wü-
ten u.s.w.; in der Unbegreiflichkeit der Schranken bleibe

die Wissenschaftslehre stecken, wie allem Vermuten
nach alle Philosophie.

Den letzten Brief, worin Herr Krug über die Einstimmung oder Nichteinstimmung des Kantischen Systems bil-
liger- und klugerweise meint, es sei wohl am besten, sich
des Urteils über diese Sache vor der Hand ganz zu enthalten, schließt Herr Krug mit dem Wort:

ignavum, fucos, pecus a praesepibus arce;
was wohl noch auf manchen paßt, an den Herr Krug nicht
dachte, als er es niederschrieb.

Ganz gleichen Inhalts ist die polemische Seite der *Briefe über den neuesten Idealism*, die gegen das Schelling-
sche System der transzendentalen Philosophie gerichtet
sind; nur sagt der Verfasser in der Vorrede, daß er hier in
Ansehung der offenen Darlegung seiner eigenen Überzeugungen einen Schritt weiter gegangen sei.

Zu der Offenheit der Darstellung wird auch gerechnet
werden müssen, daß Herr Krug hier seine Einwürfe kecker
vorträgt, und in dem System Schellings — wie ihn Herr
Krug unsern transzendentalen Idealisten nennen mag, ist
eigentlich nicht abzusehen — unverzeihliche Inkonsequenzen, handgreifliche Widersprüche, Nonsens u.s.w. demon-
striert.

Über die ursprüngliche Begrenztheit scheint Herr Krug
aus der Konstruktion der Handlungsweisen des Ich aus entgegengesetzten Tätigkeiten, oder aus der ursprünglichen
Differenz, einiges Licht aufgegangen zu sein; und über die
absolute Notwendigkeit, die Vernunft als Subjekt und Objekt und damit Beschränktheit zu setzen, läßt sich Herr
Krug weiter nicht vernehmen. Aber destomehr hält er sich
nun an die Bestimmtheit, die als das Unerklärbare und
Unbegreifliche der Philosophie eingestanden werde. /

Vors erste findet er es widersprechend, daß in der Philosophie durchaus nichts vorausgesetzt werden soll, und doch
das Absolute, A = A, als absolute Identität, und als Differenz, woraus alle Beschränktheit konstruiert wird, vorausgesetzt werde.

Dieser Widerspruch ist genau derjenige, den der gemeine
Verstand immer in der Philosophie finden wird; der gemei-

ne Verstand setzt das Absolute mit dem Endlichen genau
auf denselben Rang, und dehnt die Forderungen, die in
Rücksicht auf das Endliche gemacht werden, auf das Absolute aus. Es wird also in der Philosophie gefordert, es soll
nichts unbewiesen hingestellt werden; der gemeine Verstand findet gleich die Inkonsequenz, die begangen worden
ist, er findet, daß man das Absolute nicht bewiesen hat; —
mit der Idee des Absoluten werde unmittelbar sein Sein
gesetzt, aber, weiß der gemeine Verstand einzuwenden, er
10 könne sich sehr gut etwas denken, eine Idee von etwas machen, ohne daß darum notwendig sei, daß dieses gedachte
Etwas zugleich ein Dasein habe; u.s.w. So wird Herr Krug
der Geometrie vorwerfen, daß sie keine in sich vollendete
Wissenschaft sei, wie sie behaupte, denn die beweise ja das
Dasein eines unendlichen Raums nicht, in den sie ihre Linien ziehe. — Oder hält Herr Krug Gott oder das Absolute
für eine Art von Hypothese, welche sich die Philosophie zu
Schulden kommen lasse, wie die eine Physik sich die Hypothese eines leeren Raums, einer magnetischen, elektrischen
20 Materie u.s.w. erlaubt, an deren Stelle eine andere Physik
wieder andere Hypothesen setzen kann?

Die zweite Inkonsequenz, die Herrn Krug auffällt, ist,
daß versprochen sei, das ganze System unserer Vorstellun-
* gen solle deduziert werden; und ob er schon selbst eine
* Stelle im *transzendentalen Idealismus* gefunden hat, worin
der Sinn dieses Versprechens ausdrücklich erläutert ist, so
kann er sich doch nicht enthalten, wieder überhaupt zu vergessen, daß hier von Philosophie die Rede ist; Herr Krug
kann sich nicht enthalten, die Sache wie der gemeinste
30 plebs zu verstehen, und zu fordern, es soll jeder Hund, und
* Katze, ja sogar Herrn Krugs Schreibfeder deduziert werden,
und da dies nicht geschieht, so meint er, es müsse seinem
Freunde der kreißende Berg und das kleine, kleine Mäus-
* chen einfallen, man hätte sich nicht sollen das Ansehen geben, als ob man das ganze System der Vorstellungen dedu-
* zieren wolle. —

Komisch ist es, wie Herr Krug denn doch so gnädig ist,
den Philosophen, der sich das Ansehen eines Meisters in der
Philosophie gebe, jedoch nicht so scharf beim Worte neh-

men zu wollen; sondern er verlangt nur e t w a s w e n i g e s, nur die Deduktion von einer bestimmten Vorstellung, z. B. d e m Mon d e mit allen seinen Merkmalen, oder einer Rose, einem Pferd, einem Hunde oder Holz, Eisen, Ton, einer Eiche oder auch nur von seiner Schreibfeder. Es sieht aus, als ob Herr Krug den Idealisten mit solchen Forderungen die Sache leicht habe machen wollen, daß er vom Sonnensystem nur einen untergeordneten Punkt, den Mond, oder als etwas noch viel leich/teres, seine Schreibfeder aufgegeben hat. Begreift denn aber Krug nicht, daß die Bestimmtheiten, die im transzendentalen Idealismus unbegreiflich sind, der Naturphilosophie, von deren Unterschied von dem transzendentalen Idealismus er gar nichts zu wissen scheint, so weit von ihnen – wie von Herrn Krugs Schreibfeder nicht – in der Philosophie die Rede sein kann, angehören; in derselben kann er eine Dedukzion (ein Wort, dessen Bedeutung hier so wenig taugt, als seine Orthographie) von einem derjenigen Dinge, die er vorschlägt, vom Eisen finden. Hat denn Herr Krug so wenig einen Begriff von philosophischer Konstruktion, um zu meinen, daß der Mond ohne das ganze Sonnensystem begriffen werden könne, und hat er eine so schwache Vorstellung von diesem Sonnensystem, um nicht einzusehen, daß das Erkennen dieses Systems die erhabenste und höchste Aufgabe der Vernunft ist? Wenn Herr Krug von der Größe dieser bestimmten Aufgabe, oder wenn er von dem, was überhaupt im jetzigen Augenblick zunächst Interesse der Philosophie ist, nämlich einmal wieder Gott absolut vornehin an die Spitze der Philosophie als den alleinigen Grund von allem, als das einzige principium essendi und cognoscendi zu stellen, nachdem man ihn lange genug neben andere Endlichkeiten, oder ganz ans Ende als ein Postulat, das von einer absoluten Endlichkeit ausgeht, gestellt hat, – wenn er hiervon eine ferne Ahndung hatte, wie konnte ihm denn einfallen, die Deduktion seiner Schreibfeder von der Philosophie zu verlangen? Ein Hund, eine Eiche, ein Pferd, ein Rohr sind freilich, so wie ein Moses, Alexander, Cyrus, Jesus u.s.w. etwas Vortrefflicheres; und beide Reihen von Organisationen liegen der Philosophie näher, als Herrn Krugs Schreibfeder und die von ihr abgefaßten

philosophischen Werke; die Naturphilosophie weist ihn hin,
wie er die Organisationen einer Eiche, Rose, Hund und Katze zu begreifen hat, und wenn er Lust und Eifer hat, seine
menschliche Individualität zu der Stufe des Lebens einer
Rose oder eines Hundes zu kontrahieren, um das lebendige Sein derselben vollkommen zu begreifen und zu fassen,
so mag er den Versuch machen, aber andern kann er es
nicht zumuten; besser er versuche es, sein Wesen zu den
größten Individualitäten eines Cyrus, Moses, Alexander,
10 Jesus u.s.w. oder auch nur des großen Redners Cicero auszudehnen, so kann es nicht fehlen, daß er ihre Notwendigkeit begreifen, und diese Einzelnen, so wie die Reihe der Erscheinungen des Weltgeistes, die man Geschichte nennt,
einer Konstruktion für fähiger halten wird; aber von der
Forderung der Deduktion seiner Schreibfeder wird er zu
diesem Behuf ganz abstehen müssen, und sich wegen der
Unwissenheit in solchen Dingen über den Idealismus auch
keinen weitern Kummer machen.

Herr Krug glaubt mit dieser Forderung der Deduktion
20 von so etwas Bestimmtem einen äußerst guten Fund getan
zu haben, er hält sich damit gegen den Idealismus für ganz
gedeckt, und meint, daß durch die Lösung dieses Problems
das neueste / idealistische System gegen alle fernere[n] Einwendungen in Sicherheit gestellt werden könnte; er wenigstens würde kein Bedenken tragen, sogleich das ganze System mit seiner deduzierten Schreibfeder zu unterschreiben; er ist aber auch im Voraus überzeugt, daß kein Idealist
in der Welt auch nur den Versuch dazu machen werde.

Damit man seinen Einwurf ja recht wohl verstehe, so
30 legt er beispielsweise von S. 34 an seinen Menschenverstand recht gemütlich in einer Reihe naiver Probleme vor,
welche der transzendentale Idealismus schwerlich werde
lösen können. Solche Dinge sind dann, daß wir genötigt
seien uns vorzustellen, daß wir zu einer bestimmten Zeit
geboren wurden, daß wir zu einer bestimmten Zeit sterben,
daß wir auch täglich Nachrichten durch Zeitungen von dem
erhalten, was sich in der Welt da zuträgt, wo wir nicht sind
u.s.w. — Daß wenn die Organisation Produkt der Intelligenz ist, man nicht einsehe, wie der Naturforscher in Ge-

genden kommen könne, wo er neue Pflanzen entdecke, wie
er nötig habe die Erde zu bereisen u.s.w.; ferner nicht, wie
die Intelligenz einen Blindgebornen, Krankheit, Tod produzieren könne? – kurz, es ist ganz ungeschickt, sich nicht
unter die Fucos zu rechnen, und doch rein aus diesem Tone des gemeinsten Menschenverstandes zu reden. – Herr
Krug erklärt, „daß ihn keine falsche Scham abhalte, seine
Einwürfe vorzutragen, er suche aufrichtig die Wahrheit;
weil er ein Handeln oder Tun ohne ein Sein schlechterdings
nicht denken könne, so bin ich, sagt er, vielleicht eben darum absolut unfähig zum Philosophieren, aber ich kann nun
einmal nicht dafür, daß es so ist, und ich will lieber jene Unfähigkeit eingestehen, als eine Überzeugung heucheln, die
ich nicht habe“; – aber es ist ja die Alternative nicht vorhanden, entweder zu heucheln, oder den gemeinen Menschenverstand über die Philosophie auszugießen. – Außer
diesen Widersprüchen im Großen, die Herr Krug entdeckt,
daß alles im transzendentalen Idealismus deduziert werden
solle, und die Hunde und Pferde doch nicht deduziert werden, findet er noch andere, indem er einzelne Stellen des
Systems, in welchen von ganz verschiedenen Standpunkten
die Rede ist, zusammenstellt, und dann über den Widerspruch wie S. 90 mit den Worten der Juden ausruft: „nun
was brauchen wir weiter Zeugnis, daß unser System ein
dogmatischer transzendenter Idealism sei? wir habens ja
aus seinem eigenen Munde gehört.“ In der einen Stelle, die
Herr Krug aushebt, ist nämlich von der ursprünglichen Begrenztheit, oder davon, daß sich Ich in Entgegensetzung als
Subjekt und als Objekt setzt, die Rede, wobei gesagt wird,
daß ein System, das diesen Grund aufhebe, ein dogmatischer transzendenter Idealismus wäre. Die andere Stelle betrifft die Epoche der Entwickelung des Selbstbewußtseins,
in welcher Subjektives und Objektives für das Ich selbst
sich trennen; für diesen Punkt der Trennung liegt die Grenze weder im Ich, das jetzt als subjektives bestimmt ist, noch
im Ding, sie liegt, ist dies ausgedrückt, nirgends, sie ist
schlechthin, weil sie ist, sie wird in Bezug auf das Ich sowohl als das Ding als schlechthin zufällig erscheinen. Herr

Krug erklärt dies so: es gebe gar keinen Grund der Begrenztheit. — /

Man sieht aus solchen Kläglichkeiten, daß Herr Krug das
System, das er gründlich zu prüfen für Pflicht erklärt, ehe
er es öffentlich zu beurteilen wage, nicht einmal obenhin
kennt; sonst wenn er wußte, daß das Bewußtsein konstruiert werden sollte, so konnte er zum Voraus wissen, ohne
nach einer besondern Stelle sich umzusehen, daß eine Handlung der Intelligenz vorkommen müsse, in welcher die Grenze für Ich und das Ding als zufällig, als ohne Grund, erscheint.

Noch ist, nachdem wir Herrn Krugs Prüfungsweise gezeigt haben, zu erwähnen, daß am Ende der *Briefe über die
Wissenschaftslehre* von S. 61 bis ans Ende als Anhang eine
Abhandlung über den religiösen Glauben, und dieser ein
Anhang, und wieder ein Zusatz beigefügt ist; das Ganze betrifft die Fichteschen Aufsätze über Religion; da Herr Krug
hier ausdrücklich erklärt — was er überhaupt ohne ausdrück-
liche Erklärung tut —, daß er den transzendentalen Gesichtspunkt, der nur dem Philosophen, als solchem, eigen sein könne, und der schon ausführlich von ihm geprüft (wir finden, daß Herr Krug gar nicht von ihm gesprochen hat) worden sei, in dieser Untersuchung ganz bei Seite liegen lassen
wolle, so haben wir über diese Herzens- und Menschenver-
stands-Ergießungen vollends gar nichts zu sagen; — besonders eindringend sind die Ausbrüche seines Feuereifers gegen die Heiden, und ihren krassesten Aberglauben, der der
Religion des guten Lebenswandels schnurstracks zuwider
sei; sie gehen dagegen, daß in einem der Aufsätze im *Philosophischen Journal* mit einer, wie Herr Krug meint, gewissen, mit der Würde des Gegenstandes nicht wohl vereinbaren Keckheit — gesagt sei: die Religion kann eben so gut
mit dem Polytheismus und dem Anthropomorphismus als
etc. bestehen; zu welchen Abenteuerlichkeiten, ruft Herr
Krug aus, kann nicht die Sucht, durch Paradoxien zu glänzen, auch einen guten Kopf verleiten!

Was Herrn Krugs eigene Überzeugungen betrifft, so
fordert er zu „einer besondern Prüfung derselben auf, da er
eben mit einer neuen Fundamentalphilosophie beschäf-

tigt ist, wobei ihm eine solche Prüfung vielleicht zu Statten kommen dürfte"; es geschieht erst in den *Briefen* über den transzendentalen Idealismus und im *Organon*, daß Herr Krug damit herausgeht, lat. urceus exit (die eigentliche amphora aber soll ein Werk über die ganze Philosophie in 8 Bänden, nämlich 7 Bänden Inhalts und einem Bande Sachregister werden, für welches Herr Krug den Entwurf des *Organons* als einen Kranz aushängt). Um diese Überzeugungen im Mittelpunkt aufzufassen, nehmen wir das auf, was Herr Krug die Hauptsache jener Überzeugungen, oder sein System nennt; in unserem Bewußtsein sei nämlich (*Organon* S. 75) eine ursprüngliche transzendentale Synthesis zwischen dem Realen und dem Idealen, und dasjenige System, welches diese transzendentale Synthesis anerkenne und behaupte, ohne sie erklären zu wollen, weil, um sie zu erklären, man von dem einen oder dem / andern anfangen, mithin die Synthesis selbst aufheben müßte, — nenne er transzend. Synthetism, welcher also transzend. Realism und tr. Idealism in unzertrennlicher Vereinigung ist. — Dies sind Worte, die nicht übel lauten. Es ist nur zu untersuchen, wie denn Herr Krug jene Synthesis des Realen und Idealen eigentlich versteht; denn das Wort Synthesis macht die Sache nicht aus. Die ursprüngliche Synthesis nun ist nach *Organon* S. 25 das Bewußtsein, das Bewußtsein aber ist nicht das Ich, sondern ist im Ich.

Hören wir Herrn Krug noch weiter über das Ich, er ist überall ein warmer Patron des Ich gegen die Gegner der Wissenschaftslehre, er hat nichts gegen das Ich als Anfangspunkt der Philosophie; aller Spott darüber sei kleinlich und abgeschmackt u.s.w.; er macht Ich gleichfalls zum Realprinzip des Erkennens; er erzählt, daß der transzendentale Idealismus auf die Selbständigkeit des Ich oder der Vernunft sich gründe, und daß er sich selbst für diese Selbständigkeit interessiere; bei Herrn Krug aber trennt sich das Ich von der Vernunft ab; sie kommen nur in dieser Erzählung, das eine als Erklärung des andern vor, sonst wird in den drei Werken, die wir vor uns haben, so weit sie eine Beziehung auf Philosophie haben, auch das Wort Vernunft von Herrn Krug nicht gebraucht, außer in den *Briefen über die Wissen-*

* *schaftslehre* findet man es ein paarmal im Genitiv vor, oder
S. 45 in ähnlicher Bedeutung; (worauf wir auch Herrn Krug
deswegen aufmerksam machen, damit ihm nicht in den sieben Bänden der philosophischen Wissenschaften begegne,
daß die Vernunft gar nicht, oder nur im Genitiv vorkomme,
und also im Sachregister, dem achten Bande, diese Sache
nicht anzutreffen wäre). Herr Krug hat diese Zusammen-
stellung von Ich oder Vernunft aufgehoben, denn die Vernunft konnte nicht zum Ding gemacht werden; daß Ich aber
10 ein Ding ist, ist eins der Grundprinzipien dieses Synthetismus, das er häufig und angelegentlich beweist; (S. 80 über
transzendentalen Idealismus) wo wir ein Handeln wahrnehmen, müssen wir auch ein Handelndes annehmen, d. h. ein
Subjekt von gewisser Realität setzen, von welchem das Handeln gleichsam ausgeht; oder im *Organon*: es gibt ein Ich,
das Subjekt der Tätigkeit ist, denn wirkliche Tätigkeit ohne ein Subjekt der Tätigkeit läßt sich nicht denken, wie jeden, versichert Herr Krug, sein Bewußtsein lehren wird,
so bald er den Versuch machen will, so etwas zu den-
* ken. Daß das principium essendi des Erkennens, oder das
Realprinzip der Erkenntnis ein erkennendes Subjekt sei, davon gibt Herr Krug eine Art von Beweis, denn, sagt er, wäre
* kein solches Subjekt da, so wäre auch keine Erkenntnis da.

In diesem Ding nun ist das Bewußtsein, und dies Bewußtsein ist eine Kollektion von unendlich vielen Sachen. Herr
Krug zählt darunter einen Satz des Widerspruchs, einen gewissen praktischen Satz, nämlich das Sittengesetz, ferner
einen Alexander, / der ein großer Held, einen Cicero, der
ein großer Redner gewesen, und unendliche viele derglei-
30 chen, S. 14, lauter Sachen, die alle nicht in dem Satz Ich =
Ich, oder A = A enthalten seien, und mannigfaltige Tatsa-
* chen des Bewußtseins heißen. Diese unendlich mannigfaltigen Tatsachen des Bewußtseins liegen zwar alle im Ich, in
das sie auf eine unbegreifliche Weise kommen, aber freilich
wie ein Chaos ohne alle Einheit und Ordnung:
es geht alles durcheinander
* wie Mäusedreck und Koriander.
Da tritt nun eine Vernunft im Genitivus herzu, und
bringt S. 76 f. eine formale Einheit hinein, ordnet die Ver-

wirrung an, und verbindet durch Unterordnung unter ein
gewisses Prinzip als ihren Vereinigungspunkt; — nicht als
wenn aus demselben alle einzelnen Erkenntnisse ihrem Inhalte nach abgeleitet werden könnten und sollten — sondern es sollen nur die einzelnen Erkenntnisse in ihrer Mannigfaltigkeit darauf als auf eine gewisse Einheit bezogen
werden, so wie sich in einem Gewölbe alles auf den Schluß-
stein als höchsten und letzten Vereinigungspunkt bezieht,
obwohl dieser Punkt nicht zugleich das Fundament des Ge-
wölbes in sich enthalten kann; — und vielleicht, meint Herr   10
Krug, hatte die Wissenschaftslehre eben dies in Gedanken,
als sie den Satz Ich = Ich an die Spitze ihrer Untersuchungen stellte, und dies A = A wäre eine symbolische Darstellung jener Harmonie, der oberste formale Grundsatz der
Philosophie, welcher aber schon anderweite materiale
Grundsätze, Tatsachen des Bewußtseins in Begriffe aufgefaßt und in Sätzen dargestellt, voraussetzt. — Jenes Viel-   *
leicht macht der Vorsichtigkeit des Herrn Krug Ehre, ganz
gewiß wollte er es doch nicht versichern.

Man sieht nun auch, als Herr Krug sich wegen der ur-   20
sprünglichen Beschränktheit gegen den transzendentalen
Idealismus kehrte, war es ihm nicht um Befreiung von der
Beschränktheit zu tun, sondern einen Freibrief für die unendliche Menge der Beschränktheiten des empirischen Bewußtseins darin zu finden, und zu zeigen, daß dieses System um kein Haar besser sei als sein Synthetismus, der
eine unendliche Menge von Beschränktheiten des Bewußtseins setzt; Herr Krug seines Orts (*Briefe* über den transzendentalen Idealism) halte dafür, daß es den Philosophen keineswegs entehre, gleich von vorn herein einzugestehen, daß   30
es Dinge gebe, die höher als alle menschliche Weisheit liegen; — aus seinem Bewußtsein heraus und über dasselbe
hinaus gehen zu wollen, scheine ihm gerade soviel zu sein,
als sein Bewußtsein aufheben, und es doch in demselben
Akte, wodurch es aufgehoben wird, behalten zu wollen. —   *
Denkt aber / Herr Krug unter philosophischer Reflexion
etwas anderes, als die Aufhebung des Bewußtseins, und das
Behalten desselben in einem und ebendemselben Akt?
Zum Prinzip seiner Spekulation das empirische Bewußt-

sein zu machen, dazu glaubt sich Herr Krug also mit allem Fuge berechtigt; und eben so dazu, daß das, was er in seinem empirischen Bewußtsein finde und in demselben denken müsse, vollkommen wahr sei; er müsse das Ich als Ding denken, und daher sei es ein Ding; wir setzen dasjenige als wirklich, was wir als notwendig hinzudenken müssen, so verfahren schon seit Menschengedenken die Physiker und Mathematiker in ihren Wissenschaften (S. 82) und niemand bis diesen Tag habe sie noch in Anspruch wegen dieses Ver-
10 fahrens genommen; ja selbst der transzendentale Idealismus verfahre so an hundert Orten! Warum soll es den Gegnern nicht gestattet sein? ego homuncio non fecerim? – Nur vergißt Herr Krug, daß wenn Mathematik, Physik und Idealismus fragen, was gedacht werden müsse, sie sich nicht an das empirische Bewußtsein wenden, worin die Hunde und Katzen, Herrn Krugs Schreibfedern, und der große Redner Cicero u.s.w. ihr Wesen treiben. – Nach dem Bisherigen muß der Synthetismus des Herrn Krug auf folgende Weise gedacht werden: Man stelle sich einen Krug vor,
20 worin Reinholdisches Wasser, Kantisches abgestandenes Bier, aufklärender Sirup, Berlinismus genannt, und andere dergleichen Ingredienzien durch irgend einen Zufall, als Tatsachen enthalten sind; der Krug ist das Synthetische derselben = Ich; nun tritt aber einer hinzu, und bringt in jenes Gesödel dadurch eine Einheit, daß er die Dinge sondert, eins nach dem andern riecht und schmeckt oder wie das zu machen ist, vornehmlich von andern hört, was da hineingekommen sei, und nun eine Erzählung davon macht; dieser ist nun die formale Einheit, oder philosophisches
30 Bewußtsein.

Dies ist das Wesen des Krugischen Synthetismus, und es ist, so offen und unverhohlen es daliegt, nicht so leicht herauszufinden, da dieses System, wie ein wahres philosophisches System es tun muß, die andern alle gleichfalls in sich faßt: weil Sein und Denken im empirischen Bewußtsein auf eine unbegreifliche Weise vereinigt sind, so daß eine echte, nüchterne und bescheidene Philosophie nicht darüber hinaus soll, hält Herr Krug sein System für einig mit dem Jacobischen; die Kantischen Begriffe a priori fehlen ihm nicht; und wie wir gesehen haben, ist er auch ein warmer Patron vom Ich des Idealismus.

Sonst was die historische Rücksicht auf das Eigentliche dieses Systems betrifft, so wird man notwendig an das ältere ganz gleiche System des Herrn Schmid (*Philosophisches Journal* Jahrg. 1795, 10. Heft) erinnert (wie auch der Rezensent des *Organon* in der *Jenaer Literatur-Zeitung* bemerkt), ein System, von dem man nicht denken konnte, daß, nachdem auch der Erfinder desselben selbst die Ausführung aufgegeben hatte, es aus seiner Vernich/tung durch einen andern wieder erweckt werden sollte. Es ist ganz eingetroffen, was Fichte damals (*Philosophisches Journal* Jahrg. 95, Heft 12) schon voraussagte, daß diese Entdekkung ohne Zweifel benutzt werden werde; nur sei zu wünschen, daß diejenigen, die sie benutzen, dem wahren Erfinder die Ehre des Erfindens, und wie er lieber wolle, die Ehre des Findens lassen, und sich gegen ihn besser benehmen, als gegen einen andern berühmten philosophischen Schriftsteller, dessen Schriften der wahre Urquell ihres Kantianismus sind, und dem doch nur wenige die schuldige Dankbarkeit beweisen. – Gegen Reinhold läßt sich Herr Krug diesen Fehler des Undanks nicht ganz zu Schulden kommen, aber doch Reinhold bei weitem nicht volle Gerechtigkeit widerfahren. *Organon* S. 33 sagt Herr Krug, daß die *Theorie*, wenn sie das Bewußtsein als das Fundament der philosophischen Erkenntnis aufstellte, von der Wahrheit gar nicht so weit entfernt war, als manche Beurteiler derselben behauptet haben; aber sie habe nur darin gefehlt (Herr Krug hat den rechten Fleck getroffen), daß sie voraussetzte, die ganze philosophische Erkenntnis müsse auf eine einzige Tatsache des Bewußtseins erbauet oder daraus hergeleitet werden. Allein Herr Krug tut in Wahrheit der *Theorie* Unrecht, denn mit der Stoffheit der Vorstellungen, welche in jenem einen Grundsatz des Bewußtseins auch enthalten ist, muß ja die Menge der Tatsachen des Bewußtseins, so unendlich mannigfaltig Herr Krug sie nur verlangen kann, hereinkommen.

Sonst sagte Fichte von diesem System des Synthetismus selbst, daß es vortrefflich dem dringendsten Bedürfnisse

der Zeit entspreche; die Kantische Philosophie habe Aufsehen erregt, und es suchen Viele hinter ihr etwas Besonderes; durch jenes System werden mit einemmale alle
Schwierigkeiten weggenommen; die Welt ist da fertig ohne
alles Zutun der Vernunft; der kritische Idealismus erhält
eine so leicht zu fassende Bedeutung; es wird durch ihn
weiter nichts behauptet, als das Vermögen, unsere Kennt-
nisse in ein System zu bringen. — Bloß das bleibt, nachdem wir jetzt den Aufschluß erhalten haben, wunderbar, wie
so viel Lärmen um nichts habe entstehen können, wie Kant
so mächtige Zurüstungen habe machen können, um den sehr
simplen Satz darzutun, daß wir über die Dinge in der Welt
räsonieren können. — Was damals in Rücksicht auf Kant
geschah, hat Herr Krug für das Fichtesche System geleistet,
indem er zeigt, daß Ich = Ich das Prinzip der ursprünglichen Identität des Ich bedeute, wovon uns nur das Bewußtsein unserer selbst belehren könne, welches alle meine Tätigkeiten begleitet, und wodurch ich sie als meine Tätigkeit anerkenne; kurz, daß die Identität darin zu setzen ist,
daß alle Tatsachen des Bewußtseins in mir und in keinem
fremden sind. — Doch bescheidet sich Herr Krug diese Erklärung des Ich = Ich mit einem: Vielleicht vorzutragen,
denn vielleicht könnte Ich = Ich auch etwas anders ausdrücken sollen. /
Den Grundstein zu dieser Fundamentalphilosophie seiner Überzeugungen legt Herr Krug ausführlich im 3. §, worin er beweist, daß es nur Ein Realprinzip, das Ich, aber
mehrere Idealprinzipien geben müsse; er beruft sich in der
Folge S. 19 und 77 darauf, hier die Mehrheit der Prinzipien dargetan zu haben; dennoch lautet der Anfang der
Schlußanmerkung zu diesem § S. 15 so: Ich zweifle demnach sehr, daß man aus dem magischen Kreise, in den uns
die Untersuchung über die Prinzipien der philosophischen
Erkenntnis versetzt, jemals durch die Annahme Eines obersten absoluten Prinzips herauskommen werde, das den gesamten Inhalt und die gesamte Form der Philosophie ausdrücke u.s.w. (aus Schelling, *Über die Möglichkeit einer
Form der Philosophie überhaupt*). Wenn Herr Krug ein 8
Bände starkes Werk der philosophischen Wissenschaften

darauf gründen will, wie kann ihn seine Bescheidenheit und Nüchternheit so weit verführen, daß, nachdem er das Prinzip seiner Überzeugungen bewiesen hat, er an dem entgegengesetzten Prinzip nur zweifelt?

Mit einer Haupttatsache des Bewußtseins, der Außenwelt nämlich, bringt es Herr Krug auch nicht weiter, als daß er S. 40 das Resultat zieht, daß wenn die Annahme der Realität der Außenwelt zwar nicht direkt bewiesen werden könne, so lasse sich doch indirekt, d. h. durch Reflexion auf die gegenseitige Behauptung sehr viel zur Rechtfertigung jenes Glaubens sagen; nämlich dieser Glaube und Voraussetzung sei jedem Menschen so notwendig und natürlich, daß sich selbst der entschiedenste Idealist nicht davon los machen könne; denn er glaubt daran, sobald er nicht spekuliert. — Und S. 47 ergibt sich eben hieraus, daß der Glaube an die objektive Welt weit vernünftiger sei, als die Behauptung des Gegenteils.

Die dargestellten einfachen und populären Vorstellungen von der Philosophie, wie sie ein Synthetismus ist, hat Herr Krug in spanische Stiefel realer Prinzipien, und formaler Idealprinzipien, wie auch materialer Idealprinzipien eingeschnürt, Fichtes, Schellings Schriften, *Philosophisches Journal*, seine eignen Werke fleißig zitiert, das Ganze in §§ und besondere Anmerkungen Nr. 1, 2, 3 u.s.w. abgeteilt u.s.f. — kurz, durch alle solche Anstalten der Sache seines gemeinen Menschenverstandes wieder einen Teil der Popularität und Faßlichkeit entzogen, die sie an und für sich hat, und die ein Hauptverdienst derselben so sehr ausmacht, daß man, wenn dieser in §§ gebrachte gemeine Menschenverstand wirklich Philosophie wäre, unsere Zeiten und Sitten zu bedauern hätte, die es nicht erlauben, sich, wie Sokrates tat, an jeden vornehmen und gemeinen Mann geradezu zu wenden; es müßte Herrn Krug gelingen, in kurzer Zeit das ganze ungebildete Publikum in ein philosophisches umzukleiden; auch für die Skeptiker ist diese Philosophie vortrefflich, wie Herr Krug selbst einsieht; wenn ich, sagt er, nur die Tatsachen meines Bewußtseins richtig aufgefaßt und verständlich dargestellt habe, so wird kein Philosoph

in der Welt die von mir aufgestellten Prinzipien ableugnen
können; selbst der Skeptiker wird sie zugeben müssen. /
Wenn Herr Krug am Ende des *Organon* (wo wir auch be-
lehrt werden, daß dieses *Organon* eigentlich noch nicht das
Organon seie) anzeigt, daß er, wenn seine Grundsätze den
Beifall der Kenner zu erhalten das Glück haben sollten, ein
System der Philosophie in acht Bänden auszuarbeiten nicht
abgeneigt sein würde, wie er seinen Freunden bereits in
einer Privatankündigung zu erkennen gegeben habe — so
geben wir ihm einerseits nur zu bedenken, daß sich in sieben Bänden allerdings eine hübsche Anzahl von Tatsachen
des Bewußtseins aufstellen läßt, aber daß nicht abzusehen
ist, wie er darin die unendlich mannigfaltigen Tatsachen
des philosophischen Bewußtseins, darunter er auch zählt,
daß „ein großer Redner, namens Cicero, ein großer Krie-
ger, namens Alexander gewesen sei“ u.s.w. bringen könne;
— andererseits, wenn sieben Bände für diese Tatsachen nicht
ausreichen werden, wo soll noch Raum zum Philosophieren über diese zum Grunde gelegten Sachen übrig sein, da
ja der achte Band laut S. 112 für die Literatur der Philosophie, und für ein Register über die philosophischen Sachen
der sieben Bände bestimmt ist?

VERHÄLTNIS DES SKEPTIZISMUS ZUR
PHILOSOPHIE, DARSTELLUNG SEINER
VERSCHIEDENEN MODIFIKATIONEN, UND
VERGLEICHUNG DES NEUESTEN
MIT DEM ALTEN

Kritik der theoretischen Philosophie von Gottlob
Ernst Schulze, Hofrat und Professor in Helmstedt. 1. Band
Hamburg bei C. E. Bohn 1801. 728 S. Vorrede XXXII S.
2. Band 722 S. Vorrede VI S.   *

Acht Jahre, nachdem Herr Schulze gegen die Kantische   10
Philosophie, vorzüglich in der Form, welche sie in der *Theorie des Vorstellungsvermögens* gewonnen hatte, mit Aufsehen aufgetreten war, umfaßt er nunmehr die theoretische   *
Philosophie überhaupt, um sie durch seinen Skeptizismus
in Flammen zu stecken, und bis aufs Fundament auszu-
brennen. Der ganze helle Haufen der neuen Skeptiker ver-
ehrt billig Herrn Schulze als Vormann, und dieser Sandsack
von — vor der Hand vier — Alphabeten, den Herr Schulze   *
gegen die Festung der Philosophie herbeigeschleppt hat, si-
chert ihm billig diesen ersten Platz.   20
Die Darstellung und Schätzung dieses neuesten Skeptizismus macht es notwendig, uns auf das Verhältnis dieses
so wie des Skeptizismus überhaupt zur Philosophie einzu-
lassen; nach diesem Verhältnis werden sich die verschiedenen Modifikationen des Skeptizismus von selbst bestimmen, und zugleich das Verhältnis dieses neuesten Skeptizismus selbst, der sich auf die Schultern des alten gestellt zu
haben, und sowohl weiter zu sehen, als vernünftiger zu zweifeln vermeint, zu dem alten sich ergeben; eine Erörterung des
Verhältnisses des Skeptizismus zur Philosophie, und eine   30
daraus entspringende Erkenntnis des Skeptizismus selbst,
scheint auch darum nicht unverdienstlich, da die Begriffe,
die sich gewöhnlich über ihn vorfinden, höchst formell sind,
und sein, wenn er wahrhaft ist, edles Wesen in einen allgemeinen Schlupfwinkel und Ausrede von der Unphilosophie
in den neuesten Zeiten verkehrt zu werden pflegt.

Von der subjektiven Quelle des Schulzeschen Skeptizismus gibt uns die Einleitung eine Geschichte; sie enthält
die Ausführung des Gedankens: wenn eine Erkenntnis, die
aus der Vernunft geschöpft werden soll, sich keinen allgemeinen und / dauerhaften Beifall verschaffen könne, die Bearbeiter derselben in beständigem Widerspruche mit einander stehen, und jeder neue Versuch, dieser Erkenntnis die
Festigkeit einer Wissenschaft zu erteilen, mißlinge: so lasse
sich hieraus mit ziemlicher Sicherheit abnehmen, daß der
10 Aufsuchung einer solchen Erkenntnis ein unerreichbarer
Endzweck und eine allen Bearbeitern derselben gemeinschaftliche Täuschung zum Grunde liegen müsse; auch auf
die Denkart des Herrn Verfassers über die Philosophie —
wie ein allgemeines Mißtrauen gegen die Hochpreisungen
der Einsicht und Weisheit der Vernunft Niemand zu verdenken sei — habe die Beobachtung des Erfolgs, den das
Streben so vieler durch ihre Talente und durch den bei der
Aufsuchung verborgener Wahrheiten bewiesenen Eifer ehrwürdiger Männer nach einer wissenschaftlichen Philosophie
20 von jeher hatte, einen starken Einfluß gehabt, und ihr diejenige Richtung gegeben, aus welcher diese *Kritik der theoretischen Philosophie* entstanden ist; jede Neigung, seine
Kräfte auf die Bearbeitung eines dieser Systeme, welches
ihm eben die sicherste Hinweisung auf Wahrheit und Gewißheit zu enthalten schien, zu verwenden, wurde immer
wieder, sobald er zur Befriedigung derselben Anstalt machte, ganz vorzüglich durch die Erwägung des Schicksals unterdrückt, welches alle spekulative Beschäftigung mit
den letzten Gründen unserer Erkenntnis des Daseins der Din
30 ge betroffen hat; denn das Zutrauen zu seinen Fähigkeiten sei nicht so weit gegangen, daß er Hoffnung fassen
konnte, dasjenige wirklich zu erreichen, wonach so viele mit
den größten Talenten und mannigfaltigsten Einsichten ver
* sehene Männer vergeblich gestrebt hatten.

Das heißt recht dem Volke zum Munde und aus dem
Munde des Volks gesprochen. — Auf die politische Aprag
* mosyne zur Zeit, wenn Unruhen im Staate ausbrächen, hatte der atheniensische Gesetzgeber den Tod gesetzt; die philosophische Apragmosyne, für sich nicht Partei zu ergreifen,

sondern zum voraus entschlossen zu sein, sich dem, was
vom Schicksal mit dem Siege und der Allgemeinheit ge-
krönt würde, zu unterwerfen, ist für sich selbst mit dem Tode spekulativer Vernunft behaftet. Wenn ja die Erwägung
des Schicksals ein Moment in der Achtung und Ergreifung
einer Philosophie werden könnte, so müßte nicht die Allgemeinheit, sondern im Gegenteil die Nicht-Allgemeinheit
ein Moment der Empfehlung sein, da es begreiflich ist, daß
die echtesten Philosophien nicht die sind, welche allgemein
werden, und daß, wenn außerdem, daß schlechte Philoso- 10
phien eine Allgemeinheit erhalten, auch echtere dazu gelangen, die allgemein gewordene Seite derselben gerade dasjenige ist, was nicht philosophisch ist; so daß auch an diesen Philosophien, die eines sogenannten glücklichern Schicksals genießen, welches aber in Wahrheit, wenn von glückli-
chem oder unglücklichem Schicksal überhaupt hier die Rede
sein kann, für ein Unglück zu erachten ist, das Nicht-Allge-
meine aufgesucht werden / müßte, um die Philosophie zu
finden. — Wenn aber Herr Schulze gesehen hat, daß der Erfolg des Strebens so vieler durch Talente und Eifer ehrwür- 20
diger Männer in der Beschäftigung mit der Erforschung der
letzten Gründe unserer Erkenntnis gleich unglücklich gewesen ist, so kann dies nur für eine höchst subjektive Art zu
sehen gelten; Leibniz z. B. drückt eine ganz andere Art zu
sehen in der Stelle aus, die Jacobi zu einem seiner Mottos
machte: j'ai trouvé que la plûpart des sectes ont raison
dans une bonne partie de ce qu'elles avancent, mais non
pas tant en ce qu'elles nient. Die oberflächliche Ansicht der *
philosophischen Streitigkeiten läßt nur die Differenzen der
Systeme erblicken, aber schon die alte Regel: contra ne- 30
gantes principia non est disputandum, gibt zu erkennen, *
daß wenn philosophische Systeme mit einander streiten —
ein anderes ist es freilich, wenn Philosophie mit Unphilosophie streitet — Einigkeit in den Prinzipien vorhanden ist,
welche über allen Erfolg und Schicksal erhaben, sich nicht
aus dem, worüber gestritten wird, erkennen lassen, und dem
Gaffen entgehen, welches immer das Gegenteil von dem erblickt, was vor seinen Augen vorgeht. Mit den Prinzipien
oder der Vernunft ist es wohl allen jenen durch Talente und

Eifer ehrwürdigen Männern gelungen, und der Unterschied
ist allein in die höhere oder niedrigere Abstraktion zu setzen, durch welche sich die Vernunft in Prinzipien und Systemen dargestellt hat. Das Mißlingen der spekulativen
Wahrheit nicht vorausgesetzt, so fällt die Bescheidenheit
und die Hoffnungslosigkeit weg, das zu erreichen, was nur
die oberflächliche Ansicht den ehrwürdigen Männern miß-
lungen zu sein sich beredet; oder aber jenes Mißlingen vorausgesetzt, so ist keine Frage, wenn Bescheidenheit und
10 Mißtrauen in die Fähigkeiten das andere Moment zu dem
der Erwägung des Erfolgs abgeben könnte, welche Bescheidenheit die größere sei — sich nicht die Hoffnung machen,
dasjenige zu erreichen, wonach die talent- und einsichtsvol-
len Männer vergeblich gestrebt hatten, oder aber, wie Herr
Schulze sagt, daß ihm geschehen sei, auf die Vermutung zu
geraten, daß irgend ein Erbfehler an der Philosophie haf-
ten und sich von einer dogmatischen Beschäftigung mit der-
* selben (wir werden nachher sehen, daß Herr Schulze nur
skeptisches und dogmatisches Philosophieren kennt) auf die
* andere fortgepflanzt haben müßte; daß Herr Schulze diesen
Erbfehler entdeckt zu haben sich zutraut, und was er davon entdeckt hat, in dem vorliegenden Werke darlegt, beweist, daß er von dem Moment der Bescheidenheit in der
Philosophie, ob er schon davon spricht, eben so wenig hält,
als davon, so wie von dem Moment des Erfolgs, zu halten
ist.

Die Entdeckung des Erbfehlers aller bisherigen spekulativen Philosophie ist also in diesem Werke verheißen; und
durch diese Entdeckung, welche die bisherige Philosophie
30 angeht, sei, sagt Schulze 1. Band S. 610, auch alle Hoffnung
eines Gelingens der Spekulation abgeschnitten auf die
Zukunft, weil es töricht wäre (ja wohl!), eine Veränderung
* der menschlichen Erkenntniskräfte zu hoffen. Welche glücklichere Entdeckung aber als diese eines Erbfehlers aller Spekulation kann / dem philosophielustigen Volke dargebracht
werden, welches entweder seine Entfernung vom Spekulie-
ren, die ja keiner Rechtfertigung bedarf, doch immer mit
dem Streite der Philosophie rechtfertigt, und sich für ge-
neigt ausgibt, einem System sich zu ergeben, wenn nur ein-

mal ein philosophisches Konzilium oder Kolloquium über
eine allgemeingültige Philosophie übereinkäme, — oder welches selbst allen philosophischen Systemen (und darunter
rechnet es jeden Gedankenpilz) nachläuft, aber dessen intellektuelle Chemie so unglücklich organisiert ist, nur zu
dem Zusatze, der dem edlern Metalle einer Münze beige-
mischt ist, eine Verwandtschaft zu haben, und mit diesem
allein sich niederzuschlagen, das immer wieder inne wird,
daß es nur geäfft worden ist, und sich endlich in der Verzweiflung in das Moralische wirft, doch noch mit Besorg- 10
nissen von der spekulativen Seite her — welche glücklichere
Entdeckung kann für diese beiden Teile gemacht werden,
als daß es der spekulativen Philosophie in ihrem innersten
Wesen selbst fehle; dem ersten wird der Beweis gegeben,
der Klügste gewesen zu sein, da er auf spekulative Philosophie nichts hielt; der letztere wird dafür, daß er immer geäfft worden ist, dadurch getröstet, daß die Schuld von ihm
ab und auf die Philosophie gewälzt wird, und seine Besorg-
nisse von der spekulativen Philosophie ihm genommen. Es
ist daher kein Wunder, wenn dieser Skeptizismus, wo nicht 20
allgemeinen, doch ausgebreiteten Beifall sich verschafft,
und wenn besonders über die vorliegende ponderose Bear- *
beitung desselben eine solche Freude entsteht, von der unser Notizenblatt ein Beispiel enthält. *

Herr Schulze schließt aus seiner skeptischen Bearbeitung
der Philosophie den praktischen und ästhetischen Teil aus,
und beschränkt sie auf die theoretische Philosophie. — *
Nach allem zu urteilen scheint es, daß Herr Schulze die
theoretische Philosophie allein für spekulative Philosophie,
die übrigen Teile derselben aber man weiß nicht für was 30
hält; oder vielmehr man erblickt nirgend eine Spur von der
Idee einer spekulativen Philosophie, welche weder besonders theoretische noch praktische noch ästhetische ist. Zu
jener Einteilung der Philosophie gelangt übrigens Herr Schulze durch die empirische Psychologie, ungeachtet er dieselbe selbst aus der Philosophie ausschließt, aber sie sonder-
bar genug doch als Quelle einer Einteilung der Philosophie
gebraucht; an den Tatsachen des Bewußtseins nämlich sollen wichtige Unterschiede vorkommen, sie seien entweder

Erkenntnisse von Objekten, oder Äußerungen des Willens,
oder Gefühle der Lust und Unlust, zu welchen auch die Gefühle des Schönen und Erhabenen gehören; sie können, soweit unsere Einsicht derselben reicht, nicht auf eine einzige
Klasse zurückgeführt, oder aus einer einzigen Quelle abgeleitet werden (Worte, die wir wörtlich bei Kant, *Kritik der
Urteilskraft*, Einleitung S. XXII lesen), sondern sind durch
bleibende Merkmale wesentlich von einander verschieden,
und geben die oben genannten drei Teile der Philosophie.
— Schon hierin weicht Herr Schulze wesentlich von Sextus
Empirikus ab, der in seiner Kritik der einzelnen Teile der
Philosophie und der Wissenschaften nicht selbst die / Einteilung macht, sondern sie nimmt, wie er sie findet, und sie
skeptisch angreift.

Vor allen Dingen haben wir zu sehen, wie der Herr Schulze diese theoretische Philosophie begreift, und wie
eigentlich der Feind beschaffen ist, den er zu Boden schlägt.
Im ersten Abschnitt werden auf eine höchst methodische,
mehrere Seiten durchgehende Weise die wesentlichen Merkmale der theoretischen Philosophie aufgesucht, und folgende Definition herausgebracht: die theoretische Philosophie
ist die Wissenschaft der obersten und unbedingtesten
Ursachen alles Bedingten, von dessen Wirklichkeit
wir sonst Gewißheit haben. — Diese sonstige Gewißheit
von dem Bedingten ohne Philosophie werden wir nachher
kennen lernen. Die obersten und unbedingten Ursachen
selbst aber, oder besser das Vernünftige begreift Herr Schulze
auch wieder als Dinge, die über unser Bewußtsein hinauslie-
gen, etwas Existierendes, dem Bewußtsein schlechthin Entgegengesetztes; von der vernünftigen Erkenntnis kommt nie
eine andere als die zum Ekel wiederholte Vorstellung vor,
daß durch dieselbe eine Erkenntnis von Sachen erworben
werden solle, welche hinter den Schattenrissen von Dingen,
die uns die natürliche Erkenntnisart der Menschen vorhält,
verborgen liegen sollen; durch Hilfe abstrakter Grundsätze
und Begriffe soll das Dasein ausfindig gemacht, es soll
ausgekundschaftet werden, was die Dinge, in ihrer wahren und verborgenen Wirklichkeit genommen, sein sollen;
das Werkzeug, dessen sich die Philosophie zu ihrer Auskund-

schaftung der Dinge bediene, seien Begriffe, abstrakte Grundsätze, Folgerungen aus Begriffen, und die Brücke zu jenen verborgenen Dingen wieder aus nichts als aus Begriffen erbaut. — Es ist nicht möglich, das Vernünftige und die Spekulation auf eine rohere Weise aufzufassen; die spekulative Philosophie wird beständig so vorgestellt, als ob vor ihr unüberwindlich die gemeine Erfahrung in der unverrückbaren Form ihrer gemeinen Wirklichkeit ausgebreitet als ihr eiserner Horizont vorliege, und sie hinter diesem die Dinge an sich ihres Horizonts, als Gebirge von einer eben so gemeinen Wirklichkeit, die jene andere Wirklichkeit auf ihren Schultern trage, vermute und aufsuchen wolle; das Vernünftige, das Ansich kann sich Herr Schulze gar nicht anders vorstellen, als wie einen Felsen unter Schnee; dem Katholiken wandelt sich die Hostie in ein Göttlichlebendiges; hier geschieht nicht, was der Teufel von Christus begehrte, Stein in Brot zu wandeln, sondern das lebendige Brot der Vernunft verwandelt sich ewig in Stein.

Dieser spekulativen Philosophie, die eine Erkenntnis von Dingen versucht, welche außer unserem Bewußtsein existieren sollen, steht die positive Seite dieses Skeptizismus entgegen; denn er hat nicht bloß die negative Seite, die sich damit beschäftigt, die Hirngespinste der Dogmatiker, und ihre Versuche, von der Existenz hyperphysischer Dinge Erkenntnisse zu erlangen, zu zerstören. /

Die positive Seite dieses Skeptizismus besteht nämlich darin, daß er im allgemeinen als eine Philosophie beschrieben wird, die nicht über das Bewußtsein gehe; und zwar hat (S. 51) die Existenz desjenigen, was im Umfange unseres Bewußtseins gegeben ist, unleugbare Gewißheit; denn da es im Bewußtsein gegenwärtig ist, so können wir die Gewißheit desselben eben so wenig bezweifeln, als das Bewußtsein selbst; das Bewußtsein aber bezweifeln zu wollen, ist absolut unmöglich, weil ein solcher Zweifel, da er ohne Bewußtsein nicht statt finden kann, sich selbst vernichten, mithin Nichts sein würde; was in und mit dem Bewußtsein gegeben ist, nennt man eine Tatsache des Bewußtseins; und folglich sind die Tatsachen des Bewußtseins das unleugbare Wirkliche, worauf sich alle philosophische[n] Spekula-

tionen beziehen müssen, und was durch diese Spekulatio-
nen zu erklären oder begreiflich zu machen ist.

An diese Philosophie, welche die unleugbare Gewißheit
in die Tatsachen des Bewußtseins setzt, und genau wie der
allergemeinste Kantianismus alle Vernunfterkenntnis (S.
21) auf die formale Einheit, welche in jene Tatsachen zu
bringen ist, einschränkt, kann die Frage nicht gemacht werden, wie sie denn es begreife, daß der Mensch mit dieser
unleugbaren Gewißheit, die er in dem ewigen stieren Wahrnehmen der Objekte findet, sich nicht befriedige, wie sie
denn auch jenes Ordnen der Wahrnehmungen aus diesem
Wahrnehmen begreifen wolle? Wie der Mensch über die
Bestialität einer solchen Existenz, welche, um mit Herrn
Schulze zu reden, in dem Wahrnehmen des realen Seins der
Dinge besteht, hinausgehe, und zu einem Gedanken von
dem komme, was Herr Schulze Metaphysik nennt, von einer
Ergründung jenes realen Seins, oder einer Ableitung dieses
realen Seins und alles dessen, was dazu gehört, aus einem
Urgrunde, um es begreiflich zu machen? — Diese Tatsa-
chen-Philosophie hat keine andere, als die stumpfe Antwort: daß jenes Streben nach einer Erkenntnis, die über das
reale, ganz gewisse Sein der Dinge hinausliegt, also sie für
ungewiß erkennt — auch eine Tatsache des Bewußtseins
sei; Herr Schulze sagt dies (1. Band S. 21) so: vermöge
einer ursprünglichen Einrichtung unseres Gemüts haben
wir nämlich ein Verlangen, zu allem, was nach unserer Einsicht nur bedingter Weise existiert, den letzten und unbedingten Grund aufzusuchen. Wenn aber jede Tatsache des
Bewußtseins unmittelbare Gewißheit hat, so ist eine Einsicht, daß etwas nur bedingterweise existiere, unmöglich;
denn bedingterweise exstieren, und für sich nichts Gewisses
sein, ist gleichbedeutend. — Eben so drückt sich der Verfasser S. 72 aus, wenn er von jenem bestialischen Anstieren
der Welt und seiner unleugbaren Gewißheit den Übergang
zum Problem der theoretischen Philosophie macht: obgleich das Sein von Dingen nach den Aussprüchen des Bewußtseins ganz gewiß ist, so befriedigt dies doch keineswegs die Vernunft (hier werden / wir lernen, worin sie besteht), weil es sich bei existierenden Dingen, die wir ken-

nen, nicht von selbst versteht, daß sie sind, und daß sie
das sind, was sie sind. — Was hat es denn aber nun für eine
Bewandtnis mit jener unleugbaren Gewißheit der Tatsache
im unmittelbaren Erkenntnis des Seins der Dinge; bei der
Wirklichkeit, S. 57, die wir den angeschauten Sachen beilegen, finden schlechterdings keine Grade statt, so daß eine Sache mehr von der Wirklichkeit besäße, als die andere. S. 62:
Das anschauende Subjekt erkennt die Gegenstände und deren Existenz unmittelbar schlechthin und als etwas, das
auf eine eben so vollkommene Art unabhängig von den
Wirkungen der Vorstellungskraft für sich besteht und ist,
als wie das erkennende Subjekt für sich besteht und ist. —
Wie soll es bei dieser absoluten Gewißheit, daß und wie die
Dinge existieren, zugleich sich nicht von sich selbst verstehen, daß sie sind, und daß sie sind, was sie sind; es wird
zugleich eine Erkenntnis, nach welcher die Existenz und Beschaffenheit der Dinge sich von selbst versteht, und eine
andere behauptet, nach welcher sich diese Existenz und
Beschaffenheit gar nicht von selbst versteht. Es läßt sich
kein vollständigerer Widerspruch zwischen dem Vorhergehenden und zwischen dieser Art, das Suchen einer vernünftigen Erkenntnis begreiflich zu machen, und kein schiefe-
rer und gezwickterer Übergang zur Metaphysik ersinnen.

Nachdem wir die positive Seite dieses Skeptizismus be-
leuchtet haben, gehen wir zu seiner negativen Seite über,
welcher der ganze dritte Teil des ersten Bandes gewidmet
ist. Herr Schulze fühlt es selbst, daß ein Skeptizismus, der
den Tatsachen des Bewußtseins eine unleugbare Gewißheit
zuschreibt, wenig mit dem Begriff von Skeptizismus, den
uns die alten Skeptiker geben, übereinstimmt; wir haben
zuerst des Herrn Schulzes eigene Meinung über diese Differenz zu vernehmen. Er erklärt sich darüber in der Einleitung und dem ersten Abschnitt des 3. Teils. Fürs erste erinnert er, daß es ja oftmals der Fall gewesen sei, daß derjenige, der zuerst einen Gedanken auf dem Wege der Wahrheit gefunden hat, von dem Inhalte, den Gründen und den
Folgen desselben weit weniger verstand, als andere, die
nach ihm dem Ursprung und der Bedeutung desselben mit
Sorgfalt nachforschten; bisher sei die wahre Absicht des

Skeptizismus mehrenteils verkannt worden u.s.w. Der Skeptizismus, den Herr Schulze für den wahren und einen
vollendetern ansieht, als den der Alten, beziehe sich nämlich auf die der Philosophie eigentümlichen Urteile, d.i.
welche, wie Herr Schulze die Endabsicht dieser Wissenschaft ausdrückt, die absoluten oder doch übersinnlichen,
d. h. außer der Sphäre des Bewußtseins vorhandenen Gründe des nach den Zeugnissen unsers Bewußtseins bedingter
Weise vorhandenen Etwas bestimmen. Die nur zur Philosophie aber gehörigen Urteile seien kein Objekt dieses Skeptizismus; sie drücken nämlich entweder sogenannte Tatsachen / des Bewußtseins aus, oder gründen sich auf das analytische Denken; ihre Wahrheit könne daher auch nach dem
Skeptizismus ergründet und eingesehen werden; hingegen
behaupte er gegen die theoretische Philosophie, daß sich
von den außer dem Umfange unseres Bewußtseins vorhandenen oder, wie der Verfasser auch sagt, in ihm ihrer Existenz nach nicht gegebenen Gründen des Seins der Dinge
oder von den Dingen, die außer den existierenden Dingen
existieren, gar nichts wissen lasse. Herr Schulze läßt selbst
die Einwendung gegen diesen Begriff des Skeptizismus machen, daß nach demselben nichts von dem, was die Erfahrung lehrt, und insbesondere nicht der Inbegriff der äußern Empfindungen, auch von allen Wissenschaften
nur die Philosophie (weil sonst keine es mit der Erkenntnis von Dingen außer dem Umfang des Bewußtseins zu tun
habe) ein Objekt der skeptischen Zweifel sein könne; die
alte Skepsis hingegen auf beides, und die älteste wenigstens
auf jenes sich ausgedehnt habe. Herr Schulze führt hierüber
vorzüglich an, daß der Anfang und Fortgang des Skeptizismus
immer nach den Anmaßungen der Dogmatiker sich bestimmt
habe; die alten Skeptiker gestehen, daß es eine Erkenntnis
durch die Sinne, und eine Überzeugung durch dieselben
vom Dasein und gewissen Eigenschaften für sich bestehender Dinge gebe, nach welcher sich jeder vernünftige Mensch
im tätigen Leben zu richten habe. — Hierin, daß eine solche Überzeugung bloß auf das tätige Leben gerichtet war,
liegt unmittelbar, daß sie mit der Philosophie nichts zu tun
hatte, daß sie und das beschränkte, mit Tatsachen angefüll

te Bewußtsein, als Prinzip einer unleugbaren Gewißheit,
überhaupt der Vernunft und der Philosophie nicht gegenüber, am wenigsten gegen sie pochend, gestellt, sondern
nur der so schmal als möglich eingerichtete Tribut war,
welcher der Notwendigkeit eines objektiven Bestimmens
gezollt wurde; wir würden, sagen die Skeptiker, nicht dies
wählen, oder jenes vermeiden, wenn es Dinge betrifft, die
in unserer Macht stehen, aber diejenigen, welche nicht in
unserer Macht, sondern nach der Notwendigkeit sind, können wir nicht vermeiden, wie hungern, dursten, frieren;   10
denn diese lassen sich nicht durch Vernunft aus dem Wege
räumen. Das Bewußtsein aber, das mit diesen notwendigen   *
Bedürfnissen zusammenhängt, war der alte Skeptiker weit
entfernt, zu dem Rang eines Wissens, das eine objektive
Behauptung ist, zu erheben; auf das Erscheinende achtend,
leben wir, sagt Sextus, weil wir nicht gänzlich untätig sein
können, nach dem gemeinen Lebensverstand, ohne damit
irgend eine Meinung oder Behauptung zu machen. Von   *
einer Überzeugung von Dingen aber, und deren Eigenschaften ist in diesem Skeptizismus nicht die Rede; das Krite- 20
rium des Skeptizismus, drückt sich Sextus aus, ist das Erscheinende (φαινόμενον), worunter wir in der Tat seine Erscheinung (φαντασίαν αὐτοῦ), also das Subjektive, verstehen; denn da sie in der Überzeugung (πείσει, aber nicht
von einem Dinge) und einem unwillkürlichen Affiziertsein
liegt, so findet keine Untersuchung statt; sie ist ἀζήτητος *
(der deutsche Ausdruck: Zweifel, vom Skeptizismus / gebraucht, ist immer schief und unpassend). Daß aber die
Skeptiker alle Wahrnehmung, statt ihr unleugbare Gewißheit zuzuschreiben, für bloßen Schein erklärten, und be-   30
haupteten, man müsse eben so gut das Gegenteil von dem
aussagen, was man vom Objekt seinem Schein ausgesprochen habe, eben so gut sagen, der Honig sei bitter, als süß *
— daß, wie Herr Schulze selbst anführt, die zehn ersten,
und eigentlichen Wendungen der Skeptiker allein diese Un- *
sicherheit der sinnlichen Wahrnehmung betrafen, davon gibt
Herr Schulze den Grund, daß die Empfindungen schon in den
frühesten Zeiten der spekulativen Philosophie für eine Erscheinung, der aber etwas ganz Verschiedenes zum Grun-

de liege, von den Dogmatikern ausgegeben, und der Erscheinung selbst eine Übereinstimmung mit dem, was hinter ihr als eigentliche Sache befindlich sein soll, beigelegt, ja die Erkenntnis durch Empfindungen sogar vielmals
als eine Wissenschaft des hinter der Empfindung verborgen liegenden Objekts von ihnen behauptet worden sei.
Aus diesem Grunde haben die Skeptiker diese Lehren der
Dogmatiker von der Gewißheit der sinnlichen Erkenntnis angegriffen und geleugnet, daß vermittelst des Objekts in der
10 Empfindung sich von dem mit Zuverlässigkeit etwas erkennen lasse, was hinter diesem Objekte als wahre und eigentli-
* che, für sich bestehende Sache befindlich sein soll. — Es
drückt sich hier in Rücksicht auf die alten Philosophen ganz
dieselbe krasseste Vorstellung ab, die Herr Schulze von der
Vernunfterkenntnis hat; die Auslegung aber, als wenn der
Skeptizismus nicht die sinnlichen Wahrnehmungen selbst,
sondern nur die hinter und unter dieselben von den Dogmatikern gelegten Sachen angegriffen habe, ist durchaus unge-
gründet; wenn der Skeptiker sagte: der Honig sei eben so-
* wohl bitter als süß, und so wenig bitter als süß, so war da
kein hinter den Honig gelegtes Ding gemeint. — Daß für die
Skeptiker Griechenlands auch die Lehrsätze aller Doktrinen, die auf Gültigkeit für jeden menschlichen Verstand
Ansprüche machen, ein Gegenstand des Zweifels waren,
zeuge von einer Unbekanntschaft derselben mit den wahren Gründen ihrer Zweifel; und übrigens seien damals noch
nicht wie heut zu Tage die besondern Quellen der Erkenntnisse jeder Wissenschaft und die Grade der in ihr möglichen
Überzeugung untersucht gewesen; viele Doktrinen, die jetzt
30 aller vernünftigen Zweifelsucht Trotz bieten, wie
z.B. Physik und Astronomie, seien damals nur noch ein
Inbegriff unerweislicher Meinungen und grundloser Hypo-
* thesen gewesen. — Dieser Zug vollendet den Charakter dieses
neuen Skeptizismus und seinen Unterschied von dem alten;
außer den Tatsachen des Bewußtseins wären also auch noch
die Physik und Astronomie neuerer Zeiten die Wissenschaften, die allem vernünftigen Skeptizismus Trotz böten; Doktrinen, welche, das rein Mathematische derselben, was nicht
zu / ihrer Eigentümlichkeit gehört, weggenommen, aus einer

Erzählung von sinnlichen Wahrnehmungen und einer Amalgamation derselben mit den Verstandesbegriffen von Kräften, Materien, u.s.w. in einem durchaus Objektivität behauptenden und doch rein formalen Wissen bestehen, dessen einer Teil, die Erzählung von Wahrnehmungen, mit einem wissenschaftlichen Wissen gar nichts zu tun hat, und darum allerdings auch außerhalb des Skeptizismus fällt, insofern in dem Aussprechen der Wahrnehmung nichts als ihre Subjektivität ausgedrückt sein soll; — dessen anderer Teil aber der höchste Gipfel eines dogmatisierenden Verstandes ist. Was hätten die alten Skeptiker zu einem solchen Bastard von Skeptizismus gesagt, der sich auch noch mit dem grellen Dogmatismus dieser Wissenschaften vertragen kann?

Herr Schulze kommt endlich mit der Unsicherheit und Unvollständigkeit der Nachrichten von dem alten Skeptizismus. — Allerdings fehlen uns bestimmtere Nachrichten von Pyrrho, Aenesidemus und andern berühmten ältern Skeptikern; allein teils aus dem ganzen Wesen dieses Skeptizismus geht hervor, daß die polemische Seite gegen philosophische Systeme, die der Skeptizismus des Aenesidemus, Metrodorus und Späterer hatte, dem Skeptizismus des Pyrrho fehlte, dem die zehn ersten Tropen angehören; teils daß in den Tropen des Sextus Empirikus uns das allgemeine Wesen dieses Skeptizismus sehr treu aufbewahrt ist, so daß jede sonstige Ausführung des Skeptizismus nichts sein könnte, als die in der Anwendung vorkommende Wiederholung einer und eben derselben allgemeinen Weisen.

Überhaupt aber verschwinden die Begriffe von Skeptizismus, die ihn nur in dieser besondern Form, in der er als reiner bloßer Skeptizismus auftritt, erblicken lassen, vor dem Standpunkt einer Philosophie, von welchem aus als echter Skeptizismus er sich auch in denjenigen philosophischen Systemen selbst, welche Herr Schulze und andere mit ihm nur für dogmatische ansehn können, finden läßt. Ohne die Bestimmung des wahren Verhältnisses des Skeptizismus zur Philosophie, und ohne die Einsicht, daß mit jeder wahren Philosophie der Skeptizismus selbst aufs innigste Eins ist, und daß es also eine Philosophie gibt, die weder Skeptizismus noch Dogmatismus, und also beides zugleich ist, können alle die Geschichten und Erzählungen und neue[n] Auflagen des Skeptizismus zu nichts führen. Das Wesentliche zur Erkenntnis des Skeptizismus, dieses Verhältnis desselben zur Philosophie, nicht zu einem Dogmatismus, die Anerkennung einer Philosophie, die nicht ein Dogmatismus ist, überhaupt also der Begriff einer Philosophie selbst, ist es, was Herrn Schulze entgangen ist; und wenn Herr Schulze aus den Philosophien, die er skeptisch vornimmt, die Idee der Philosophie nicht herauskriegen konnte, so mußte ihn schon das Geschichtliche des alten Skeptizismus wenigstens auf den Gedanken von der Möglichkeit / führen, daß Philosophie etwas anderes sei, als Dogmatismus, den er allein kennt. Führt doch selbst Diogenes Laertius auf seine Weise an, daß einige als Urheber des Skeptizismus den Homer nennen, weil er von denselben Dingen in andern Verhältnissen anders spreche; so seien auch viele Sprüche der sieben Weisen skeptisch, wie: Nichts zu viel, und: Verpflichtung, zur Seite das Verderben (d. h. jede Verbindung mit einem Beschränkten hat ihren Untergang in sich); aber noch mehr führt Diogenes den Archilochus, Euripides, Zeno, Xenophanes, Demokrit, Plato, u.s.w. als Skeptiker an; kurz diejenigen, denen Diogenes nachspricht, hatten die Einsicht, daß eine wahre Philosophie notwendig selbst zugleich eine negative Seite hat, welche gegen alles Beschränkte, und damit gegen den Haufen der Tatsachen des Bewußtseins, und deren unleugbare Gewißheit, so wie gegen die bornierten Begriffe, welche in jenen herrlichen Doktrinen vorkommen, die Herr Schulze dem vernünftigen Skeptizismus für unzugänglich hält, gegen diesen ganzen Boden der Endlichkeit, auf dem dieser neuere Skeptizismus sein Wesen und seine Wahrheit hat, gekehrt, und unendlich skeptischer ist, als dieser Skeptizismus. Welches vollendetere und für sich stehende Dokument und System des echten Skeptizismus könnten wir finden, als in der Platonischen Philosophie den *Parmenides?* welcher das ganze Gebiet jenes Wissens durch Verstandesbegriffe umfaßt und zerstört. Dieser Platonische Skeptizismus geht nicht auf ein Zweifeln an diesen Wahrheiten des Verstandes, der die Dinge als mannigfaltig, als Ganze, die aus Teilen bestehen, ein Entstehen

und Vergehen, eine Vielheit, Ähnlichkeit u.s.w. erkennt,
und dergleichen objektive Behauptungen macht, sondern
auf ein gänzliches Negieren aller Wahrheit eines solchen
Erkennens. Dieser Skeptizismus macht nicht ein besonderes Ding von einem System aus, sondern er ist selbst die negative Seite der Erkenntnis des Absoluten, und setzt unmittelbar die Vernunft als die positive Seite voraus. Ungeachtet daher der Platonische *Parmenides* nur auf der negativen Seite erscheint, erkennt z. B. Ficinus deswegen es
sehr wohl, daß wer an das heilige Studium desselben gehe,   10
durch Reinheit des Gemüts, und Freiheit des Geistes sich
vorher vorbereiten müsse, ehe er es wage, die Geheimnisse
des heiligen Werks zu berühren. Tiedemann aber sieht wegen dieser Äußerung des Ficinus an ihm nichts als einen
Mann, der im Kote der Neuplatoniker klebe, und am Platonischen Werke nichts als einen Haufen und eine Wolke
ziemlich dunkler und für die Zeiten eines Parmenides und
Plato ziemlich scharfsinniger, einen neuen Metaphysiker
aber anekelnder Sophismen — ein Fehler, der daher rühre,
daß von genauen Philosophen die metaphysischen Aus-   20
drücke noch nicht recht bestimmt gewesen seien; wer in
metaphysischen Dingen etwas geübter sei, finde, daß Begriffe, / die um den ganzen Himmel von einander verschieden seien, verwechselt werden; — nämlich jene sonst scharf-   *
sinnigen Leute, Plato und Parmenides, waren noch nicht
bis zu der Philosophie gedrungen, welche die Wahrheit in
den Tatsachen des Bewußtseins, und überall, nur in der Vernunft nicht findet, noch zu der Klarheit der Begriffe, wie
sie der Verstand und ein bloß endliches Denken in den
neuern Wissenschaften der Physik u.s.w. festsetzt, und aus   30
der Erfahrung zu holen meint.

Dieser Skeptizismus, der in seiner reinen e x p l i z i t e n Gestalt im *Parmenides* auftritt, ist aber in jedem echten philosophischen Systeme implicite zu finden; denn er ist die
freie Seite einer jeden Philosophie; wenn in irgend einem
Satze, der eine Vernunfterkenntnis ausdrückt, das Reflektierte desselben, die Begriffe, die in ihm enthalten sind, isoliert, und die Art, wie sie verbunden sind, betrachtet wird,
so muß es sich zeigen, daß diese Begriffe zugleich aufgeho-

ben, oder auf eine solche Art vereinigt sind, daß sie sich widersprechen, sonst wäre es kein vernünftiger, sondern ein verständiger Satz. Spinoza beginnt seine *Ethik* mit der Erklärung: unter Ursache seiner selbst verstehe ich, dessen Wesen Dasein in sich schließt; oder dasjenige, dessen Natur nur als existierend begriffen werden kann. – Nun ist aber der Begriff des Wesens oder der Natur nur setzbar, indem von der Existenz abstrahiert wird; eins schließt das andere aus; eins ist nur bestimmbar, sowie eine Entgegensetzung gegen das andere ist; werden beide verbunden als Eins gesetzt, so enthält ihre Verbindung einen Widerspruch, und beide sind zugleich negiert. Oder wenn ein anderer Satz des Spinoza so lautet: Gott ist die immanente, nicht die vorübergehende Ursache der Welt, so hat er, indem er die Ursache immanent, also die Ursache Eins mit der Wirkung setzt – weil die Ursache nur Ursache ist, insofern sie der Wirkung entgegengesetzt wird, den Begriff von Ursache und Wirkung negiert; eben so herrschend ist die Antinomie des Eins und Vielen; die Einheit wird mit dem Vielen, die Substanz mit ihren Attributen identisch gesetzt. Indem jeder solche Vernunftsatz sich in zwei sich schlechthin widerstreitende auflösen läßt, z. B. Gott ist Ursache und Gott ist nicht Ursache; er ist Eins, und nicht Eins, Vieles und nicht Vieles; er hat ein Wesen, das, weil Wesen nur in Gegensatz der Form begreifbar ist, und die Form identisch gesetzt werden muß mit dem Wesen, selbst wieder hinweg fällt u.s.w.: so tritt das Prinzip des Skeptizismus: παντὶ λόγῳ λόγος ἴσος ἀντικεῖται, in seiner ganzen Stärke auf. Der sogenannte Satz des Widerspruchs ist daher so wenig auch nur von formeller Wahrheit für die Vernunft, daß im Gegenteil jeder Vernunftsatz in Rücksicht auf die Begriffe einen Verstoß gegen denselben enthalten muß; ein Satz ist bloß formell, heißt für die Vernunft, er für sich allein gesetzt, ohne den ihm kontradiktorisch entgegengesetzten eben so zu behaupten, ist eben darum falsch. Den Satz des Widerspruchs für formell anzuerkennen, heißt also ihn zugleich für falsch er/kennen. – Da jede echte Philosophie diese negative Seite hat, oder den Satz des Widerspruchs ewig aufhebt, so kann, wer Lust hat, unmittelbar diese negative Seite herausheben, und sich aus jeder einen Skeptizismus darstellen.

Ganz unbegreiflich ist es, wie in Herrn Schulze vollends durch den Sextus nicht auch nur im allgemeinen der Begriff gekommen ist, daß es außer dem Skeptizismus und Dogmatismus noch ein drittes, nämlich eine Philosophie gebe; gleich in den ersten Zeilen teilt Sextus die Philosophen ein in Dogmatiker, Akademiker und Skeptiker; und wo er durch sein ganzes Werk mit den Dogmatikern zu tun hat, meint er gar nicht auch die Akademie mit widerlegt zu haben. Dies Verhältnis des Skeptizismus zur Akademie ist selbst genug zur Sprache gekommen; es hat einen in der Geschichte des Skeptizismus berühmten Streit veranlaßt; und dies Verhältnis des reinen Skeptizismus und seine Verlegenheit ist seine interessanteste Seite. Doch um Herrn Schulze nicht Unrecht zu tun, ist anzuführen, daß er allerdings durch Sextus auf ein Verhältnis der Akademie zum Skeptizismus aufmerksam gemacht wurde. Aber wie faßt Herr Schulze dies Verhältnis und das, was Sextus darüber sagt, auf? In der Anmerkung (1. Band S. 608), worin Herr Schulze die Sache abfertigt, sagt er, daß durch die Lehre des Arkesilaus (des Stifters der mittlern Akademie) nun freilich das Zweifeln an der Wahrheit der Lehren des Dogmatismus zu einem von aller Anwendung der Vernunft entblößten Geschäfte gemacht worden, weil es sich selbst wieder aufhebe, und die Vernunft hierbei gar nichts mehr vernehme. Alsdenn erzählt Herr Schulze, daß Sextus (*Lib. I. Pyrrh. Hypot. c.* 33) die Lehre des Arkesilaus vom Skeptizismus aus dem Grunde unterschieden wissen wolle, weil nach des Arkesilaus und des Karneades Lehre auch selbst dies, daß alles ungewiß sei, wieder für ungewiß erklärt werden müsse; ein solches Geschäft des Zweifelns, setzt Herr Schulze aus seinem Eignen hinzu, sei von aller Vernunft entblößt.

Was vors erste die historische Seite betrifft, so traut man seinen Augen nicht, wenn man einen solchen Grund der Ausschließung der Lehre des Arkesilaus vom Skeptizismus dem Sextus zugeschrieben liest. Es sind ja die Skeptiker selbst, die sich aufs bestimmteste, wie Herr Schulze im An-

fange der Anmerkung selbst anführt, darüber ausdrücken,
daß ihre gewöhnlichen φωναί: alles ist falsch, nichts ist
wahr, eins eben so wenig als das andere u.s.w. auch sich
selbst wieder einschließen, συμπεριγραφεῶ (*P. Hy. I.* 7)
und sich selbst wieder aufheben ὑφ᾽ ἑαυτῶν ἀυτὰς ἀναιρεῖϑαι,
ἐμπεριγραφομένας ἐκείνοις περὶ ὦν λέγεται, eine Lehre,
die, außerdem, daß sie in dem Skeptizismus selbst liegt,
auch äußerlich gegen die Dogmatiker, die den Skeptikern
vorwarfen, daß sie doch ein Dogma: nichts zu bestimmen,
oder: keins ist wahrer, haben, schlechterdings notwendig
war; so wie auch zur Unterscheidung von andern Philosophen, z. B. (c. 30) den Demokritischen, denen der skeptische Ausdruck: eins eben so wenig als das andere (z. B. der
Honig ist eben so wenig süß als bitter), ange/hörte; die
Skeptiker unterschieden sich damit, daß sie sagten, es liege
hierin ein Dogma: er sei keins von beiden; sie hingegen zeigen durch jenen Ausdruck: eins so wenig als das andere,
daß sie nicht wissen, ob die Erscheinung beides, oder keins
von beiden sei. So unterscheidet Sextus (c. 33) auch die
Skeptiker von der neuen Akademie des Karneades, deren
Grundsatz darin bestehe, daß alles unbegreiflich sei; vielleicht, sagt er, sei sie wohl nur darin verschieden, daß sie
eben jene Unbegreiflichkeit behauptend ausspreche. Was
Herr Schulze zur Einschränkung jener skeptischen Ausdrücke sagt: daß Sextus wohl nur habe lehren wollen, daß
der Skeptiker über die transzendentale Beschaffenheit der
Dinge weder auf eine positive noch auf eine negative Art
etwas bestimme: so ist darin gar kein Gegensatz gegen jene
Behauptung der Skeptiker und des Arkesilaus, daß ein
skeptischer Ausdruck sich selbst in sich schließe und aufhebe, zu sehen; und was soll denn die transzendentale Beschaffenheit der Dinge heißen? liegt denn das Transzendentale nicht gerade darin, daß es weder Dinge noch eine Beschaffenheit der Dinge gebe? Sextus war daher schon an
und für sich durchaus entfernt, aus dem Grunde, den Herr
Schulze angibt, die Lehre des Arkesilaus vom Skeptizismus zu unterscheiden; denn sie war wörtlich die des Skeptizismus; Sextus sagt selbst, daß sie ihm so sehr mit den
Pyrrhonischen λόγοις übereinzustimmen scheine, daß sie

fast Eine und ebendieselbe ἀγωγή[1] mit der skeptischen
seie; wenn man nicht sagen wolle, daß Arkesilaus die
ἐποχήν für gut, und der Natur gemäß, die Zustimmung
aber für übel erkläre, was eine Behauptung sei, da die Skeptiker hingegen auch hierüber nichts behauptend aussagen.
Die Unterscheidung, von welcher Sextus meint, daß sie noch
gemacht werden könne, hat also gerade den entgegengesetzten Grund; nach Herrn Schulze wäre diese Akademie
von Sextus für zu skeptisch erklärt worden; Sextus aber
findet sie, wie wir gesehen haben, zu wenig skeptisch. Außer der angeführten Unterscheidung bringt Sextus noch
einen schlechtern Grund bei, der auf ein Klatschen hinausgeht, daß nämlich Arkesilaus, wenn man dem, was man von
ihm sage, Glauben beimessen dürfe, nur so für den Anlauf
ein Pyrrhonier, in Wahrheit aber ein Dogmatiker gewesen
sei; er habe nämlich das Aporematische nur gebraucht, um
seine Schüler zu prüfen, ob sie Fähigkeit für die Platonischen Lehren haben, und deswegen sei er für einen Apore-
tiker gehalten worden; den fähig Befundenen aber habe er
das Platonische gelehrt. — Wegen der schwierigen Seite des
Skeptizismus, die für ihn in dem Ver/hältnisse zur Akademie lag, handelt Sextus sehr ausführlich von Plato und den
Akademien. Es liegt nur in dem gänzlichen Mangel des Begriffs von dem wahren Grunde dieser Schwierigkeit, und
von Philosophie, wenn Herr Schulze von der Rücksicht auf
die Akademie durch das Geschwätz sich befreit glauben
kann, das er hierauf in eben dieser Anmerkung aus Stäud-
lins *Geschichte des Skeptizismus* anführt; es ist aber, sagt
Herr Schulze, neuerlich schon von mehrern, besonders
von Stäudlin bemerkt worden, daß der Geist, der die mitt-
lere und neuere Akademie belebte, von dem Geiste, der die
Skeptiker in ihren Untersuchungen leitete, gänzlich verschieden sei; die Anhänger jener waren wirklich nichts weiter, als sophistische Schwätzer, die lediglich auf Trug-
schlüsse und Blendwerke ausgingen, und die Philoso-

---

[1] so nannte sich nämlich der Skeptizismus lieber als αἵρεσις; Sextus erklärt, daß der Skeptizismus nur in dem Sinne einer λόγῳ τινὶ
κατὰ τὸ φαινόμενον ἀκολουθούσης ἀγωγής eine Schule, Sekte genannt werden könne.

phie, so wie den ganzen Streit der Skeptiker mit den Dogmatikern, wie er damals geführt wurde, nur als Mittel ihres
Hauptzwecks, nämlich die Kunst, andere zu bereden, zu
glänzen und Aufsehen zu erregen, benutzten, und für
die Erforschung der Wahrheit um ihrer selbst willen
gar keinen Sinn hatten. — Wenn auch eine solche Beschuldigung überhaupt nicht schon an und für sich so hohl
und ekelhaft wäre, als sie es ist, so bliebe ja noch die ältere
Akademie und Plato selbst übrig, es bleibt die Philosophie
überhaupt übrig, welche kein Dogmatismus ist, auf welche
Rücksicht zu nehmen gewesen wäre; aber mehr Rücksicht
auf die Philosophie, als wir aus dieser Anmerkung anführ-
ten, haben wir nicht finden können.

Im Altertume hingegen war über dies Verhältnis des
Skeptizismus zum Platonismus das Bewußtsein sehr entwickelt; es hatte ein großer Streit darüber obgewaltet, indem ein Teil den Plato für einen Dogmatiker, ein anderer
Teil ihn für einen Skeptiker ausgab (Diog. Laert. *Plato* 51).
Da die Akten des Streits für uns verloren sind, so können
wir nicht beurteilen, wie weit das innre wahre Verhältnis
des Skeptizismus zur Philosophie dabei zur Sprache kam,
und wie weit die Dogmatiker, welche den Plato dem Dogmatismus vindizierten, wie die Skeptiker gleichfalls taten,
dies in dem Sinne verstanden, daß der Skeptizismus selbst
zur Philosophie gehöre, oder nicht. Sextus beruft sich auf
eine weitere Ausführung der Sache in seinen skeptischen
Kommentaren, die nicht auf uns gekommen sind; in den
Hypotyposen I. 222 sagt er, wolle er die Hauptsache nach
Aenesidemus und Menodotus, die in diesem Streite die
Chefs von Seite der Skeptiker waren, anführen; Plato sei
ein Dogmatiker, weil, wenn er zeige, daß Ideen, eine Vor-
sehung, ein Vorzug eines tugendhaften Lebens vor einem
lasterhaften sei, entweder dogmatisiere, wenn er sie als seiende anerkenne; oder wenn er dem Überzeugendern (πιθα-
νοτέροις) beistimme, so falle er dadurch, daß er für die
Überzeugung oder Nichtüberzeugung irgend etwas dem andern vorziehe, aus dem skeptischen Charakter. /
Diese Unterscheidung des Platonismus vom Skeptizismus
ist entweder eine bloß formale Mäkelei, die an dem behaup-

teten Vorziehen nichts als die Form des Bewußtseins tadelt, denn der Gehorsam des Skeptikers gegen die Notwendigkeit und die vaterländischen Gesetze war ein eben solches, nur bewußtloses Vorziehen; — oder wenn sie gegen die Realität der Idee selbst gerichtet ist, so betrifft sie die Erkenntnis der Vernunft durch sich selbst; und hieran muß sich die Eigentümlichkeit des reinen, von der Philosophie sich trennenden Skeptizismus darstellen. Auf diese Erkenntnis der Vernunft kommt Sextus im ersten Buch *Gegen die Logiker* (310), nachdem er vorher das Kriterium der Wahrheit überhaupt aus dem Zwist der Philosophen über dasselbe, und dann insbesondere die Wahrheit der sinnlichen Erkenntnis bestritten hatte. Was er nun dagegen sagt, daß die Vernunft sich durch sich selbst erkenne (ὅτι οὐδ' ἑαυτῆς ἐπιγνώμων ἐστὶν ἡ διάνοια, ὁ νοῦς ἑαυτὸν καταλαμβάνεται), ist kahl genug, daß wenn die neuern Skeptiker die Selbsterkenntnis der Vernunft bekämpfen wollen, sie wohl etwas besseres vorbringen müssen, wenn sie es sich nicht bequemer machten, diese Mühe dadurch ganz zu ersparen, daß sie die Vernunft und ihr Selbsterkennen ganz und gar i g n o r i e r e n, und hinter dem Gorgonen-Schild steckend, unmittelbar, nicht durch etwa bösliche Verdrehung und Kunst, nicht als ob sie es vorher anders sehen, sondern im Blick selbst, das Vernünftige, subjektiv ausgedrückt in Verstand, objektiv in Steine verwandeln, und das, von dem sie ahnden, daß es über Verstand und Stein hinausgeht, Schwärmerei und Einbildungskraft nennen. — Sextus weiß doch noch von der Vernunft und ihrer Selbsterkenntnis. Was er über die Möglichkeit derselben vorbringt, ist folgendes flache Räsonnement, zu welchem er gerade die Reflexionsbegriffe von Ganzem und Teilen, die, wie Plato im *Parmenides*, er in seinen Büchern *Gegen die Physiker* vernichtet, nun selbst mitbringt. Wenn die Vernunft sich begreift, so muß sie entweder, insofern sie sich begreift, das Ganze sein, das sich begreift, oder nicht das Ganze, nur einen Teil dazu gebrauchen. Wenn es nun das Ganze ist, das sich begreift, so ist das Begreifen und das Begreifende das Ganze; wenn aber das Ganze das Begreifende ist, so bleibt fürs Begriffene nichts mehr übrig; es ist aber ganz unvernünftig, daß das Begreifende seie, aber dasjenige nicht, was begriffen wird. Aber die Vernunft kann auch nicht einen Teil von sich dazu gebrauchen; denn wie soll der Teil sich begreifen? Ist er ein Ganzes, so bleibt für das zu Begreifende nichts übrig; wenn wieder mit einem Teil, wie soll dieses wieder sich begreifen; und so ins Unendliche; so daß das Begreifen ohne Prinzip ist, indem entweder kein Erstes gefunden wird, welches das Begreifen vornehmen, oder nichts ist, was begriffen werden soll. — Man sieht, daß die Vernunft in ein Absolutsubjektives verkehrt wird, welches, wenn es als Ganzes gesetzt ist, dem zu Begreifenden nichts mehr übrig läßt. Alsdenn (und nun kommen noch / bessere Gründe, die die Vernunft wie vorhin in dem Begriff von Ganzem und Teilen, und einer entweder absoluten Subjektivität oder absoluten Objektivität, nunmehr in die Erscheinung eines bestimmten Platzes herabziehen), wenn die Vernunft sich selbst begreift, so wird sie damit auch den Ort, in welchem sie ist, mit begreifen; denn jedes Begreifende begreift mit einem bestimmten Orte; wenn aber die Vernunft den Ort, worin sie ist, mit sich begreift, so mußten die Philosophen nicht wegen desselben uneins sein, indem einige sagen, jener Ort sei der Kopf, andere die Brust; und im einzelnen, einige das Gehirn, andere die Gehirnhaut, andere das Herz, andere die Zugänge der Leber, oder sonst irgend ein Teil des Körpers; hierüber sind die dogmatischen Philosophen uneins. Die Vernunft begreift also nicht sich selbst.

Dies ist es, was Sextus gegen das Selbsterkennen der Vernunft vorbringt; es ist ein Beispiel aller Waffen des Skeptizismus gegen die Vernunft; sie bestehen in einer Anwendung von Begriffen auf dieselbe; worauf es leicht wird, die in die Endlichkeit versetzte und, wie Herr Schulze tut, zu Dingen gemachte Vernunft als ein einem andern Entgegengesetztes, das gleichfalls gesetzt werden müsse, aber durch jene Einzelheit nicht gesetzt werde, aufzuzeigen. Das Gewöhnlichste von allen, nämlich die Berufung auf die Uneinigkeit der Philosophen untereinander, führt Sextus ebenfalls gleich nach der angeführten Stelle weit aus, ein Geschwätze, das die moralischen Dogmatisten gegen die Spekulation mit dem Skeptizismus teilen, wie es auch schon Xenophon dem Sokrates in den Mund legt, und der ober- * flächlichen Ansicht, die an den Worten kleben bleibt, am nächsten sich darbietet. Ob also schon dieser Skeptizismus sich von der Philosophie, nämlich derjenigen, welche zugleich den Skeptizismus in sich schließt, losgerissen und isoliert hat, so hat er doch diesen Unterschied von Dogmatismus und der Philosophie, die letztere unter dem Namen von Akademischer, so wie die große Übereinstimmung derselben mit ihm erkannt, wovon der neuere hingegen nichts 10 weiß.

Außer dem Skeptizismus aber, der Eins ist mit der Philosophie, kann der von ihr losgetrennte Skeptizismus ein gedoppelter sein, entweder daß er nicht gegen die Vernunft, oder daß er gegen sie gerichtet ist. Aus der Gestalt, in welcher uns Sextus den von der Philosophie abgetrennten und gegen sie gekehrten Skeptizismus gibt, läßt sich auffallend der alte echte Skeptizismus aussondern, der zwar nicht wie die Philosophie eine positive Seite hatte, sondern in Beziehung aufs Wissen eine reine Negativität behauptete, aber 20 eben so wenig gegen die Philosophie gerichtet war; eben so abgetrennt steht seine später hinzugekommene feindselige Richtung zum Teil gegen die Philosophie, zum Teil gegen den Dogmatismus. Seine Wendung gegen dieselbe, sowie auch diese Dogmatismus wurde, zeigt, wie er mit der gemeinschaftlichen Ausartung der Philosophie, und der Welt überhaupt gleichen Schritt gehalten hat, / bis er endlich in den neuesten Zeiten so weit mit dem Dogmatismus heruntersinkt, daß nunmehr für beide die Tatsachen des Bewußtseins unleugbare Gewißheit haben, und ihnen beiden in der 30 Zeitlichkeit die Wahrheit liegt; so daß, weil die Extreme sich berühren, in diesen glücklichen Zeiten von ihrer Seite wieder das große Ziel erreicht ist, daß nach unten Dogmatismus und Skeptizismus zusammenfallen, und beide sich die freundbrüderlichste Hand reichen. Der Schulzesche Skeptizismus vereinigt mit sich den rohsten Dogmatismus, und der Krugsche Dogmatismus trägt zugleich jenen Skeptizismus in sich.

Sextus stellt uns die Maximen des Skeptizismus in siebzehn Tropen dar, deren Verschiedenheit uns den Unterschied seines Skeptizismus von dem alten genau bezeichnet, welcher zwar für sich stand, ohne philosophisches Wissen, aber durchaus zugleich innerhalb der Philosophie fällt, besonders mit der alten, die mit der Subjektivität weniger zu tun hatte, ganz identisch ist.

Dem alten Skeptizismus gehören die zehn ersten der siebzehn Tropen an, zu denen erst die viel spätern Skeptiker — Sextus sagt überhaupt die neuern, Diogenes nennt den Agrippa, der gegen fünfhundert Jahre nach Pyrrho lebte — fünf hinzugefügt haben; die zwei, die noch dazu kamen, scheinen wieder später, Diogenes erwähnt ihrer gar nicht, auch Sextus sondert sie ab, und sie sind unbedeutend.

Diese zehn Artikel nun, auf die der alte [Skeptizismus] sich beschränkte, sind, wie alle Philosophie überhaupt, gegen den Dogmatismus des gemeinen Bewußtseins selbst gerichtet; sie begründen die Ungewißheit über die Endlichkeiten, womit es bewußtlos befangen ist, und diese Indifferenz des Geistes, vor der alles, was die Erscheinung oder der Verstand gibt, wankend gemacht wird, in welchem Wanken alles Endlichen nach den Skeptikern, wie der Schatten dem Körper folgt, die ἀταραξία durch Vernunft erworben eintritt; wie Apelles, als er ein Pferd malte, und die Darstellung des Schaums nicht herausbringen konnte, sie aufgebend, den Schwamm, woran er die Farben des Pinsels ausgewischt hatte, an das Bild warf, und damit die Abbildung des Schaums traf; so finden in der Vermischung alles Erscheinenden und Gedachten die Skeptiker das Wahre, jene durch Vernunft erworbene Gleichmütigkeit, welche von Natur zu haben den Unterschied des Tiers von dem Menschen ausmacht; und die Pyrrho einst zu Schiffe seinen Gefährten, die in dem heftigen Sturm zagten, mit ruhigem Gemüte an einem Schwein, das im Schiffe fraß, mit den Worten zeigte: der Weise müsse in solcher Ataraxie stehen. Dieser Skeptizismus hatte also seine positive Seite ganz allein in dem Charakter und seiner vollkommenen Gleichgültigkeit gegen die Notwendigkeit der Natur.

Aus einer kurzen Erwähnung der zehn Punkte, welche die ἐποχήν des Skeptizismus gründen, wird sich ihre Richtung gegen die Sicherheit der Dinge und der Tat/sachen des Bewußtseins unmittelbar ergeben; die Unsicherheit aller Dinge und die Notwendigkeit der ἐποχῆς wird nämlich dargetan 1. aus der Verschiedenheit der Tiere, 2. der Menschen, 3. der Organisation der Sinne, 4. der Umstände, 5. der Stellungen, Entfernungen und Örter, 6. den Vermischungen (durch welche dem Sinne sich nichts rein darbietet), 7. den verschiedenen Größen und Beschaffenheiten der Dinge, 8. dem Verhältnisse (daß nämlich alles nur in Verhältnis zu einem andern ist), 9. dem häufigern oder seltenern Geschehen, 10. aus der Verschiedenheit der Bildung, der Sitten, Gesetze, des mythischen Glaubens, der Vorurteile.

Über ihre Form bemerkt Sextus selbst, daß alle diese Tropen eigentlich auf die Triplizität, einen der Verschiedenheit des erkennenden Subjekts, einen des erkannten Objekts, und einen aus beiden zusammengesetzten gebracht werden können. Notwendig müssen auch bei der Ausführung mehrere in einander fließen. — Bei den zwei ersten Tropen, der Verschiedenheit der Tiere und der Menschen, spricht auch Sextus schon von der Verschiedenheit der Organe, die eigentlich unter den dritten gehört; am ausgedehntesten, merkt Sextus an, ist der achte Punkt, der die Bedingtheit jedes Endlichen durch ein anderes, oder daß jedes nur in Verhältnis zu einem andern ist, betrifft. Man sieht, daß sie nach dem Zufall aufgerafft sind, und eine unausgebildete Reflexion, oder vielmehr eine Absichtslosigkeit der Reflexion in Rücksicht auf eine eigene Lehre, und eine Ungewandtheit, die nicht vorhanden wäre, wenn der Skeptizismus schon mit dem Kritisieren der Wissenschaften zu tun gehabt hätte, voraussetzen.

Noch mehr aber beweist der Inhalt dieser Tropen, wie entfernt sie von einer Tendenz gegen die Philosophie sind, und wie sie ganz allein gegen den Dogmatismus des gemeinen Menschenverstandes gehen; kein einziger betrifft die Vernunft und ihre Erkenntnis, sondern alle durchaus nur das Endliche, und das Erkennen des Endlichen, den Verstand; ihr Inhalt ist zum Teil empirisch, in so fern geht er die Spekulation schon an sich nichts an; zum Teil betrifft

er das Verhältnis überhaupt, oder daß alles Wirkliche bedingt sei durch ein anderes, und in so fern drückt er ein
Vernunftprinzip aus. Dieser Skeptizismus ist demnach gegen die Philosophie gar nicht, und auf eine eben nicht philosophische, sondern populäre Weise gegen den gemeinen
Menschenverstand oder das gemeine Bewußtsein gewendet,
welches das Gegebene, die Tatsache, das Endliche (dies
Endliche heiße Erscheinung oder Begriff) festhält, und an
ihm als einem Gewissen, Sichern, Ewigen klebt; jene skeptischen Tropen zeigen ihm das Unstete solcher Gewißheiten, auf eine Art, welche gleichfalls dem gemeinen Bewußtsein nahe liegt; er ruft nämlich gleichfalls die Erscheinungen und Endlichkeiten zu Hilfe, und aus der Verschiedenheit derselben, so wie dem gleichen Rechte aller sich geltend zu machen, aus der in dem Endlichen selbst zu erkennenden Antinomie erkennt er die Unwahrheit desselben.
Er kann daher als die erste Stufe / zur Philosophie angesehen werden; denn der Anfang der Philosophie muß ja die
Erhebung über die Wahrheit sein, welche das gemeine Bewußtsein gibt, und die Ahndung einer höhern Wahrheit;
der neueste Skeptizismus ist daher mit seiner Gewißheit
der Tatsachen des Bewußtseins vor allen Dingen an diesen
alten Skeptizismus und an diese erste Stufe der Philosophie
zu verweisen; oder an den gemeinen Menschenverstand
selbst, der sehr gut erkennt, daß alle Tatsachen seines Bewußtseins, und dieses sein endliches Bewußtsein selbst vergeht, und daß keine Gewißheit darin ist; der Unterschied
dieser Seite des gemeinen Menschenverstandes und dieses
Skeptizismus besteht darin, daß jener sich ausspricht: es ist
alles vergänglich; der Skeptizismus hingegen, wenn eine Tatsache als gewiß aufgestellt wird, zu erweisen versteht, daß
jene Gewißheit Nichts ist. — Außerdem steht im gemeinen
Menschenverstande dieser sein Skeptizismus und sein Dogmatismus über die Endlichkeiten nebeneinander, und dadurch wird jener Skeptizismus etwas bloß Formelles; da
hingegen durch den eigentlichen Skeptizismus die letztere
aufgehoben wird, und also jener gemeine Glauben an die
Ungewißheit der Tatsachen des Bewußtseins aufhört, etwas Formelles zu sein, indem der Skeptizismus den ganzen

Umfang der Wirklichkeit und Gewißheit in die Potenz der
Ungewißheit erhebt, und den gemeinen Dogmatismus vernichtet, der bewußtlos besondern Sitten und Gesetzen und
anderen Umständen als einer Macht angehört, für die das
Individuum nur Objekt ist, und die es in ihren Einzelheiten
am Faden der Wirkungen auch begreift, ein verständiges
Wissen sich darüber macht, und damit nur immer tiefer in
den Dienst jener Macht versinkt. Der Skeptizismus, den die
Freiheit der Vernunft über diese Naturnotwendigkeit erhebt, indem er sie für Nichts erkennt, ehrt sie zugleich aufs
höchste, indem ihm in ihr eben so wenig eine ihrer Einzelheiten etwas Gewisses ist, sondern nur die Notwendigkeit
in ihrer Allgemeinheit, als er selbst eine Einzelheit, als absoluten Zweck, den er in ihr ausführen wollte, als ob er
wüßte, was gut ist, in sie hinein versetzt; — er antizipiert in
dem Individuum dasjenige, was die in der Endlichkeit der
Zeit auseinander gezogene Notwendigkeit an dem bewußt-
losen Geschlechte bewußtlos ausführt; was diesem für absolut Eines und ebendasselbe und für fest, ewig und überall
gleich so beschaffen gilt, entreißt ihm die Zeit; am allge-
meinsten die nach Naturnotwendigkeit sich ausbreitende
Bekanntschaft mit fremden Völkern; wie z. B. die Bekanntschaft der Europäer mit einem neuen Weltteil für den Dogmatismus ihres zeitherigen Menschenverstandes und ihre
unleugbare Gewißheit einer Menge von Begriffen über
Recht und Wahrheit jene skeptische Wirkung gehabt hat.

Weil nun der Skeptizismus seine positive Seite allein im
Charakter hatte, so gab er sich nicht für eine Häresis, oder
Schule aus, sondern, wie oben angeführt, für eine ἀγωγήν,
eine Erziehung zu einer Lebensweise, eine Bildung, deren
Subjektivität nur / darin objektiv sein konnte, daß die
Skeptiker sich der gleichen Waffen gegen das Objektive und
die Abhängigkeit von demselben bedienten; sie erkannten
den Pyrrho als den Stifter des Skeptizismus in dem Sinne,
daß sie ihm nicht in Lehren, sondern in diesen Wendungen
gegen das Objektive (ὁμοτρόπως Diogenes *IX.* 70) gleich
waren. Die Ataraxie, zu der der Skeptiker sich bildete, be-
stand darin, daß, wie Sextus *Adversos Ethicos* 154 sagt,
dem Skeptiker keine Störung (ταραχή) fürchterlich sein

konnte, denn wenn sie auch die größte sei, so fällt die
Schuld nicht auf uns, die wir ohne Willen und nach der
Notwendigkeit leiden, sondern auf die Natur, welche dasjenige, was die Menschen festsetzen, nichts angeht, und auf
denjenigen, der durch Meinung und einen Willen sich selbst
das Übel zuzieht. Von dieser positiven Seite erhellt es eben
so sehr, daß dieser Skeptizismus keiner Philosophie fremd
ist. Die Apathie des Stoikers und die Indifferenz des Philosophen überhaupt müssen sich in jener Ataraxie erkennen.
Pyrrho war als ein origineller Mensch auf seine Faust, wie
jeder andere Urheber einer Schule, Philosoph geworden,
aber seine originelle Philosophie war darum nicht ein Eigentümliches, notwendig und seinem Prinzip nach andern Entgegengesetztes; die Individualität seines Charakters drückte
sich nicht sowohl in einer Philosophie ab, als sie vielmehr
seine Philosophie selbst, und seine Philosophie nichts als
Freiheit des Charakters war; wie sollte aber eine Philosophie darin diesem Skeptizismus entgegenstehen? Wenn die
nächsten Schüler solcher großen Individuen sich, wie das
geschieht, an das Formelle, Auszeichnende vorzüglich hielten, so erschien freilich nichts als Verschiedenheit; aber
wenn das Gewicht der Autorität des Einzelnen und seiner
Persönlichkeit sich nach und nach mehr verwischte, und
das philosophische Interesse rein sich emporhob, so konnte auch die Dieselbigkeit der Philosophie wieder erkannt
werden. Wie Plato in seiner Philosophie die Sokratische,
Pythagoräische, Zenonische u. a. vereinigte, so geschah es,
daß Antiochus, bei welchem Cicero gehört hatte — und
wenn nicht sonst aus seinem Leben erhellte, daß er für die
Philosophie verdorben war, durch seine philosophischen
Produktionen kein günstiges Licht auf seinen Lehrer und
dessen Vereinigung der Philosophien werfen würde — die
Stoische Philosophie in die Akademie übertrug; und daß
die letztere ihrem Wesen nach den Skeptizismus in sich
schloß, haben wir oben gesehen. Es braucht nicht erinnert
zu werden, daß hier von einer solchen Vereinigung die Rede ist, welche das Innerste der verschiedenen Philosophien
als Eins und dasselbe erkennt, nicht von dem Eklektizis-
mus, der auf ihrer Oberfläche umherirrt, und aus Blümchen

allenthalben her zusammengerafft sich seinen eiteln Kranz bindet.

Es ist eine Zufälligkeit der Zeit, wenn späterhin die verschiedenen philosophischen Systeme völlig auseinander gingen, und nunmehr die Apathie der Ataraxie, die / Dogmatiker der Stoa (Sextus, *Pyrrhonische Hypotyposen* 65) den Skeptikern für ihre entgegengesetztesten Gegner galten. Auf diese völlige Trennung der Philosophien, und das völlige Festwerden ihrer Dogmen und Unterscheidungen, so wie auf die nunmehrige Richtung des Skeptizismus teils gegen den Dogmatismus, teils gegen die Philosophie selbst beziehen sich ganz allein die spätern fünf Tropen der Skeptiker, welche die eigentliche Rüstkammer ihrer Waffen gegen philosophische Erkenntnis ausmachen, die wir, um unsere Darstellung zu rechtfertigen, noch kurz anführen wollen. Der erste unter diesen Tropen der Epoché, ist der von der Verschiedenheit, nämlich jetzt nicht mehr der Tiere oder der Menschen, wie in den zehn ersten, – sondern der gemeinen Meinungen und der Lehren der Philosophen sowohl beider gegeneinander als beider innerhalb ihrer selbst; ein Tropus, über den die Skeptiker immer sehr weitläufig sind, und überall Verschiedenheit erblicken und hineintragen, wo sie besser Identität sehen würden. Der zweite ist, der aufs Unendliche treibt; Sextus gebraucht ihn so häufig, als er in neuern Zeiten als Begründungstendenz vorgekommen ist; er ist das Bekannte, daß für ein Begründendes eine neue Begründung, für diese wieder und so fort ins Unendliche gefordert wird. – Der dritte war schon unter den zehn ersten, nämlich der des Verhältnisses. Der vierte betrifft die Voraussetzungen, – gegen die Dogmatiker, die, um nicht ins Unendliche getrieben zu werden, etwas als schlechthin Erstes, und Unbewiesenes setzen – welche die Skeptiker sogleich dadurch nachahmen, daß sie mit eben dem Rechte das Gegenteil jenes Vorausgesetzten ohne Beweis setzen. Der fünfte ist das Gegenseitige, wenn dasjenige, was zum Beweise eines andern dienen soll, selbst zu seinem Beweise desjenigen bedarf, welches durch dasselbe bewiesen werden soll. – Noch zwei andere Tropen, von denen Sextus sagt, daß man sie auch aufführe, deren Diogenes nicht erwähnt, und von denen man selbst sieht, daß sie nichts Neues, sondern nur das Vorige in eine allgemeinere Form gebracht sind, enthalten, daß was begriffen wird, entweder aus sich selbst, oder aus einem andern begriffen wird; — aus sich nicht, denn man sei über die Quelle und das Organ der Erkenntnis, ob es die Sinne oder der Verstand sei, uneins; nicht aus einem andern, denn sonst falle man in den Tropus des Unendlichen, oder in den gegenseitigen.

Man sieht, auch an der Wiederholung einiger der zehn ersten, nämlich zum Teil desjenigen, der unter den fünfen der erste und dritte ist, und aus ihrem ganzen Inhalt, daß die Absicht dieser fünf Tropen ganz verschieden von der Tendenz der zehn ersten ist, und daß sie allein die spätere Wendung des Skeptizismus gegen die Philosophie betreffen. Es gibt keine tauglicheren Waffen gegen den Dogmatismus der Endlichkeiten, aber sie sind völlig unbrauchbar gegen die Philosophie; da sie / lauter Reflexionsbegriffe enthalten, so haben sie, nach diesen beiden verschiedenen Seiten gekehrt, eine ganz entgegengesetzte Bedeutung; gegen den Dogmatismus gekehrt erscheinen sie von der Seite, daß sie der Vernunft, die neben den einen vom Dogmatismus behaupteten Teil der notwendigen Antinomie den andern stellt — gegen die Philosophie hingegen von der Seite, daß sie der Reflexion angehören; gegen jenen müssen sie also siegreich sein, vor dieser aber in sich selbst zerfallen oder selbst dogmatisch sein. Da das Wesen des Dogmatismus darin besteht, daß er ein Endliches, mit einer Entgegensetzung Behaftetes (z. B. reines Subjekt, oder reines Objekt, oder in dem Dualismus die Dualität der Identität gegenüber) als das Absolute setzt, so zeigt die Vernunft von diesem Absoluten, daß es eine Beziehung auf das von ihm Ausgeschlossene hat und nur durch und in dieser Beziehung auf ein anderes, also nicht absolut ist, nach dem dritten Tropus des Verhältnisses; soll dies andere seinen Grund in dem ersten, so wie das erste seinen Grund in dem andern haben, so ist dies ein Zirkel, und fällt in den fünften, den diallelischen Tropus; soll kein Zirkel begangen werden, sondern dieses andere, als Grund des ersten, in sich selbst gegründet sein, und wird es zur unbegründeten Voraussetzung gemacht, so hat es, weil

es ein Begründendes ist, ein Entgegengesetztes, und dies
sein Entgegengesetztes kann mit eben dem Rechte als ein
Unbewiesenes oder Unbegründetes vorausgesetzt werden,
weil hier einmal das Begründen anerkannt worden ist nach
dem vierten Tropus der Voraussetzungen; oder aber dies
andere als Grund soll wieder in einem andern begründet
sein, so wird dies Begründete auf die Reflexions-Unendlich-
keit an Endlichen ins Unendliche fortgetrieben, und ist wieder grundlos, nach dem zweiten Tropus. Endlich müßte jenes endliche Absolute des Dogmatismus auch ein Allgemei- 10
nes sein, allein dies wird sich notwendig nicht finden, weil
es ein Beschränktes ist; und hierher gehört der erste Tropus der Verschiedenheit. – Diese dem Dogmatismus unüberwindliche[n] Tropen hat Sextus mit großem Glück gegen
den Dogmatismus, besonders gegen die Physik gebraucht,
eine Wissenschaft, welche, so wie die angewandte Mathematik, der wahre Stapelplatz der Reflexion, der beschränkten
Begriffe und des Endlichen ist, – aber dem neuesten Skeptiker freilich für eine Wissenschaft gilt, welche allem vernünftigen Skeptisieren Trotz biete; es kann im Gegenteil 20
behauptet werden, daß die alte Physik wissenschaftlicher
war, als die neue, und also dem Skeptizismus weniger Blößen darbot.

Gegen den Dogmatismus sind diese Tropen darum vernünftig, weil sie gegen das Endliche des Dogmatismus das
entgegengesetzte, wovon er abstrahierte, auftreten lassen,
also die Antinomie herstellen; gegen die Vernunft hingegen
gekehrt, behalten sie als ihr Eigentümliches die reine Differenz, von der sie affiziert sind; das Vernünftige derselben
ist schon in der Vernunft. Was den ersten Tropus der Ver- 30
schiedenheit / betrifft, so ist das Vernünftige ewig und allenthalben sich selbst gleich; rein Ungleiches gibt es allein
für den Verstand; und alles Ungleiche wird von der Vernunft als Eins gesetzt; freilich muß diese Einheit, so wie jene Ungleichheit nicht auf die, wie Plato sagt, gemeine und
knabenhafte Art genommen werden, daß ein Ochse u.s.w.
als das Eins gesetzt wird, von dem behauptet würde, er sei
zugleich viele Ochsen. Es kann vom Vernünftigen nach dem *
dritten Tropus nicht gezeigt werden, daß es nur im Verhält-

nis, in einer notwendigen Beziehung auf ein anderes ist;
denn es selbst ist nichts als das Verhältnis. Weil das Vernünftige die Beziehung selbst ist, so werden wohl die in Beziehung Stehenden, die, wenn sie vom Verstande gesetzt
werden, einander begründen sollten, nicht das Vernünftige
selbst in den Zirkel oder in den fünften, den diallelischen,
fallen; denn in der Beziehung ist nichts durcheinander zu
begründen. Eben so ist das Vernünftige nicht eine unbewiese-
ne Voraussetzung nach dem vierten Tropus, welcher ge-
10 genüber das Gegenteil mit eben dem Rechte unbewiesen
vorausgesetzt werden könnte, denn das Vernünftige hat
kein Gegenteil; es schließt die Endlichen, deren eines das
Gegenteil vom andern ist, beide in sich. Die beiden vorhergehenden Tropen enthalten den Begriff eines Grundes und
einer Folge, nach dem ein anderes durch ein anderes begründet würde; da es für die Vernunft kein Anderes gegen
ein Anderes gibt, so fallen sowohl sie als die auf dem Boden der Entgegensetzungen gemachte und unendlich fortgesetzte Forderung eines Grundes, der zweite Tropus, der
20 aufs Unendliche treibt, hinweg; weder jene Forderung noch
diese Unendlichkeit geht die Vernunft etwas an.
  Da also diese Tropen alle den Begriff eines Endlichen in
sich schließen, und sich darauf gründen, so geschieht durch
ihre Anwendung auf das Vernünftige unmittelbar, daß sie
dasselbe in ein Endliches verkehren; daß sie ihm, um es
kratzen zu können, die Krätze der Beschränktheit geben.
Sie gehen nicht an und für sich gegen das vernünftige Denken, aber wenn sie gegen dasselbe gehen, wie Sextus sie
auch gebraucht, so alterieren sie das Vernünftige unmittel-
30 bar. Aus diesem Gesichtspunkte kann alles begriffen werden, was der Skeptizismus gegen das Vernünftige vorbringt;
* ein Beispiel sahen wir oben, wenn er das Erkennen der Vernunft aus sich selbst dadurch bestreitet, daß er sie entweder zu einem Absolutsubjektiven oder zu einem Absolut-
objektiven, und entweder zu einem Ganzen oder zu einem
Teile macht; beides hat erst der Skeptizismus hinzugetan.
Wenn also der Skeptizismus gegen die Vernunft zu Felde
zieht, so hat man sogleich die Begriffe, die er mitbringt, ab-
zuweisen, und seine schlechten, zu einem Angriff untaugli-

chen Waffen zu verwerfen. — Was der neueste Skeptizismus
immer mitbringt, ist, wie wir oben gesehen haben, der Begriff einer Sache, die hinter und unter den Erscheinungs-
sachen liege./Wenn der alte Skeptizismus sich der Ausdrücke
ὑποκείμενον, ὑπάρχον, ἄδηλον u.s.w. bedient, so bezeichnet
er die Objektivität, die nicht auszusprechen sein Wesen ausmacht; er für sich bleibt bei der Subjektivität des Erscheinens stehen. Diese Erscheinung ist ihm aber nicht ein sinnliches Ding, hinter welchem von dem Dogmatismus und
der Philosophie noch andere Dinge, nämlich die übersinnlichen behauptet werden sollten. Da er sich überhaupt zu-
rückhält, eine Gewißheit und ein Sein auszusprechen, so
hat er schon für sich kein Ding, kein Bedingtes, von dem er
wüßte; und er hat nicht nötig, der Philosophie weder dieses gewisse Ding, noch ein anderes, das hinter diesem wäre,
in die Schuhe zu schieben, um sie fallen zu machen.

Durch die Wendung des Skeptizismus gegen das Wissen
überhaupt wird er, weil er hier ein Denken einem Denken
entgegensetzt, und das: ist des philosophischen Denkens
bekämpft, darauf getrieben, eben so das: ist seines eignen
Denkens aufzuheben, also in der reinen Negativität, die durch
sich selbst eine reine Subjektivität ist, sich zu halten. Wie
ekel hierüber die Skeptiker waren, haben wir oben an dem
Beispiel der neuern Akademie gesehen, welche behauptete,
daß alles ungewiß sei, und daß dieser Satz sich selbst mit
einschließe; doch ist selbst dies dem Sextus nicht skeptisch
genug, er unterscheidet sie vom Skeptizismus, weil sie eben
damit einen Satz aufstelle und dogmatisiere; jener Satz aber
drückt so sehr den höchsten Skeptizismus aus, daß diese
Unterscheidung etwas völlig Leeres wird. Eben so mußte es
auch dem Pyrrho widerfahren, für einen Dogmatiker von
einem ausgegeben zu werden. Dieser formelle Schein einer
Behauptung ist es, womit hinwieder die Skeptiker schika-
niert zu werden pflegen, indem man ihnen es zurück gibt,
daß wenn sie an allem zweifeln, doch dies: ich zweifle, es
scheint mir u.s.w. gewiß sei, also die Realität und Objektivität der Denktätigkeit entgegenhält, wenn sie bei jedem
Setzen durch Denken sich an die Form des Setzens halten,

und auf diese Art jede ausgesprochene Tätigkeit für etwas Dogmatisierendes erklären.

In diesem Extrem der höchsten Konsequenz, nämlich der Negativität, oder Subjektivität, die sich nicht mehr auf die Subjektivität des Charakters, die zugleich Objektivität ist, beschränkte, sondern zu einer Subjektivität des Wissens wurde, die sich gegen das Wissen richtete, mußte der Skeptizismus inkonsequent werden; denn das Extrem kann sich nicht ohne sein entgegengesetztes erhalten; die reine Negativität oder Subjektivität ist also entweder gar Nichts, indem sie sich in ihrem Extrem vernichtet, oder sie müßte zugleich höchst objektiv werden; das Bewußtsein hierüber ist es, was nahe bei der Hand liegt, und was die Gegner urgierten; die Skeptiker erklärten eben deswegen, wie oben erwähnt, daß ihre φωναί, alles ist falsch, nichts wahr, keins mehr als das andere, sich selbst einschließen; und daß der Skeptiker in / dem Aussprechen dieser Schlagwörter nur das sage, was ihm scheine, und seine Affektion, nicht eine Meinung noch Behauptung über ein objektives Sein damit ausspreche. Sextus, *Pyrrhonische Hypotyposen* 7 und sonst, besonders c.24, wo sich Sextus so ausdrückt, daß man sich bei dem, was der Skeptiker sage, wie derjenige, der ausspricht: περιπατῶ, in Wahrheit sage: ich gehe, immer hinzudenken müsse: nach uns, oder was mich betrifft, oder wie es mir scheint. Diese rein negative Haltung, die bloße Subjektivität und Scheinen bleiben will, hört eben damit auf, für das Wissen etwas zu sein; wer fest an der Eitelkeit, daß es ihm so scheine, er es so meine, hängen bleibt, seine Aussprüche durchaus für kein Objektives des Denkens und des Urteilens ausgegeben wissen will, den muß man dabei lassen; seine Subjektivität geht keinen andern Menschen, noch weniger die Philosophie, oder die Philosophie sie etwas an.

Aus dieser Betrachtung der verschiedenen Seiten des alten Skeptizismus ergibt sich also, um es kurz zusammen zu stellen, der Unterschied und das Wesen des neuesten Skeptizismus.

Diesem fehlt fürs erste die edelste Seite des Skeptizismus der Richtung gegen den Dogmatismus des gemeinen Bewußtseins, die in allen seinen drei aufgezeigten Modifikationen sich findet, er sei nämlich identisch mit der Philosophie und nur ihre negative Seite, oder getrennt von ihr, aber nicht gegen sie gekehrt, oder gegen sie gekehrt. Für den neuesten Skeptizismus hat vielmehr das gemeine Bewußtsein, mit seinem ganzen Umfang unendlicher Tatsachen eine unleugbare Gewißheit; ein Räsonnement über diese Tatsachen des Bewußtseins, ein Reflektieren und Klassifizieren derselben, was für ihn das Geschäft der Vernunft ausmacht, gibt als Wissenschaft dieses Skeptizismus teils 10 eine empirische Psychologie, teils durch analytisches, auf die Tatsachen angewandtes Denken viele andere über alles vernünftige Zweifeln erhabene Wissenschaften.

Dieser Barbarei, die unleugbare Gewißheit und Wahrheit in die Tatsachen des Bewußtseins zu legen, hat sich weder der frühere Skeptizismus, noch ein Materialismus, noch selbst der gemeinste Menschenverstand, wenn er nicht ganz tierisch ist, schuldig gemacht, sie ist bis auf die neuesten Zeiten in der Philosophie unerhört.

Ferner bieten nach diesem neuesten Skeptizismus unsere 20 Physik und Astronomie und das analytische Denken aller vernünftigen Zweifelsucht Trotz; und es fehlt ihm also auch die edle Seite des spätern alten Skeptizismus, nämlich, welche sich gegen das beschränkte Erkennen, gegen das endliche Wissen wendet.

Was bleibt denn nun für diesen neuesten Skeptizismus, der in der grellsten Beschränktheit sowohl der empirischen Anschauung, als des empirischen Wissens, das die empirische Anschauung in Reflexion verwandelt, und sie nur zu analysieren, nichts / aber zu ihr hinzuzusetzen vermeint, 30 seine Wahrheit und Gewißheit setzt, vom Skeptizismus übrig? Notwendig nichts, als das Leugnen der Vernunftwahrheit, und zu diesem Behuf die Verwandlung des Vernünftigen in Reflexion, der Erkenntnis des Absoluten in endliches Erkennen. Die durch alles durchgehende Grundform dieser Verwandlung aber besteht darin, daß das Gegenteil von der oben aufgestellten ersten Definition des Spi- *
noza, welche eine causa sui als das erklärt, dessen Wesen *
zugleich Existenz einschließe, zum Prinzip gemacht, und

als absoluter Grundsatz behauptet wird, das Gedachte, weil
es ein Gedachtes ist, schließe nicht zugleich ein Sein in sich.
Diese Trennung des Vernünftigen, in welchem Denken und
Sein Eins ist, in die Entgegengesetzten Denken und Sein,
und das absolute Festhalten dieser Entgegensetzung, also
der absolut gemachte Verstand macht den unendlich wie-
derholten und überall angewandten Grund dieses dogmatischen Skeptizismus aus. Dieser Gegensatz für sich betrachtet, hat das Verdienst, daß in ihm die Differenz in ihrer
höchsten Abstraktion und in ihrer wahrsten Form ausgedrückt ist; das Wesen des Wissens besteht in der Identität
des Allgemeinen und Besondern, oder des unter der Form
des Denkens und des Seins Gesetzten, und Wissenschaft ist
ihrem Inhalte nach eine Verkörperung jener vernünftigen
Identität und von ihrer formalen Seite eine beständige
Wiederholung derselben; die Nichtidentität, das Prinzip des
gemeinen Bewußtseins und des Gegenteils des Wissens,
drückt sich aufs bestimmteste in jener Form des Gegensatzes aus; ein Teil des Verdienstes wird dieser Form freilich
dadurch wieder benommen, daß sie nur als Gegensatz eines
denkenden Subjekts gegen ein existierendes Objekt begriffen wird. Das Verdienst dieses Gegensatzes aber im Verhältnis zum neuesten Skeptizismus betrachtet, fällt dasselbe
ganz hinweg; denn die Erfindung dieses Gegensatzes ist an
sich ohnedem älter als derselbe; dieser neueste Skeptizismus entbehrt aber auch alles Verdienstes, denselben der
Bildung der neuern Zeit näher gebracht zu haben; denn
bekanntlich ist es die Kantische Philosophie, welche auf
dem eingeschränkten Standpunkt, in welchem sie Idealismus ist, in ihrer Deduktion der Kategorien, zwar diesen
Gegensatz aufhebt, aber sonst inkonsequent genug ist, ihn
zum höchsten Prinzip der Spekulation zu machen; die Fest-
haltung dieses Gegensatzes tritt am ausgesprochensten und
mit unendlicher Selbstgefälligkeit gegen den sogenannten
ontologischen Beweis vom Dasein Gottes, und als reflektie-
rende Urteilskraft gegen die Natur auf; und besonders in
der Form einer Widerlegung des ontologischen Beweises
hat er ein allgemeines und ausgebreitetes Glück gemacht;
Herr Schulze hat diese Form utiliter akzeptiert, und sie

nicht nur überhaupt gebraucht, sondern auch die Kantischen Worte, man sehe S. 71 und sonst, buchstäblich nachgesprochen; er ruft gleichfalls 1. Band S. 618 in dem Kantischen Tone aus: „ist jemals ein blendender Versuch gemacht worden, das Reich der objektiven / Wirklichkeit unmittelbar an die Sphäre der Begriffe zu knüpfen, und aus dieser in jenes lediglich durch die Hilfe einer wiederum aus lauter Begriffen verfertigten Brücke überzuschreiten, so ist es in der Ontotheologie geschehen; gleichwohl ist neuerlich (wie verblendet war die Philosophie doch vor diesen neuen Zeiten!) die leere Spitzfindigkeit und das Blendwerk, welches man damit treibt, völlig aufgedeckt worden."

Herr Schulze hat nun nichts getan, als diese neuerliche vortreffliche Entdeckung Kants, wie die unzähligen Kantianer auch taten, aufzunehmen, und diesen höchst einfachen Witz links und rechts, und gegen den Vater der Erfindung selbst allenthalben anzubringen, und mit einem und eben demselben Ätzmittel alle seine Teile anzugreifen und aufzulösen.

Auch die Wissenschaft der Philosophie wiederholt nur immer eine und eben dieselbe vernünftige Identität, aber dieser Wiederholung quellen aus Bildungen neue Bildungen hervor, aus denen sie sich zu einer vollständigen organischen Welt ausbildet, die in ihrem Ganzen, so wie ihren Teilen als dieselbe Identität erkannt wird; die ewige Wiederholung jenes Gegensatzes aber, der auf Desorganisation und das nihil negativum ausgeht, ist von seiner negativen Seite ein ewiges Gießen des Wassers in ein Sieb, von seiner positiven Seite aber die beständige und mechanische Anwendung einer und eben derselben verständigen Regel, daraus nie neue Form aus Form hervorkommt, sondern immer dasselbe mechanische Werk getan wird; diese Anwendung gleicht der Arbeit eines Holzhackers, der immer denselben Streich führt, oder eines Schneiders, der für eine Armee Uniformen zuschneidet. Es wird hier, was Jacobi vom Wissen überhaupt meint, eigentlich das Nürnberger Grillenspiel immerfort gespielt, das uns anekelt, sobald uns alle seine Gänge und möglichen Wendungen bekannt und geläufig sind. Dieser Skeptizismus hat zu seinem Spiel vollends

nur Einen einzigen Gang und nur Eine Wendung, und auch
diese ist ihm nicht eigen, sondern er hat sie vom Kantianismus hergeholt. Dieser Charakter des neuesten Skeptizismus
wird sich an demjenigen, was er seine Gründe nennt, und an
einem Beispiel ihrer Anwendung aufs klarste dartun.

Er gibt sich schon sattsam aus der Art zu erkennen, wie
er seinen Gegenstand, nämlich das Interesse der spekulativen Vernunft aufgefaßt hat, nämlich als die Aufgabe, den Ursprung menschlicher Erkenntnisse der Dinge zu erklären;
zu dem bedingt Existierenden das unbedingt Existierende
auszuspionieren; es werden hier in der Vernunft erstens die
Dinge dem Erkennen entgegengesetzt, zweitens eine Erklärung ihres Ursprungs, und damit das Kausalverhältnis hin-
eingetragen; nun ist der Grund des Erkennens ein anderes,
als das Begründete des Erkennens, jener der Begriff, dieses
das Ding, und nachdem einmal diese grundfalsche Vorstellung vom vernünftigen Denken vorausgesetzt ist, so ist nun
weiter nichts zu tun, als immer zu wiederholen, daß Grund
und Begründetes, Begriff und Ding zweierlei sind; daß alles
vernünftige / Erkennen darauf gehe, ein Sein aus dem Denken, Existenz aus Begriffen, wie mit gleichfalls Kantischen
Worten gesagt wird, herauszuklauben.

Nach diesem neuesten Skeptizismus ist das menschliche
Erkenntnisvermögen ein Ding, das Begriffe hat, und weil es
nichts hat, als Begriffe, kann es nicht zu den Dingen, die
draußen sind, hinaus gehen; es kann sie nicht ausforschen
noch auskundschaften — denn beide sind (1. Band S.
69) spezifisch verschieden; kein Vernünftiger wird in
dem Besitze der Vorstellung von Etwas dieses Etwas
zugleich selbst zu besitzen wähnen.

Es äußert sich nirgends, daß dieser Skeptizismus so konsequent wäre, zu zeigen, daß auch kein Vernünftiger sich im
Besitz einer Vorstellung von Etwas wähnen werde; indem ja die Vorstellung auch ein Etwas ist, kann der Vernünftige nur die Vorstellung der Vorstellung, nicht die Vorstellung selbst, und wieder auch nicht die Vorstellung der
Vorstellung, da diese Vorstellung der zweiten Potenz auch
ein Etwas ist, sondern nur die Vorstellung der Vorstellung
u.s.f. ins Unendliche zu besitzen wähnen; oder da die Sache

einmal so vorgestellt wird, daß es zwei verschiedene Taschen gäbe, davon eine die Etwas, welche Vorstellungen, die andere die Etwas, welche Dinge enthalte, so sieht man nicht, warum jene die volle, diese die ewig leere bleiben solle.

Der Grund, daß jene voll ist, daß wir diese aber nur voll wähnen, könnte kein anderer sein, als daß jene das Hemd, diese der Rock des Subjekts wäre, die Vorstellungentasche ihm näher, die Sachentasche aber entfernter liege; allein so würde der Beweis durch ein Voraussetzen dessen geführt, was bewiesen werden sollte; denn die Frage geht ja eben um den Vorzug der Realität des Subjektiven und des Objektiven.

Mit diesem skeptischen Grundwesen, daß allein darauf reflektiert werden soll, daß die Vorstellung nicht das Ding sei, das vorgestellt wird, und nicht darauf, daß beide identisch sind, stimmt es freilich schlecht zusammen, was von der unleugbaren Gewißheit der Tatsachen des Bewußtseins gesagt wird; denn nach Herrn Schulze (1. Band S. 68) sind die Vorstellungen in so fern wahr, real, und machen eine Erkenntnis aus, als sie mit dem, worauf sie sich beziehen, und was durch sie vorgestellt wird, vollkommen übereinstimmen, oder nichts anders dem Bewußtsein vorhalten, als was im Vorgestellten befindlich ist, und S. 70 setzen wir im täglichen Leben eine solche Übereinstimmung beständig als gewiß voraus, ohne uns um deren Möglichkeit im geringsten zu bekümmern, wie die neuere Metaphysik tue. — Worauf anders gründet denn nun Herr Schulze die unleugbare Gewißheit der Tatsachen des Bewußtseins, als auf die absolute Identität des Denkens und Seins, des Begriffs und des Dings, er, der dann wieder in Einem Atemzug / das Subjektive, die Vorstellung, und das Objektive, das Ding für spezifisch verschieden erklärt. Im täglichen Leben, sagt Herr Schulze, setzen wir jene Identität voraus; daß sie eine vorausgesetzte ist im täglichen Leben, heißt, sie ist im gemeinen Bewußtsein nicht vorhanden; die neuere Metaphysik suche die Möglichkeit dieser Identität zu ergründen; aber daran, daß die neuere Philosophie die Möglichkeit der im gemeinen Leben vorausgesetzten Identität zu ergrün-

den suche, ist ja kein wahres Wort; denn sie tut nichts, als jene vorausgesetzte Identität aussprechen und erkennen; eben weil im täglichen Leben jene Identität eine vorausgesetzte ist, setzt das gemeine Bewußtsein das Objekt immer als ein anderes als das Subjekt, und das Objektive untereinander so wie das Subjektive wieder als eine unendliche Mannigfaltigkeit von absolut Verschiedenem; diese fürs gemeine Bewußtsein nur vorausgesetzte, bewußtlose Identität bringt die Metaphysik zum Bewußtsein, sie ist ihr absolutes und
10 einziges Prinzip. Einer Erklärung wäre die Identität nur fähig, in so fern sie nicht eine, wie Herr Schulze das nennt, im täglichen Leben vorausgesetzte, sondern eine wirkliche, d. h. eine durchaus bestimmte und endliche, und also auch das Subjekt und das Objekt ein endliches ist; aber eine Erklärung dieser Endlichkeit, insofern sie wieder das Kausalverhältnis setzt, fällt außerhalb der Philosophie. — Herr Schulze sagt von dieser Übereinstimmung S. 70, ihre Möglichkeit sei eines der größten Rätsel der menschlichen Natur, und in diesem Rätsel sei zugleich das Geheimnis der Möglichkeit
20 einer Erkenntnis von Dingen a priori, d. h. noch ehe wir diese Dinge angeschaut haben. — Da lernen wir denn recht, was eine Erkenntnis a priori ist; draußen sind die Dinge; inwendig ist das Erkenntnisvermögen; wenn dieses erkennt, ohne die Dinge anzusehen, erkennt es a priori. — Um von diesen drei Seiten 68—70, welche die wahre Quintessenz der Begriffe dieses neuesten Skeptizismus über Philosophie enthalten, nichts auszulassen, müssen wir noch bemerken, daß Herr Schulze darüber, worin das eigentlich Positive der Übereinstimmung der Vorstellungen mit ihren realen Ob-
30 jekten bestehe, sagt, daß sich das weiter nicht mit Worten beschreiben noch angeben lasse; jeder meiner Leser muß es vielmehr dadurch kennen zu lernen suchen, daß er es dann, wenn er sich desselben (des Positiven) bewußt ist, beobachte, und etwa zusieht, was er wahrgenommen und aufgefaßt habe, wenn er durch Vergleichung einer Vorstellung, die er sich in der Abwesenheit einer Sache von ihr machte, mit der Sache selbst, sobald sie von ihm angeschaut wird, findet, daß jene mit dieser vollkommen übereinstimmt, und
* solche genau darstellt. Was soll denn nun diese Erläuterung?

Läuft denn das Ganze der Übereinstimmung (oder Nichtübereinstimmung) der Vorstellung mit dem Objekt wieder
auf einen psychologischen Unterschied der Gegenwart und
Abwesenheit, des wirklichen Anschauens und der Erinnerung hinaus? / Sollte denn den Lesern in der Abwesenheit
von einer Sache die Übereinstimmung einer Vorstellung mit
dem Objekt, die vorhanden ist in dem Wahrnehmen, ent-
wischen, und ihrem Bewußtsein jetzt etwas anderes vorge-
halten werden, als was im vorgestellten Dinge befindlich
ist, um in Herrn Schulzes Ausdrücken zu sprechen. Kaum hatte sich die Identität des Subjekts und Objekts, worein die
unleugbare Gewißheit gesetzt wird, blicken lassen, so findet sie sich, man weiß nicht wie, auch gleich nur wieder in
die empirische Psychologie versetzt; sie sinkt bei Zeiten in
eine psychologische Bedeutung zurück, um bei der Kritik
der Philosophie selbst und im Skeptizismus vollends ganz
vergessen zu werden und der Nichtidentität des Subjekts
und Objekts, des Begriffs und des Dings das Feld zu lassen.

Diese Nichtidentität zeigt sich als Prinzip in demjenigen,
was die drei Gründe des Skeptizismus genannt wird. Wie
die alten Skeptiker keine Dogmen, Grundsätze hatten, sondern ihre Formen Tropen, Wendungen nannten, was sie
auch, wie wir gesehen haben, waren, so vermeidet Herr
Schulze gleichfalls den Ausdruck: Grundsätze, Prinzipien,
und nennt sie, ungeachtet sie völlig dogmatische Thesen
sind, nur Gründe. Die Mehrheit dieser Gründe hätte durch
eine vollständigere Abstraktion erspart werden können;
denn sie drücken nichts als das Eine Dogma aus: daß Begriff und Sein nicht Eins ist.

Sie lauten folgendermaßen (1. Band S. 613ff.): Erster
Grund: In wie fern die Philosophie eine Wissenschaft
sein soll, bedarf sie unbedingt wahrer Grundsätze.
Dergleichen Grundsätze sind aber unmöglich.

Ist dies nicht dogmatisch? sieht dies dem Ausdruck einer
skeptischen Wendung ähnlich? Auch bedarf ein solches Dogma: daß unbedingt wahre Grundsätze unmöglich seien,
eines Beweises; aber weil es diesem Dogmatismus einfällt,
daß er sich einen Skeptizismus nennt, so wird wieder der
Ausdruck: Beweis, vermieden, und das Wort Erläuterung

statt dessen gebraucht; wie kann aber ein solches äußeres Aussehen die Sache ändern?

Die Erläuterung also gibt wie immer den spekulativen Philosophen schuld, daß sie aus bloßen Begriffen die Einsicht von der Existenz übersinnlicher Dinge schöpfen zu können glauben; der Beweis selbst geht darauf, daß in einem Satze, das heiße einer Verbindung von Vorstellungen und Begriffen, weder in der Verbindung (copula), noch in den Begriffen des Satzes eine Übereinstimmung des Satzes mit dem dadurch Gedachten als notwendig gegeben sei; die copula sei nur das Verhältnis des Prädikats zum Subjekt im Verstande (also etwas rein Subjektives) und habe ihrer Natur nach gar keine Beziehung auf etwas außer dem Denken des Verstandes; — in den Begriffen des Prädikats und Subjekts nichts, denn mit der Wirklichkeit des Begriffes im Verstande ist nur dessen Möglichkeit, / d. h. daß er sich nicht widerspricht, nicht aber auch dies, daß er auf etwas von ihm Verschiedenes Beziehung habe, gegeben. Hier ist denn auch der rechte Ort, wo Herrn Schulze das Blendwerk und die leere Spitzfindigkeit des ontologischen Beweises vom Dasein Gottes einfällt. — Nichts als eine Wiederholung dieser Erläuterung ist:

Zweiter Grund (S. 620): Was der spekulative Philosoph von den obersten Gründen des bedingterweise Vorhandenen erkannt zu haben vorgibt, hat er bloß in Begriffen aufgefaßt und gedacht. Der mit bloßen Begriffen beschäftigte Verstand ist aber kein Vermögen, etwas der Wirklichkeit gemäß auch nur vorstellig machen zu können.

In der Erläuterung sagt der Verfasser, daß der Verstand bei den spekulativen Philosophen oder Erforschern der Existenz der Dinge aus bloßen Begriffen in einem solchen Ansehen stehe, daß derjenige, welcher dieses Ansehen im geringsten in Zweifel zieht, sich dem Verdacht und der Beschuldigung aussetzt, wenig oder wohl gar keinen Verstand zu haben. Hieran ist abermal vielmehr das Gegenteil wahr, indem die Spekulation den Verstand durchaus für unfähig zur Philosophie hält. — Herr Schulze fährt fort, daß wir uns doch besinnen müssen, ob die Vernunft dem Verstande jene Vollkommenheit zugestehen könne. — Was soll denn nun die Vernunft hier? warum hat der Herr Verfasser in dem zweiten Grunde selbst nur von dem Verstande, wovon in der Spekulation gar keine Frage ist, und nicht von der Vernunft gesprochen; als ob er der Philosophie den Verstand, diesem Skeptizismus aber die Vernunft zueignete; wir finden aber die paarmal, daß das Wort Vernunft vorkommt, es nur wie ein vornehmes Wort gebraucht, das Aufsehen erregen soll; was diese Vernunft produziert, ist nie etwas anders, als daß der Begriff nicht das Ding sei; und eine solche Vernunft ist es gerade, welche von der Spekulation Verstand genannt wird.

Dritter Grund (S. 627): Der spekulative Philosoph stützt seine vorgebliche Wissenschaft von den absoluten Gründen des bedingterweise Existierenden ganz vorzüglich auf den Schluß von der Beschaffenheit der Wirkung auf die Beschaffenheit einer angemessenen Ursache. Von der Beschaffenheit der Wirkung läßt sich aber nicht im geringsten mit einiger Sicherheit auf die Beschaffenheit der Ursache schließen. — In der Erläuterung wird behauptet, daß wenn man nicht etwa durch Eingebung zur Erkenntnis dessen, was allem Bedingten zum Grunde liegen mag, gekommen sein will, so könne sie nur eine durch das Prinzip der Kausalität vermittelte Erkenntnis sein. — Von der spekulativen Philosophie ist diese Voraussetzung, daß in ihr das Kausalitätsverhältnis vorzüglich herrschend sei, wieder grundfalsch; denn es ist / vielmehr völlig aus ihr verbannt; wenn es in der Form von Produzieren und Produkt etwa vorzukommen scheint, so wird es, indem das Produzierende und das Produkt gleich gesetzt werden, die Ursache gleich der Wirkung, Ein und eben dasselbe als Ursache seiner selbst, und als Wirkung seiner selbst, damit unmittelbar aufgehoben, und nur der Ausdruck des Verhältnisses, aber nicht das Verhältnis angewendet; — daß in der spekulativen Philosophie von der Beschaffenheit des Bedingten auf das Unbedingte geschlossen werde, davon ist ohnehin keine Rede.

Dies ist (S. 643) nun „das Verzeichnis, und der Inhalt der allgemeinen Gründe, um deren willen der Skeptiker den

Lehren aller Systeme der Philosophie, die bisher aufgestellt worden sind, oder noch künftig aufgestellt werden möchten, Gewißheit abspricht, und welche ihn bestimmen, keinem einzigen dieser Systeme gegründete Ansprüche auf Wahrheit beizulegen." Man hat aber gesehen, daß diese Gründe mit der Philosophie nichts zu schaffen haben, indem die Philosophie nicht ein Ding aus Begriffen heraus zu klauben, noch eine jenseits der Vernunft liegende Sache auszukundschaften [hat], überhaupt, weder mit dem, was der Herr Verfasser Begriffe nennt, noch mit Dingen beschäftigt ist, noch von Wirkungen auf Ursachen schließt.

Aus diesen Gründen, sagt Herr Schulze (S. 610), sehe sich der Skeptiker bewogen, wenn er den eigentlichen Zweck der Philosophie, und seine Bedingungen, und zugleich die Fähigkeit des menschlichen Gemüts, zu einer realen und sichern Erkenntnis zu gelangen, in Erwägung zieht, nicht einsehen zu können, wie jemals eine Erkenntnis des Übersinnlichen zu Stande kommen solle, wenn anders sich die Einrichtung des menschlichen Erkenntnisvermögens nicht ändert, wie wohl kein Vernünftiger erwartet, und worauf hin eine Hoffnung zu nähren töricht sein würde. Und um so törichter würde die Nährung einer solchen Hoffnung sein, da eine Philosophie auch bei der Einrichtung des menschlichen Gemüts, wie sie im laufenden Jahre sich vorfindet, möglich ist.

Diese Waffen sind es, mit welchen nun die Systeme Lockes, Leibnizens, Kants bekämpft werden; das System Lockes und Leibnizens nämlich als Systeme des Realismus, jener eines sensualistischen, dieser eines rationalistischen; Kants System aber als System des transzendentalen Idealismus; der neuere transzendentale Idealismus ist für einen dritten Band aufgespart.

Der erste Band enthält die Darstellung dieser Systeme, des Lockeschen von S. 113–140, des Leibnizischen 141–172. Von S. 172–582 aber erhalten wir wieder einen Auszug der so oft ausgezogenen Kantischen *Kritik der reinen Vernunft*; der folgende Teil bis zu Ende ist dem oben dargestellten Skeptizismus gewidmet. /

Der zweite Band enthält die Kritik dieser Systeme nach

den oben beleuchteten Gründen — des Lockeschen Systems
von S. 7—90, des Leibnizischen von S. 91—125. Dem Kantischen sind 600 Seiten gewidmet.

Als ein Beispiel, wie diese skeptischen Gründe auf diese
Systeme angewendet werden, geben wir die Art, wie der
Herr Verfasser Leibnizens angeborne Begriffe bestreitet;
diese Widerlegung Leibnizens nimmt Band II S. 100ff. folgenden Verlauf. — Seit überhaupt Leibniz darin, daß der
Grund der notwendigen Urteile bloß im Gemüte selbst liege, und daß also der Verstand schon a priori Erkenntnisse
enthalte, den Ton angegeben hat, so hat man es freilich un-
zähligemal wiederholt, daß notwendige Urteile nur aus dem
erkennenden Subjekte selbst herrühren können; aber man
hat bis jetzt noch keine einzige Eigenschaft dieses Subjekts
nachgewiesen, vermöge welcher es sich ganz besonders dazu qualifizierte, die Quelle notwendiger Urteile zu sein,
und weder in der Einfachheit, noch in der Substantialität,
noch auch in der Erkenntnisfähigkeit desselben wird der
Grund zu einer solchen Qualifikation angetroffen. — Sind
denn die Einfachheit und die Substantialität der Seele Qualitäten, welche dieser Skeptizismus zugibt? — Wenn es bei
der Behauptung notwendiger Urteile nur darauf ankäme,
sie in einer Qualität der Seele aufzuzeigen, so ist ja nichts
zu tun, als zu sagen, die Seele habe die Qualität notwendiger Urteile. Wenn der Herr Verfasser alsdenn behauptet,
daß, so weit unsere Einsicht von unserem erkennenden Ich
reiche, so weit treffen wir auch in demselben nichts an, was
dasselbe bestimmte, eine Quelle notwendiger Urteile sein
zu müssen; so sagt er doch unmittelbar darauf, daß die Objekte unseres Denkens bald zufällige, bald notwendige Urteile sind; man könne aber nicht sagen, die letztern Urteile
hätten mehr Beziehung auf den Verstand und dessen Natur, als wie jene, und es gehöre zum Wesen unsers Verstandes, notwendige Urteile hervorzubringen; man hat aber ja
nur anzunehmen, es gebe zweierlei Qualitäten des Ver-
stands, eine Qualität der zufälligen, eine andere der notwendigen Urteile, auf diese Weise ist die Qualifikation unseres
Gemüts zu notwendigen Urteilen eben so gut aufgewiesen,
als die andern Qualitäten in einer empirischen Psychologie.

Herr Schulze gibt ja die notwendigen Urteile als eine Tatsache des Bewußtseins zu.

Dasjenige aber, was Leibniz von der Wahrheit der angebornen Begriffe und Einsichten der reinen Vernunft sagt, sei vollends noch grundloser, und man müsse sich wirklich wundern, wie hierbei der Mann, dem die Erfordernisse zu einem gültigen Beweise gar nicht unbekannt waren, so wenig Aufmerksamkeit auf die Vorschriften der Logik beweisen konnte. — Hier lernen wir vorerst, woran es Leibniz hat fehlen lassen, nämlich an Aufmerksamkeit auf die Logik; und Herr Schulze wundert sich wirklich darüber; woran es aber Leibniz nicht fehlte, sondern was / er zu viel hatte, war Genie, wie wir unten noch finden werden; und darüber, daß ein Mensch Genie hat, wird man sich doch auch wirklich wundern müssen.

Nämlich: es versteht sich nicht von selbst, daß wenn es angeborne Begriffe und Grundsätze in unserem Gemüte gibt, auch etwas ihnen Entsprechendes außer denselben da sei, worauf sie sich beziehen, und das sie, so wie es seiner objektiven Wirklichkeit nach ist, zu erkennen geben; denn Begriffe und Urteile in uns sind ja nicht die dadurch gedachten Objekte selbst, und mit der Notwendigkeit der Beziehung des Prädikats auf das Subjekt in unserem Denken derselben ist keineswegs die davon der Art nach ganz verschiedene Beziehung des Gedankens auf ein außer ihm existierendes reales Ding gegeben. Man sieht, der Herr Verfasser nimmt die angebornen Begriffe in dem grellsten Sinne, der möglich ist; nach seiner Vorstellung wird ein Subjekt geboren mit einem Paket Wechsel im Kopfe, welche auf eine außerhalb jenes Kopfes existierende Welt gezogen sind; die Frage aber wäre, ob die Wechsel von dieser Bank akzeptiert werden, ob sie nicht falsch sind; — oder mit einem Haufen Lotterielose in der Seele, von denen man niemals erfahren wird, ob sie nicht lauter Nieten sind; weil kein Ziehen der Lotterie erfolgt, durch das sie realisiert würden. Dies ist, fährt der Herr Verfasser fort, auch jederzeit von den Verteidigern der angebornen Begriffe und Grundsätze in der menschlichen Seele eingesehen und zugestanden worden, und daher haben sie einen Beweis für

die Wahrheit dieser Begriffe und Grundsätze zu geben, oder
auch die Art genauer zu bestimmen gesucht, wie sich solche Begriffe auf reale Dinge beziehen sollen. In der Anmerkung wird angeführt, nach dem Plato seien die Begriffe und
Grundsätze, welche die Seele angeboren in das gegenwärtige Leben mitbringt, und wodurch wir allein vermögend
sind, das Wirkliche, wie es ist, nicht wie es uns durch die
Sinne erscheint, zu erkennen, bloße Erinnerungen derjenigen Anschauungen der Dinge, deren die Seele während ihres Umgangs mit Gott teilhaftig war; Cartesius lasse es da-   10
bei bewenden, daß er sich auf die Wahrhaftigkeit Gottes
berufe; Spinoza sei das Denken unseres Verstandes deshalb
wahr, weil es aus den Vorstellungen und Erkenntnissen der
Gottheit besteht, in so fern sie das Wesen unseres Geistes
ausmachen, welche Erkenntnisse der Gottheit mit dem dadurch Erkannten aber vollkommen übereinstimmen müssen, und sogar mit diesem Erkannten ein und dasselbe Ding
seien. Nach Leibnizen soll den in unserm Gemüte a priori
liegenden Grundsätzen und darin enthaltenen Vorstellungen aus dem Grunde Wahrheit und Realität zukommen,   20
weil sie Abbildungen der in dem Verstande der Gottheit
befindlichen Begriffe und Wahrheiten, welche das Prinzip
der Möglichkeit, Existenz und Beschaffenheit aller realen
Dinge in der Welt sind, sind. Durch die Stellung, welche   *
Herr Schulze der Sache gegeben hat, hat er aber, noch ehe
er an die Kritik kommt, die Sache unmittelbar verrückt;
ist es denn dem Plato, Spinoza, Cartesius, Leibniz eigentlich um eine Beweisführung zu tun gewesen, daß den angebornen Begriffen, oder der / Vernunft, eine Realität entspreche; oder um eine Bestimmung der Art, wenn diese   30
Philosophen, als Grund der Wahrheit derselben, Gott setzen? Die Folge ist nach Herrn Schulze diese: a) subjektive
Begriffe, die für sich ohne Realität sind, alsdenn b) eine
außerhalb ihrer liegende Realität, jetzt c) die Frage, wie
das zusammenkomme; d) der Beweis ihrer Wahrheit in
einem den Begriffen und der Realität Fremden; jene Philosophen haben vielmehr jene, wie Herr Schulze sagt, im täg-   *
lichen Leben vorausgesetzte Identität des Begriffs und der

Realität erkannt, und sie Verstand Gottes genannt, in welchem Wirklichkeit und Möglichkeit Eins sei.

Wir wollen hierbei, lautet des Verfassers Urteil hierüber, nicht untersuchen, ob dieses Argument für die Wahrheit und Zuverlässigkeit der angebornen Begriffe am Ende nicht mit theosophischen Grillen über die Verwandtschaft unserer Seele mit der Natur Gottes in Verbindung stehe und daraus abgeleitet worden sei, welches man sonst aus dem abnehmen kann, was Leibniz von der Entstehung der endlichen Monaden aus der obersten Monas lehrte.

Da haben wir denn die Bescherung! Die Verwandtschaft unserer Seele mit der Natur Gottes sind theosophische Grillen, und wie weit das Argument für die Wahrheit der Vorstellungen damit in Verbindung stehe, will der Herr Verfasser — wohl aus Schonung — nicht untersuchen. Nun haben aber diese Philosophen der Sache nach statuiert, daß die Seele nichts an sich ist, sondern, was sie ist, in Gott ist; die kürzeste Art hierüber zu sprechen ist, die Philosophie dieser Philosophen für Schwärmerei und theosophische Grillen auszugeben. Doch Herr Schulze gibt sich die Miene, sich auf den Erkenntnisgrund einlassen zu wollen; so viel, fährt er fort, sieht aber gewiß jeder unserer Leser ein, daß hierbei notwendig gefragt werden muß: woher wissen wir es denn, daß unser Verstand den erhabenen Vorzug besitzt, der Abbildungen von den ewigen und realen Erkenntnissen teilhaftig worden zu sein, die im Verstande Gottes vorhanden sind? Da die Sinne von Gott und dessen Eigenschaften gar nichts lehren, so kann Leibniz die Antwort auf diese Frage lediglich aus dem Verstande und aus dessen angebornen Einsichten ableiten und schöpfen, wie er denn auch getan hat. Folglich dreht er sich in dem Beweise der Wahrheit der angebornen Begriffe im Zirkel herum. Freilich! und dreht er sich nicht im Zirkel herum, so hat er ein Kausalverhältnis, und nach dem dritten Grunde wird die Brücke von der Wirkung zur Ursache aus lauter Begriffen gebaut, die keine Realität haben. — Es war aber nicht nötig, die Wahrheit und Zuverlässigkeit der sogenannten angebornen Begriffe, und den erhabenen Vorzug der Teilhaftigkeit an den Abbildungen und den ewigen und realen Erkenntnissen Gottes, zu trennen, und jedes zu einer besondern Qualität, oder wie man das nennen soll, zu machen, sondern bei/des ist Eins und dasselbe; es ist von keinem Beweise des erstern aus dem letztern die Rede; es fällt also aller Zirkel weg, und es bleibt nichts übrig, als die Behauptung in einem gedoppelten Ausdruck, daß die Vernunft, nach Leibniz, ein Bild der Gottheit sei, oder daß sie wahrhaft erkenne. Dies läuft freilich auf theosophische Grillen hinaus, aber es kann doch nicht geleugnet werden, daß, um in den Ausdrücken dieses Skeptizismus zu sagen, jene Verwandtschaft unserer Seele mit der Natur Gottes, und das Vorstellen der Gottheit, eine Tatsache des Bewußtseins jener Philosophen war; das Bewußtsein aber ist für diesen Skeptizismus der höchste Gerichtshof der Gewißheit und Wahrheit; was im Bewußtsein gegenwärtig ist, haben wir oben gesehen, kann so wenig bezweifelt werden, als das Bewußtsein selbst; denn an diesem zu zweifeln ist unmöglich. Da nun in dem Bewußtsein einiger Philosophen die Realität ihrer Ideen, und die Verwandtschaft ihrer Natur mit der Natur Gottes vorkommt, in dem Bewußtsein anderer aber nicht, so ist nicht anders fertig zu werden, als jene Philosophen Lügner zu heißen, was nicht angeht, oder von ihnen zu fordern, daß sie ihr Bewußtsein begreiflich machen sollten, was wieder nicht verlangt werden kann, denn die im täglichen Leben vorausgesetzte Identität der Vorstellung und des Dings wird von dem gemeinen Bewußtsein, das jene Forderung machen könnte, ebenfalls nicht begriffen; es bleibt also nichts übrig, als zwei Rassen vom Bewußtsein anzunehmen, eines, das jener Verwandtschaft sich bewußt ist, und ein anderes, das ein solches Bewußtsein für eine theosophische Grille erklärt.

Alsdenn zeigt Herr Schulze die Grundlosigkeit der Idee, daß die Vernunft deswegen Realität habe, weil sie ein Bild der göttlichen Vernunft sei, auch aus Leibnizen selbst, denn er sage, daß die Begriffe endlicher Wesen unendlich verschieden seien von den Begriffen im Verstande Gottes. Herr Schulze konnte aber den Begriff des Leibnizischen Gegensatzes des Endlichen und Unendlichen aus der Darstellung des Leibnizischen Systems im 1. Band sehr gut ersehen;

oder vielmehr es ist wieder Herr Schulze, der den Gegensatz von Endlichem und Unendlichem als einen absoluten
behandelt; in der Darstellung des Leibnizischen Systems
§ 28 heißt es, daß den Eigenschaften der Gottheit dasjenige entspricht, was in den erschaffenen Monaden den Grund
der Erkenntnisse und Willensfähigkeit ausmacht; aber in
Gott sind sie in unendlichem Grade und in der höchsten
Vollkommenheit vorhanden; die ihnen entsprechen-
den Eigenschaften in den erschaffenen Monaden hingegen
sind bloße Ähnlichkeiten derselben, nach dem Grade der
Vollkommenheit, den sie besitzen. Vergl. § 34 und die Anmerkung dabei. — Der Gegensatz also, den Leibniz zwischen
der unendlichen Monade und den endlichen macht, ist, da
den Vollkommenheiten der unendlichen, Vollkommenheiten der endlichen entsprechen, und / diese eine Ähnlichkeit mit jener haben, nicht der absolute Gegensatz des Endlichen und Unendlichen, wie ihn Herr Schulze auffaßt, der
sich darüber wohl auch so wird ausdrücken können, daß
beide spezifisch verschieden seien; daß Leibniz die absolute Monade unendlich, andere aber endlich setzt und doch
von einer Ähnlichkeit beider spricht, wird Herr Schulze
wohl unter die Fälle rechnen, in denen Leibniz auf die Vorschriften der Logik nicht aufmerksam genug gewesen ist.

Ferner ist nach Herrn Schulze Leibnizens Beweis, daß
die notwendigen Urteile des menschlichen Verstandes auch
in dem Verstande Gottes vorhanden sein müssen, daraus
hergenommen, daß jene Urteile, insofern sie ewige Wahrheiten ausmachen, von aller Ewigkeit her in einem dieselben denkenden und mithin gleichfalls von Ewigkeit her existierenden Verstande, als Bestimmungen desselben, vorhanden sein müssen. Herr Schulze fordert, es müßte ja vorher
erst dargetan werden, daß ein von Ewigkeit her existieren-
der und gewisse Wahrheiten ununterbrochen denkender
Verstand existiere, bevor man behaupten kann, daß es
ewig und zu allen Zeiten gültige Wahrheiten gebe; ewige
Wahrheiten seien solche, die nach unserer Einsicht jeder
Verstand, der sich des Urteils bewußt ist, eben so denken
müsse, wie wir sie denken, und dies habe folglich keine Beziehung darauf, daß ein die Urteile wirklich denkender Ver-

stand von Ewigkeit her existiert habe. — Auch hier faßt Herr Schulze die Existenz des göttlichen Verstandes wieder als eine empirische Existenz, die Ewigkeit als eine empirische Ewigkeit auf.

Wir dürfen endlich auch nicht vorbeigehen, was Herr Schulze über den Leibnizischen Begriff vom deutlichen und verworrenen Vorstellen beibringt; das Anschauen äußerer Dinge sei nämlich ein Bewußtsein der unmittelbaren Gegenwart eines, von unserem erkennenden Subjekt (es scheint, Herr Schulze unterscheidet noch unter sich und unter seinem Subjekt; man könnte nicht anders als begierig auf eine Auseinandersetzung dieses Unterschiedes sein; je nachdem sie ausgeführt würde, könnte sie gar auf theosophische Grillen führen) und von dessen bloß subjektiven Bestimmungen verschiedenen Dings; daß daher das Anschauen aus der Verwirrung der mannigfaltigen Merkmale in einer Vorstellung herrühre, habe gar keinen Sinn und Bedeutung; beides steht in keiner Verwandtschaft miteinander. (Die Frage wäre, in welcher Verwandtschaft denn aber das Ich und unser vom Ich zu unterscheidendes Subjekt, alsdenn dessen subjektive und endlich dessen objektive Bestimmungen miteinander stehen.) Es stände in der Gewalt jedes Menschen, Anschauungen von Dingen nach Belieben in sich hervor zu bringen, und wenn er etwas deutlich gedacht hätte, diesen Zustand des Bewußtseins auch sogleich in das Anschauen eines Objektes zu verwandeln. Um ein Tausendeck, oder ein Stück Gold, ein Haus, einen Menschen, das Universum, die Gottheit u.s.w. als gegenwärtig an/zuschauen, dazu würde nichts erfordert, als daß man die in der Vorstellung vom Tausendecke, vom Golde u.s.w. liegenden Merkmale, nachdem man die Aufmerksamkeit von ihrem Unterschiede abgelenkt hätte, tüchtig miteinander verwirrte; um hingegen die Anschauung eines Hauses, eines Menschen, Baumes in einen bloßen Begriff zu verwandeln, dazu würde weiter nichts nötig sein, als daß man die Teile, die in der sogenannten sinnlichen Vorstellung vorkommen, von einander im Bewußtsein unterscheide und sich verdeutliche. Hoffentlich wird aber wohl niemand im Ernste vorgeben, daß sein erkennendes Sub-

jekt (hier:der Niemand, und sein Subjekt)im Stande sei,
durch solche beliebige Verwandlung der Begriffe von Dingen
in Anschauungen, und der Anschauungen in Begriffe sich
so unerhörte Taschenspielerkünste vorzumachen. —

Da Herr Schulze sich hier nicht entblödet, recht gemütlich das Spekulative, was Leibniz über die Natur des Vor-
stellenden sagt, auf den Boden des empirischen Vorstellens
herabzuziehen, und Trivialitäten genau derselben Art, wie
sie Nicolai und andere dieses Gelichters gegen den Idealismus vorbringen, gegen Leibniz aufzutischen, so hat wohl
auch der neuere Idealismus, dem Herr Schulze einen dritten Band widmen will, nichts anders zu erwarten, als daß
eben diese Erbärmlichkeiten bei ihm wiederholt, und daß er
für die Behauptung einer Beliebigkeit des Produzierens der
Dinge, und eines Verwandelns der Begriffe in Dinge, für
die unerhörteste Taschenspielerkunst ausgegeben wird.

Diese Behandlung der Leibnizischen Philosophie durch
diesen Skeptizismus wird als Probe seines Verfahrens hin-
reichend sein; so sehr die Leibnizische Philosophie schon
an und für sich fähig war, als vernünftiges System behandelt zu werden, so konnte die Untersuchung über die Kantische Philosophie dadurch vorzüglich interessant werden,
daß diese Verstandesphilosophie über ihr eigenes Prinzip,
das sie in der Reflexion hat, emporgehoben, und die große
Idee der Vernunft, und eines Systems der Philosophie, die
ihr allenthalben wie eine ehrwürdige Ruine, in der sich der
Verstand angesiedelt hat, zu Grunde liegt, hervorgezogen
und dargestellt worden wäre. Die Wirksamkeit dieser Idee
wird schon an dem äußern Gerüste ihrer Teile sichtbar; aber
sie tritt auch an den Kulminationspunkten ihrer Synthesen,
besonders in der *Kritik der Urteilskraft*, ausgesprochener
hervor. Es ist der Geist der Kantischen Philosophie, ein Bewußtsein über diese höchste Idee zu haben, aber sie ausdrücklich wieder auszurotten. Wir unterscheiden also zweierlei Geist, der in der Kantischen Philosophie sichtbar wird,
einen der Philosophie, den das System immer ruiniert,
und einen des Systems, der auf das Töten der Vernunftidee geht; dieser letztere geistlose Geist hat aber auch noch
einen Buchstaben, und Herr Schulze erinnert, daß er den

ausdrücklichen Versicherungen Kants gemäß, daß man sein System nach dem Buchstaben, nicht nach dem Geist nehmen müsse, sich an den Buchstaben gehalten habe; auf welche Weise er also an den geistlosen Buchstaben des geistlosen Geistes der Philo/sophie geraten ist. Dies ganz formelle Wesen hat er nun mit eben solchem formellen Wesen kritisiert; die Kantische Philosophie in die möglichst krasseste Form gegossen, wozu der Verfasser durch den Vorgang der Reinholdischen *Theorie* und anderer Kantianer allerdings berechtigt war; und sie nicht anders als in der Gestalt des krassesten Dogmatismus, der eine Erscheinung und Sachen an sich hat, die hinter der Erscheinung wie unbändige Tiere hinter dem Busch der Erscheinung liegen, begriffen; nicht als ob die Kantianer nur mit dem Bild dieser Kraßheit geplagt werden sollten, sondern weil, wie wir oben zur Genüge gesehen haben, das System der unleugbaren Gewißheit der Tatsachen des Bewußtseins, und dieser Skeptizismus, es nicht anders vermag. Für die Kantianer, die in den Buchstaben eingenagelt sind, könnte diese harte Arbeit und die saure Mühe, die sich ein anderer Formalismus mit dem Formalismus Kants macht, so wie das Bild jener Kraßheit, wenn sie noch davor zu erschrecken fähig sind, die Wirkung haben, sie zum Erschrecken zu bringen; nicht gerade nur das Bild der Kantischen Philosophie, wie es ihnen hier gegeben wird, sondern dies Bild, wie es sich in der ganzen Kontinuität dieser vier Alphabete grell genug für sich selbst repräsentiert; so wie auch das Mangelhafte des Kantischen Formalismus, seine Formen zu deduzieren, oder herbeizuführen, ihnen sattsam gezeigt wird. Aber den Begriff der Vernunft oder der Philosophie würden sie vergeblich darin suchen; welche in dem Gedränge der Tatsachen, und der hinter diesen Tatsachen, wie ihr Schuld gegeben wird, gesuchten Dinge, entwischt ist, und welche daher das ganze Geschäft dieses Skeptizismus im geringsten nichts angeht.

Schließlich können wir uns nicht enthalten, ein Stück aus der empirischen Psychologie dieses Skeptizismus, nämlich die Art, wie er das Verhältnis des Genies und der Phantasie zur Philosophie sich vorstellt, auszuheben; in der *Vorrede* S. XXIV erklärt sich Herr Schulze wegen seines Vortrags dahin, daß Blumen der Beredsamkeit in Behandlungen der Fragen der spekulativen Philosophie sehr übel angebracht seien, denn sie leiten die Vernunft irre, und mischen die Phantasie in das Geschäft der Vernunft ein; wenn es daher auch in seinem Vermögen gestanden hätte, den Vortrag dieser Kritik durch einen beredten und bilderreichen Ausdruck noch mehr zu beleben und anziehender zu machen, so würde er keinen Gebrauch davon gemacht haben. — Von Leibniz sagt der Herr Verfasser S. 91f., daß wenn das Geschäft der Vernunft beim Philosophieren darin bestünde, durch kühne und angenehm unterhaltende Dichtungen über eine vorgeblich hinter der Sinnenwelt verborgen liegende transzendentale Welt es fast noch der Phantasie in ihrem höchsten Fluge, den sie nur nehmen mag, zuvorzutun, und diesen Dichtungen durch Hilfe gewisser Begriffe Einheit und Zusammenhang zu geben, so hätte Leibnizen kein einziger Philosoph erreicht, viel weniger übertroffen; es scheine, daß die Natur an ihm habe / zeigen wollen, daß es bei der Erreichung des obersten Zwecks der Erkenntniskräfte nicht bloß auf den Besitz großer Naturgaben ankomme, und daß ein von der Natur wenig begünstiger Kopf, wenn er seine Kräfte nur gehörig gebraucht, es hierin dem Genie nicht nur gleich, sondern auch wohl noch oft zuvortun könne; Herr Schulze meint, es würde wohl auch nicht viel herausgekommen sein, etwa nur neuplatonische Schwärmereien, wenn Leibniz seine Philosopheme selbst zu einem System ausgebildet hätte. — Von Kant spricht Herr Schulze darum mit der größten Ehrerbietung, daß die *Kritik der reinen Vernunft* das Produkt einer kein Hindernis scheuenden, und allein durch den freien Entschluß ihres Verfassers entstandenen Anstrengung der Denkkraft sei, und daß Genie und glücklicher Zufall (als ob es noch für etwas anderes als für das Genie einen glücklichen Zufall geben könnte!) wohl die geringsten Ansprüche auf die Ausführung des zum Grunde liegenden Plans machen können.

Diese Verachtung des Genies und großer Naturgaben, diese Meinung, als ob die Phantasie nur etwa dem Vortrage der Philosophie Blumen der Beredsamkeit liefere, als ob

die Vernunft dichte in dem Sinne, in welchem etwa Zeitungs-Lügen erdichtet werden, oder, wenn sie über die gemeine Wirklichkeit hinaus erdichte, Hirngespinste, Schwärmereien, theosophische Grillen produziere, daß sie es der
Phantasie, selbst wenn diese im höchsten Fluge dichte, im
Dichten noch zuvortun könne, man weiß nicht, ob die Barbarei, und die Naivität, mit welcher sie der Genielosigkeit
applaudiert, — oder die Gemeinheit der Begriffe größer ist;
wenn wir die Verachtung großer Naturgaben Barbarei nennen, so meinen wir nicht jene natürliche Barbarei, die jen   10
seits der Kultur liegt — denn sie ehrt das Genie als etwas
Göttliches, und achtet es als ein Licht, das in die Dumpfheit ihres Bewußtseins eindringt —, sondern die Barbarei
der Kultur, die gemachte Rohheit, welche sich eine absolute Grenze schafft, und innerhalb dieser Borniertheit das Unbegrenzte der Natur verachtet, und wo sie erkennend sich
ausspricht, Verstand ist. Was die Begriffe betrifft, so stammen sie aus jener empirischen Psychologie her, welche den
Geist in Qualitäten auseinander wirft, und also kein Ganzes, und kein Genie und Talent unter diesen Qualitäten fin   20
det, sondern ihn wie einen Sack voll Vermögen darstellt,
deren jedes etwas Besonderes, eines Vernunft ohne Anschauung, getrennt von Phantasie, ein anderes eine Phantasie ohne Vernunft ist, und deren Leerheit sich nur mit
Sachen durch schwere Arbeit erfüllen kann, und in seinem
sachlichen und dinglichen Erfülltsein allein seinen Wert hat.
Der Verstand bleibt denn unter den andern Vermögen, die
den Seelensack des Subjekts bewohnen, das vortrefflichste,
weil er alles in Sachen, teils Begriffe, teils Dinge zu verwandeln versteht; so geht denn auch dieser Ver/stand (wie er in   30
den zwei ersten erzählenden Alphabeten fremde Sachen
vorlegt) durch die zwei kritisierenden Alphabete in seinem
eintönigen, alles in Begriffe und draußen existierende Dinge zerreißenden Geschäfte, ohne alle Erquickung durch
eine Vernunftidee, ohne Phantasie, ohne Glück in einem
fortschallenden, sinnbenebelnden, narkotischen, drückenden Tone fort, von einer Wirkung, als ob man durch ein
Feld von blühendem Hyoscyamus wandelte, dessen betäu   *
benden Düften keine Anstrengung widerstehen kann, und

wo man von keinem belebenden Strahle, auch nur in der Gestalt einer Ahndung angeregt wird.

ÜBER DIE WISSENSCHAFTLICHEN BEHANDLUNGS-
ARTEN DES NATURRECHTS, SEINE STELLE
IN DER PRAKTISCHEN PHILOSOPHIE,
UND SEIN VERHÄLTNIS ZU DEN POSITIVEN
RECHTSWISSENSCHAFTEN

Die Wissenschaft des Naturrechts ist gleich andern Wissenschaften, als Mechanik, Physik, zwar längst als eine wesentlich philosophische Wissenschaft, und weil die Philosophie
Teile haben muß, als ein wesentlicher Teil derselben anerkannt worden; aber sie hat mit den andern das gemein-   10
schaftliche Schicksal gehabt, daß das Philosophische der
Philosophie allein in die Metaphysik verlegt, und ihnen wenig Anteil daran vergönnt wurde, sondern daß sie, in ihrem
besondern Prinzip, ganz unabhängig von der Idee gehalten
wurden; die als Beispiele angeführten Wissenschaften sind
endlich gezwungen worden, mehr oder weniger ihrer Entfernung von der Philosophie geständig zu sein, so daß sie
das, was Erfahrung genannt zu werden pflegt, für ihr wis-
senschaftliches Prinzip anerkennen, hiermit auf die Ansprüche, wahrhafte Wissenschaften zu sein, Verzicht tun, und   20
sich begnügen, aus einer Sammlung empirischer Kenntnis-
se zu bestehen, und sich der Verstandesbegriffe bittweise
und ohne damit etwas Objektives behaupten zu wollen, zu
bedienen. Wenn solches, was sich philosophische Wissenschaft genannt, aus der Philosophie und aus der Kategorie
der Wissenschaft überhaupt zuerst wider seinen Willen ausgeschlossen worden ist, und alsdenn diese Stellung sich am
Ende hat gefallen lassen, so hat diese Ausschließung nicht
darin ihren Grund, daß jene sogenannten Wissenschaften
nicht von der Wissenschaft der Philosophie selbst ausge-   30
gangen und in dem bewußten Zusammenhang mit ihr sich
nicht gehalten haben; denn es ist jeder Teil der Philosophie
in seiner Einzelheit fähig, eine selbständige Wissenschaft zu
sein, und eine vollkommene innere Notwendigkeit zu ge-
winnen, weil das, wodurch sie wahrhafte Wissenschaft ist,
das Absolute ist; in welcher Gestalt es allein das eigentümliche Prinzip ist, welches über der Sphäre ihres Erkennens

und ihrer Freiheit liegt, und in Beziehung auf welches sie
einer äußern Notwendigkeit angehört; aber von dieser Bestimmtheit bleibt die Idee selbst frei, und vermag sich in
dieser bestimmten Wissenschaft so rein zu reflektieren, als
das absolute Leben in jedem Lebendigen sich ausdrückt;
ohne daß das Wissenschaftliche einer solchen Wissenschaft,
oder ihre / innre Vernünftigkeit, sich zum Tage heraus in
die reine Form der Idee erhübe, welche das Wesen jeder
Wissenschaft und in der Philosophie, als der absoluten Wissenschaft, als diese reine Idee ist; von jener eigenen und
doch freien wissenschaftlichen Ausbildung einer Wissenschaft gibt die Geometrie ein glänzendes, von den andern
Wissenschaften beneidetes Beispiel. Eben so ist es auch
nicht darum, daß den Wissenschaften, welche wie die oben-
genannten beschaffen sind, alle Realität abgesprochen werden muß, weil sie eigentlich empirisch seien; denn wie jeder Teil oder jede Seite der Philosophie eine selbständige
Wissenschaft zu sein fähig ist, so ist jede unmittelbar damit
auch ein selbständiges und vollendetes Bild, und kann in
der Gestalt eines Bildes von einer Anschauung, welche rein
und glücklich sich der Verunreinigung mit fixen Begriffen
enthält, aufgenommen und dargestellt werden.

Die Vollendung der Wissenschaft aber erfordert, daß eben
sowohl die Anschauung und das Bild mit dem Logischen
vereinigt, und in das rein Ideelle aufgenommen sei, als daß
der abgesonderten, obzwar wahrhaften Wissenschaft ihre
Einzelheit genommen, und ihr Prinzip nach seinem höhern
Zusammenhang und Notwendigkeit erkannt, und eben dadurch selbst vollkommen befreit werde. Wodurch es allein
auch möglich ist, die Grenzen der Wissenschaft zu erkennen, über welche sie ohne dieses in Unwissenheit sein muß,
weil sie sonst über sich selbst stehen und die Natur ihres
Prinzips nach seiner Bestimmtheit in der absoluten Form
erkennen müßte; denn aus dieser Erkenntnis würde für sie
unmittelbar die Erkenntnis und Gewißheit der Ausdehnung
der Gleichheit ihrer verschiedenen Bestimmtheiten folgen;
so aber kann sie gegen ihre Grenzen nur empirisch sich verhalten, und muß bald falsche Versuche machen, sie zu über-
schreiten, bald sie enger meinen, als sie sind, und darum

ganz unerwartete Erweiterungen erleben; wie die Geometrie ebenfalls – welche z. B. zwar die Inkommensurabilität des Diameters und der Seite des Quadrats, aber nicht die des Diameters und der Peripherie eines Kreises zu erweisen weiß[1] – noch / mehr die Arithmetik und am meisten die Vereinigung beider die größten Beispiele vom Herumtappen der Wissenschaft im Dunkeln an den Grenzen gibt.

Wenn die kritische Philosophie auf theoretische Wissenschaften die wichtige negative Wirkung gehabt hat, das Wissenschaftliche an ihnen als etwas nicht Objektives, sondern dem Mitteldinge zwischen Nichts und Realität, der Vermischung von Sein und Nichtsein angehörig zu erweisen, und ihr Geständnis herbeizuführen, daß sie nur im empirischen Meinen sind, so ist ihr Positives von dieser Seite desto ärmer ausgefallen, und nicht vermögend gewesen, jene Wissenschaften der Philosophie wieder zu geben. Dagegen hat sie das Absolute ganz in die praktische Philosophie gelegt, und in dieser ist sie positives oder dogmatisches Wissen. Wir müssen die kritische Philosophie, welche sich auch transzendentalen Idealismus nennt, wie überhaupt, so besonders im Naturrecht als den Kulminationspunkt desjenigen Gegensatzes betrachten, der, wie die Kreise auf der Oberfläche des Wassers von dem Punkt an, wo es bewegt wird, sich konzentrisch ausbreiten, endlich in kleinen Bewegungen

---

[1] Fichte tut sich (in der *Einleitung* zum *Naturrecht*) auf die Einfachheit der Einsicht in den Grund der letztern Inkommensurabilität etwas zu gute; krumm sei nämlich im Ernste nicht gerade. Die Oberflächlichkeit dieses Grundes erhellt von sich selbst; und widerlegt sich auch unmittelbar durch die erste Inkommensurabilität des Diameters und der Seite des Quadrats, welche beide gerade sind, so wie durch die Quadratur der Parabel. Was die Hilfe betrifft, die ebendaselbst bei gesundem Menschenverstand gegen die mathematische Unendlichkeit gesucht wird, daß ein Vieleck von unendlich vielen Seiten eben darum, weil es ein Vieleck von unendlich vielen Seiten ist, nicht gemessen werden könne, so müßte teils eben dieselbe Hilfe gegen den unendlichen Progreß, in welchem die absolute Idee sich realisieren soll, zu Gebote stehen; teils ist damit über die Hauptsache, die positive Unendlichkeit, welche nicht unendliche Menge, sondern Identität ist, nichts bestimmt, ob diese zu setzen ist; was eben so viel heißt, als daß über Kommensurabilität oder Inkommensurabilität nichts bestimmt ist.

die Beziehung auf einen Mittelpunkt verlieren und unendlich werden, sich in frühern wissenschaftlichen Bestrebungen aus der Verschlossenheit der Barbarei von schwächern
Anfängen immer mehr vergrößerte, bis er in der kritischen
Philosophie durch den absoluten Begriff der Unendlichkeit
sich selbst verständigte, und als Unendlichkeit auch sich
aufhebt. Den frühern Behandlungsarten des Naturrechts,
und demjenigen, was für verschiedene Prinzipien desselben
angesehen werden müßte, muß daher für das Wesen der Wis-
10 senschaft alle Bedeutung abgesprochen werden; weil sie
zwar im Gegensatze und in der Negativität, aber nicht in
der absoluten Negativität, oder in der Unendlichkeit sind,
welche allein für die Wissenschaft ist, sondern so wenig das
Positive als das Negative rein haben, und Vermischungen
von beiden sind. Es würde allein das Interesse einer Neugier-
de über das Geschichtliche der Wissenschaft sein, welches
bei ihnen verweilen könnte, sowohl um sie mit der absoluten Idee zu vergleichen, und in der Verzerrung derselben
selbst die Notwendigkeit zu erblicken, mit welcher durch
20 eine Bestimmtheit, die Prinzip ist, verzogen die Momente
der absoluten Form sich darstellen, und selbst unter der
Herrschaft eines eingeschränkten Prinzips doch diese Versuche beherrschen — als auch den empirischen Zustand der
Welt sich in dem ideellen Spiegel der Wissenschaft reflektieren zu sehen.

Denn was das Letzte betrifft, so wird in dem Zusammenhang aller Dinge das empirische Dasein und der Zustand
aller Wissenschaften zwar ebenfalls den Zustand der Welt ausdrücken, aber am nächsten der Zustand des Naturrechts,
30 weil es unmittelbar sich auf das Sittliche, den Beweger aller menschlichen Dinge bezieht, und insofern die Wissenschaft desselben ein Dasein hat, der Notwendigkeit angehört, mit der empirischen Gestalt des Sittlichen, welche
eben so in der Notwendigkeit ist, / eins sein, und als Wissenschaft dieselbe in der Form der Allgemeinheit ausdrücken
muß.

Was das Erste betrifft, so kann als wahrer Unterschied
des Prinzips der Wissenschaft allein anerkannt werden, ob
sie im Absoluten, oder ob sie außer der absoluten Einheit,

in dem Gegensatze ist; sie könnte im letztern Fall aber überhaupt gar nicht Wissenschaft sein, wenn ihr Prinzip nicht
irgend eine unvollständige und relative Einheit, oder der
Begriff eines Verhältnisses wäre; und wäre es auch nur die
leere Abstraktion des Verhältnisses selbst, unter dem Namen der Attraktivkraft, oder der Kraft des Einsseins. Wissenschaften, deren Prinzip kein Verhältnisbegriff, oder nur
die leere Kraft des Einsseins ist, bleibt nichts Ideelles, als
das erste ideelle Verhältnis, nach welchem das Kind different gegen die Welt ist, die Form der Vorstellung, in wel- 10
che sie die empirischen Qualitäten setzen, und deren Mannigfaltigkeit sie hererzählen können; sie würden vorzüglich
empirische Wissenschaften heißen. Weil aber praktische
Wissenschaften ihrer Natur nach auf etwas reell Allgemeines oder auf eine Einheit gehen, welche die Einheit von
Differentem ist, so müssen in der praktischen Empirie auch
die Empfindungen nicht reine Qualitäten, sondern Verhältnisse, es seien negative, wie der Selbsterhaltungstrieb, oder
positive, als Liebe und Haß, Geselligkeit und dergleichen,
in sich schließen; und die wissenschaftlichere Empirie un- 20
terscheidet sich von jener reinen Empirie nicht im Allgemeinen dadurch, daß Verhältnisse mehr als Qualitäten ihr
Gegenstand wären, sondern dadurch, daß sie diese Verhältnisse in der Begriffsform fixiert, und sich an diese negative
Absolutheit hält, ohne jedoch diese Form der Einheit und
den Inhalt derselben zu trennen; wir werden diese empirische Wissenschaften nennen; dagegen diejenige Form
der Wissenschaft, in welcher der Gegensatz absolut und die
reine Einheit, oder die Unendlichkeit, das negativ Absolute
rein von dem Inhalt abgesondert und für sich gesetzt ist, 30
eine reinformelle Wissenschaft.

Obzwar hiermit ein spezifischer Unterschied zwischen
den beiden unechten Arten der wissenschaftlichen Behandlung des Naturrechts festgesetzt ist, nach welchem das Prinzip der einen Verhältnisse und Vermischungen der empirischen Anschauung und des Allgemeinen, das der andern
aber absoluter Gegensatz und absolute Allgemeinheit ist,
so erhellt doch von selbst, daß die Ingredienzien beider,
empirische Anschauung und Begriff, dieselben sind, und

daß der Formalismus, wie er zu einem Inhalt aus seiner
reinen Negation übergeht, ebenfalls zu nichts anderem, als
zu Verhältnissen, oder relativen Identitäten gelangen kann;
weil das Reinideelle oder der Gegensatz absolut gesetzt, also die absolute Idee und Einheit nicht vorhanden sein kann;
und in Beziehung auf die Anschauung, da mit dem Prinzip
der absoluten Entgegensetzung oder des Absolutseins des
Reinideellen das absolute Prinzip der Empirie / gesetzt ist,
die Synthesen, insofern sie nicht die bloß negative Bedeu-
10 tung der Aufhebung eines Teils des Gegensatzes, sondern
auch eine positive Bedeutung der Anschauung haben sollen,
nur empirische Anschauungen vorstellen.

Diese zwei Arten der wissenschaftlichen Behandlung des Naturrechts sind vors erste näher zu charak-
terisieren; die erstere in Bezug auf die Weise, wie die absolute Idee nach den Momenten der absoluten Form in ihr erscheint; die andere, wie das Unendliche, oder das negative
Absolute es vergebens zu einer positiven Organisation zu
bringen sucht; die Auseinandersetzung des letztern Versuchs
20 wird unmittelbar auf die Betrachtung der Natur und des
Verhältnisses der Wissenschaften des Sittlichen, als
philosophischer Wissenschaften führen, so wie des
Verhältnisses derselben zu dem, was positive Rechtswissenschaft genannt wird, und was sich zwar außerhalb
der Philosophie hält, und indem es von selbst auf sie Verzicht
tut, sich ihrer Kritik entziehen zu können glaubt, zugleich
aber doch auch ein absolutes Bestehen und eine wahre Realität
zu haben behauptet, welche Prätention nicht nachzusehen ist.

Was nun die Behandlungsart des Naturrechts betrifft,
30 welche wir die empirische genannt haben, so kann vors erste überhaupt sich nicht auf die Bestimmtheiten und Ver-
hältnisbegriffe selbst, ihrer Materie nach, eingelassen werden, welche sie aufgreift, und unter dem Namen von Grundsätzen geltend macht, sondern es ist gerade dies Absondern
und Fixieren von Bestimmtheiten, was negiert werden muß.
Die Natur dieses Absonderns bringt es mit sich, daß das
Wissenschaftliche nur auf die Form der Einheit gehen
[muß], und an einem organischen Verhältnisse von den vie-
lerlei Qualitäten, in die es sich verteilen läßt, wenn sie nicht

bloß erzählt werden sollen, um über diese Menge eine Einheit zu erreichen, irgend eine Bestimmtheit herausgehoben und diese als das Wesen des Verhältnisses angesehen werden muß; aber eben damit ist die Totalität des Organischen nicht erreicht, und das übrige desselben, aus jener erwählten Bestimmtheit ausgeschlossene, kommt unter die Herrschaft dieser, welche zum Wesen und Zweck erhoben wird. So wird z. B. um das Verhältnis der Ehe zu erkennen, bald die Kinderzeugung, bald die Gemeinschaft der Güter u.s.w. gesetzt, und von einer solchen Bestimmtheit aus, welche als das Wesentliche zum Gesetz gemacht wird, das ganze organische Verhältnis bestimmt und verunreinigt; oder von der Strafe bald die Bestimmtheit der moralischen Besserung des Verbrechers, bald des angerichteten Schadens, bald der Vorstellung der Strafe in andern, bald ihrer dem Verbrechen vorhergegangenen Vorstellung des Verbrechers selbst, bald der Notwendigkeit, daß diese Vorstellung reell, die Drohung ausgeführt werde, u.s.w. aufgegriffen, und eine solche Einzelheit zum Zweck und Wesen des Ganzen gemacht; / wobei dann natürlich erfolgt, daß, weil eine solche Bestimmtheit mit den übrigen Bestimmtheiten, die weiter aufzutreiben und zu unterscheiden sind, nicht in notwendigem Zusammenhange ist, ein Gequäle darüber, um die notwendige Beziehung und Herrschaft der einen über die andern zu finden, entsteht, das kein Ende nimmt; und daß, weil die innere Notwendigkeit, die nicht in der Einzelheit ist, fehlt, jede sich die Unabhängigkeit von der andern sehr gut vindizieren kann. – Solche Qualitäten, aus der Vielheit der Verhältnisse, worein das Organische durch empirische oder unvollkommen reflektierte Anschauung zersplittert ist, aufgegriffen und in die Form der Begriffseinheit gesetzt, sind das, was von jenem Wissen das Wesen und die Zwecke genannt, und indem ihre Form des Begriffs als absolutes Sein der Bestimmtheit, welche den Inhalt des Begriffs ausmacht, ausgedrückt ist, als Grundsätze, Gesetze, Pflichten u.s.w. aufgestellt werden; von welcher Verwandlung der Absolutheit der reinen Form, welche aber die negative Absolutheit, oder die reine Identität, der reine Begriff, die Unendlichkeit ist, in die Absolutheit des Inhalts

und der Bestimmtheit, welche in die Form aufgenommen
ist, mehr gesprochen werden wird bei dem Prinzip der kritischen Philosophie, welche jene Verwandlung, die bei dem
empirischen Wissen, von welchem hier die Rede ist, bewußtlos geschieht, mit Reflexion darauf und als absolute Vernunft und Pflicht vornimmt.

Diese formale Einheit, in welche die Bestimmtheit durch
das Denken gesetzt wird, ist es zugleich, was den Schein der
Notwendigkeit gibt, welche die Wissenschaft sucht; denn
die Einheit Entgegengesetzter in Beziehung auf diese als
reelle betrachtet, ist ihre Notwendigkeit. Aber weil die Materie der formalen Einheit, von der gesprochen wird, nicht
das Ganze der Entgegengesetzten, sondern nur eines von
Entgegengesetzten, eine Bestimmtheit ist, so ist auch die
Notwendigkeit nur eine formale analytische und bezieht
sich bloß auf die Form eines identischen oder analytischen
Satzes, in welchem die Bestimmtheit dargestellt werden
kann; durch welche Absolutheit des Satzes aber auch eine
Absolutheit des Inhalts erschlichen, und so Gesetze und
Grundsätze konstituiert werden.

Aber indem diese empirische Wissenschaft in der Mannigfaltigkeit von solchen Grundsätzen, Gesetzen, Zwecken,
Pflichten, Rechten sich befindet, deren keines absolut ist,
muß ihr zugleich das Bild und das Bedürfnis der absoluten
Einheit aller dieser zusammenhangslosen Bestimmtheiten
und einer ursprünglichen einfachen Notwendigkeit vor-
schweben, und wir betrachten, wie sie dieser aus der Vernunft abstammenden Forderung Genüge tun wird, oder
wie die absolute Vernunftidee in ihren Momenten unter
der Herrschaft des für dieses empirische Wissen unüber-
windlichen Gegensatzes des Vielen und des Einen dargestellt werden wird; es ist teils an sich interessant, in diesem
wissenschaftlichen Bemühen, und in dem trüben / Medium
desselben, selbst noch den Reflex und die Herrschaft des
Absoluten, aber zugleich die Verkehrtheit desselben zu erblicken, teils sind die Formen, welche die Momente des
Absoluten darin erhalten haben, zu einer Art von Vorur-
teilen und zweifelsfreien, allgemeingeltenden Gedanken
geworden, deren Nichtigkeit die Kritik aufzeigen muß, um

die Wissenschaft zu rechtfertigen, daß sie keine Rücksicht darauf nimmt; welcher Erweis ihrer Nichtigkeit durch Aufzeigung des realitätslosen Grundes und Bodens, aus dem sie erwachsen, und dessen Geschmack und Natur ihnen sich einwächst, am evidentesten geschieht.

Vors erste schwebt der empirischen Wissenschaft die wissenschaftliche Totalität als eine Totalität des Mannigfaltigen, oder als Vollständigkeit, dem eigentlichen Formalismus aber als Konsequenz vor; jene kann ihre Erfahrungen beliebig in die Allgemeinheit erheben, und mit ihren gedachten Bestimmtheiten die Konsequenz so weit fortsetzen, bis anderer empirischer Stoff, der jenem widerspricht, aber eben so sein Recht hat, gedacht und als Grundsatz ausgesprochen zu werden, die Konsequenz der vorhergehenden Bestimmtheit nicht mehr erlaubt, sondern sie zu verlassen zwingt; der Formalismus kann seine Konsequenz so weit ausdehnen, als die Leerheit seines Prinzips es überhaupt erlaubt, oder ein Inhalt, den er sich erschlichen hat; dafür ist er aber auch berechtigt, was der Vollständigkeit abgeht, stolzerweise von seiner Apriorität und Wissenschaft unter dem Ekelnamen des Empirischen auszuschließen; denn seine formalen Prinzipien behauptet er als das Apriorische und Absolute, und also dasjenige, dessen er sich durch sie nicht bemeistern kann, als nicht Absolutes und Zufälliges; wenn er anders sich nicht so zu helfen weiß, daß er zum Empirischen überhaupt, und von einer Bestimmtheit wieder zur andern, den formellen Übergang des Fortschreitens vom Bedingten zur Bedingung findet, und da diese wieder ein Bedingtes ist, so fort ins Unendliche; wodurch er aber nicht nur alles Vorzugs vor dem, was er Empirie nennt, sich begibt, sondern, da in dem Zusammenhang des Bedingten mit der Bedingung diese Entgegengesetzten als absolut bestehend gesetzt werden, selbst ganz in die empirische Notwendigkeit versinkt, und dieser durch die formale Identität oder das Negativabsolute, womit er sie zusammenhält, den Schein wahrhafter Absolutheit erteilt.

Diese Verbindung der Konsequenz mit der Vollständigkeit des Bildes, es sei der letztern vollständigern formalen und leeren Konsequenz, oder jener erstern, die mit bestimmten Begriffen als Grundsätzen, von deren einem sie zu andern übergeht, nur in der Inkonsequenz konsequent ist, verrückt aber unmittelbar die Stellung des Mannigfaltigen, wie es für die reine Empirie ist; für welche jedes gleiche Rechte mit dem andern hat, und welche keine Bestimmtheit, deren eine so reell ist als die andere, der andern vorzieht; worauf wir unten bei Vergleichung der reinen Empirie / mit dieser wissenschaftlichen, von der hier die Rede ist, noch zurückkommen werden.

Nach dieser formalen Totalität müssen wir betrachten, wie die absolute Einheit, sowohl als einfache Einheit, die wir die ursprüngliche nennen können, als auch als Totalität in dem Reflex des empirischen Wissens erscheint; beide Einheiten, welche im Absoluten Eins, und deren Identität das Absolute ist, müssen in jenem Wissen getrennt und als ein Verschiedenes vorkommen.

Was vors erste jene Einheit betrifft, so kann es der Empirie nicht um sie als das Wesen der Notwendigkeit, das für die Erscheinung ein äußeres Band derselben ist, zu tun sein; denn in der Einheit, welche die wesentliche ist, ist das Mannigfaltige unmittelbar vernichtet und Nichts; weil mannigfaltiges Sein Prinzip der Empirie ist, so ist es ihr versagt, zum absoluten Nichts ihrer Qualitäten, welche für sie absolut und auch durch den Begriff, nach dem sie schlechthin Viele sind, unendlich Viele sind, zu dringen; jene ursprüngliche Einheit kann daher nur eine, so viel möglich ist, einfache und geringe Menge von Qualitäten bedeuten, womit sie zur Erkenntnis der übrigen ausreichen zu können glaubt. Jenes Ideal, worin das, was so ungefähr für willkürlich und zufällig gilt, verwischt, und des Mannigfaltigen die geringste nötige Menge gesetzt wird, ist für die Empirie im Physischen, so wie im Sittlichen das Chaos, das im letztern bald mehr unter dem Bild des Seins durch Phantasie als Naturzustand, bald mehr unter der Form der Möglichkeit und der Abstraktion, als eine Aufzählung der im Menschen vorgefundenen Vermögen durch empirische Psychologie, als Natur und Bestimmung des Menschen vorgestellt wird; und auf diese Weise das, was als schlechthin notwendig, an sich, absolut einerseits behauptet ist, zugleich andererseits als etwas nicht Reelles, bloß Eingebildetes und als Gedankending, dort als eine Fiktion, hier als eine bloße Möglichkeit anerkannt wird, welches der härteste Widerspruch ist.

Es ist für den gemeinen Verstand, welcher sich in der trüben Vermischung dessen, was an sich, und dessen, was vergänglich ist, hält, nichts begreiflicher, als daß er das, was an sich sei, auf die Weise finden könne, daß wenn er aus dem vermischten Bilde des Rechtszustandes alles Willkürliche und Zufällige absondere, durch diese Abstraktion ihm unmittelbar das absolut Notwendige übrig bleiben müsse; wenn man sich alles hinwegdenke, was eine trübe Ahndung unter das Besondere und Vergängliche rechnen kann, als besondern Sitten, der Geschichte, der Bildung, und auch dem Staate angehörig, so bleibt der Mensch unter dem Bilde des nackten Naturzustandes oder das Abstraktum desselben mit seinen wesentlichen Möglichkeiten übrig, und man hat nur hinzusehen, um das zu finden, was notwendig ist; — es muß das, was in Beziehung auf den Staat zu sein erkannt wird, darum auch mit abgesondert wer/den, weil das chaotische Bild des Notwendigen nicht die absolute Einheit, sondern nur die einfache Mannigfaltigkeit, die Atomen mit den möglich wenigsten Eigenschaften enthalten kann, und also was unter den Begriff eines Verknüpfens und Ordnens derselben, als der schwächsten Einheit, deren das Prinzip der Vielheit fähig ist, fallen kann, als das erst Spätere und Hinzukommende zu jener Vielheit daraus ausgeschlossen ist. Es fehlt nun bei jener Scheidung dem Empirismus vors erste überhaupt alles Kriterium darüber, wo die Grenze zwischen dem Zufälligen und Notwendigen gehe, was also im Chaos des Naturzustandes oder in der Abstraktion des Menschen bleiben und was weggelassen werden müsse; die leitende Bestimmung kann hierin nichts anderes sein, als daß so viel darin sei, als man für die Darstellung dessen, was in der Wirklichkeit gefunden wird, braucht; das richtende Prinzip für jenes Apriorische ist das Aposteriorische. Was in der Vorstellung des Rechtszustandes geltend gemacht werden soll, dafür hat man nur, um seinen Zusammenhang mit dem Ursprünglichen und Notwendigen und also es selbst als notwendig darzutun, zu diesem Behuf

eine eigene Qualität, oder Vermögen in das Chaos zu verlegen; nach der Weise der vom Empirischen ausgehenden Wissenschaften überhaupt, zur sogenannten Erklärung der Wirklichkeit Hypothesen zu machen, in welchen diese Wirklichkeit in derselben Bestimmtheit nur in ganz formell-ideeller
Gestalt als Kraft, Materie, Vermögen gesetzt, eins also aus
dem andern auch sehr leicht begreiflich und erklärlich ist.

　　Auf einer Seite bringt es diese trübe Ahndung von ur-
sprünglicher und absoluter Einheit, welche sich im Chaos
10　des Naturstandes und in der Abstraktion von Vermögen
und Neigungen äußert, nicht bis zur absoluten negativen
Einheit, sondern sie geht nur auf Auslöschung einer großen
Menge von Besonderheiten und Entgegensetzungen; aber es
bleibt noch eine unbestimmbare Menge von qualitativen Bestimmtheiten in ihm, die eben so wenig für sich eine andere
als eine empirische, und für einander keine innere Notwendigkeit haben; sie haben nur die Beziehung, als Vieles, und
weil dies Viele für einander, aber ohne Einheit ist, als sich
entgegengesetzt und in absolutem Widerstreite gegeneinan-
20　der bestimmt zu sein; und die abgesonderten Energien des
Sittlichen müssen in dem Naturzustande oder in dem Abstraktum des Menschen als in einem sich gegenseitig vernichtenden Kriege gedacht werden. Es ist aber eben darum
leicht zu zeigen, daß, indem diese Qualitäten einander
schlechthin entgegengesetzt, und also rein ideell sind, sie
in dieser Idealität und Absonderung nicht, wie es doch sein
soll, bestehen können, sondern sich aufheben, und auf
Nichts reduzieren; aber zu dieser absoluten Reflexion und
zu der Einsicht des Nichts der Bestimmtheiten im absolut
30　Einfachen vermag es die Empirie nicht zu bringen, sondern
das viele Nichts bleibt für sie eine Menge von Realitäten. /
Zu dieser Vielheit aber muß die positive, als absolute Totalität sich ausdrückende Einheit für den Empirismus als ein
Anderes und Fremdes hinzukommen, und schon in dieser
Form des Verknüpfens der beiden Seiten der absoluten
Identität ist es enthalten, daß die Totalität eben so getrübt
und unrein als die der ursprünglichen Einheit sich darstellen wird. Der Grund des Seins der einen dieser hier abgesonderten Einheiten für die andere, oder des Übergangs von der

ersten zur zweiten ist der Empirie eben so leicht anzugeben, als es ihr überhaupt mit dem Begründen leicht wird. Nach der Fiktion des Naturzustandes wird er um der Übel willen, die er mit sich führt, verlassen, was nichts anders heißt, als es wird vorausgesetzt, wohin man gelangen will, daß nämlich eine Einstimmung des als Chaos Widerstreitenden das Gute oder das sei, wohin man kommen müsse; oder in die Vorstellung der ursprünglichen Qualitäten als Möglichkeiten wird unmittelbar ein solcher Grund des Übergangs als Trieb der Geselligkeit hineingelegt, oder auf die Begriffs- form eines Vermögens Verzicht getan, und sogleich zu dem ganz besondern der Erscheinung jener zweiten Einheit, zu Geschichtlichem, als Unterjochung der Schwächern durch Mächtigere u.s.w. fortgegangen. Die Einheit selbst aber kann, nach dem Prinzip der absoluten qualitativen Vielheit, wie in der empirischen Physik, nichts als wieder mannigfal- tige Verwicklungen des als ursprünglich gesetzten einfachen und abgesonderten Vielen, oberflächliche Berührungen die- ser Qualitäten, die für sich selbst in ihrer Besonderheit un- zerstörbar und nur leichte, teilweise Verbindungen und Ver- mischungen einzugehen vermögend sind, an die Stelle der vielen atomen Qualitäten [setzen], also eine Vielheit von Geteiltem oder von Verhältnissen darstellen, und insofern die Einheit als Ganzes gesetzt wird, den leeren Namen einer formlosen und äußern Harmonie, unter dem Namen der Ge- sellschaft und des Staats setzen. Wenn diese Einheit auch, es sei für sich, oder in einer mehr empirischen Beziehung nach ihrer Entstehung als absolut, von Gott ihren unmittel- baren Ursprung erhaltend, und wenn in ihrem Bestehen auch der Mittelpunkt und das innere Wesen als göttlich vor- gestellt wird, so bleibt doch diese Vorstellung wieder etwas Formelles, nur über der Vielheit Schwebendes, nicht sie Durchdringendes. Es sei, daß Gott nicht nur als Stifter der Vereinigung, sondern auch als ihr Erhalter, und in Bezie- hung auf das letztere die Majestät der obersten Gewalt, als sein Abglanz und in sich göttlich erkannt werde, so ist das Göttliche der Vereinigung ein Äußeres für die vereinigten Vielen, welche mit demselben nur im Verhältnis der Herr- schaft gesetzt werden müssen, weil das Prinzip dieser Empirie die absolute Einheit des Einen und Vielen ausschließt; auf welchem Punkte dieses Verhältnisses sie unmittelbar mit dem ihr entgegengesetzten Prinzip, für welches die / abstrakte Einheit das erste ist, zusammentrifft, nur daß die Empirie über ihre Inkonsequenzen, die aus der Vermischung so spezifisch verschieden gesetzter Dinge, wie die abstrakte Einheit und die absolute Vielheit ist, entspringen, nicht verlegen ist, und eben darum auch den Vorteil hat, Ansichten, die außer ihrer bloß materiellen Seite Erscheinungen von einem reinern und göttlichern Innern sind, als nach dem Prinzip der Entgegensetzung, worin allein Herrschen und Gehorchen möglich, geschehen kann, den Zugang nicht zu verschließen.

Der Naturzustand und die den Individuen fremde und darum selbst einzelne und besondere Majestät und Göttlichkeit des Ganzen des Rechtszustandes, so wie das Verhältnis der absoluten Unterwürfigkeit der Subjekte unter jene höchste Gewalt, sind die Formen, in welchen die zersplitterten Momente der organischen Sittlichkeit – das Moment der absoluten Einheit, und derselben, insofern sie den Gegensatz der Einheit und Vielheit in sich begreift und absolute Totalität ist, und das Moment der Unendlichkeit, oder des Nichts der Realitäten des Gegensatzes – als besondere Wesenheiten fixiert, und eben dadurch, so wie die Idee, verkehrt sind. Die absolute Idee der Sittlichkeit enthält dagegen den Naturstand, und die Majestät, als schlechthin identisch, indem die letztere selbst nichts anders als die absolute sittliche Natur ist, und an keinen Verlust der absoluten Freiheit, welche man unter der natürlichen Freiheit verstehen müßte, oder ein Aufgeben der sittlichen Natur, durch das Reellsein der Majestät gedacht werden kann; das Natürliche aber, welches im sittlichen Verhältnis als ein Aufzugebendes gedacht werden müßte, würde selbst nichts Sittliches sein, und also am wenigsten dasselbe in seiner Ursprünglichkeit darstellen. Eben so wenig ist die Unendlichkeit oder das Nichts des Einzelnen, der Subjekte, in der absoluten Idee fixiert, und in relativer Identität mit der Majestät, als ein Verhältnis der Unterwürfigkeit, in welchem auch die Einzelheit etwas schlechthin Gesetztes wäre; sondern in der Idee ist die Unendlichkeit wahrhaftig, die Einzelheit als solche nichts, und schlechthin Eins mit der absoluten sittlichen Majestät, welches wahrhafte lebendige, nicht unterwürfige Einssein allein die wahrhafte Sittlichkeit des Einzelnen ist.

Wir haben die wissenschaftliche Empirie, insofern sie wissenschaftlich ist, der positiven Nichtigkeit, und der Unwahrheit ihrer Grundsätze, Gesetze u.s.w. angeklagt, weil sie Bestimmtheiten durch die formale Einheit, in welche sie dieselbe[n] versetzt, die negative Absolutheit des Begriffs erteilt, und sie als positiv absolut und an sich seiend, als Zweck und Bestimmung, Grundsatz, Gesetz, Pflicht und Recht, welche Formen etwas Absolutes bedeuten, ausspricht; um aber die Einheit eines organischen Verhältnisses, welches diesem qualitativen Bestimmen eine Menge solcher / Begriffe darbietet, zu erhalten, muß Einer als Zweck, Bestimmung oder Gesetz ausgedrückten Bestimmtheit eine Herrschaft über die andern Bestimmtheiten der Mannigfaltigkeit gegeben, und diese vor ihr als unreell und nichtig gesetzt werden. In dieser Anwendung und Konsequenz ist es, daß die Anschauung als innere Totalität vernichtet wird; es ist daher die Inkonsequenz, durch welche jene Aufnahme der Bestimmtheiten in den Begriff sich berichtigen und die der Anschauung angetane Gewalt aufheben kann; denn die Inkonsequenz vernichtet unmittelbar die einer Bestimmtheit vorher erteilte Absolutheit. Von dieser Seite muß die alte, durchaus inkonsequente Empirie nicht im Verhältnis zur absoluten Wissenschaft als solcher, aber im Verhältnis zur Konsequenz der empirischen Wissenschaftlichkeit, von welcher die Rede bisher gewesen, gerechtfertigt werden. Eine große und reine Anschauung vermag auf diese Art in dem rein Architektonischen ihrer Darstellung, an welchem der Zusammenhang der Notwendigkeit, und die Herrschaft der Form nicht ins Sichtbare hervortritt, das wahrhaft Sittliche auszudrücken; einem Gebäude gleich, das den Geist seines Urhebers in der auseinandergeworfenen Masse stumm darstellt, ohne daß dessen Bild selbst, in Eins versammelt, als Gestalt darin aufgestellt wäre. Es ist in einer solchen durch Hilfe von Begriffen gemachten Darstellung nur eine Unge-

schicklichkeit der Vernunft, daß sie das, was sie umfaßt und
durchdringt, nicht in die ideelle Form erhebt und sich desselben als Idee bewußt wird; wenn die Anschauung sich nur
selbst getreu bleibt, und vom Verstande sich nicht irre machen läßt, so wird sie, insofern sie der Begriffe zu ihrem
Ausdruck nicht entbehren kann, sich in Ansehung derselben ungeschickt verhalten, im Durchgang durchs Bewußtsein verkehrte Gestalten annehmen und für den Begriff sowohl unzusammenhängend als widersprechend sein; aber
10 die Anordnung der Teile und der sich modifizierenden Bestimmtheiten lassen den zwar unsichtbaren, aber innern vernünftigen Geist erraten, und insofern diese seine Erscheinung als Produkt und Resultat betrachtet wird, wird es mit
der Idee als Produkt vollkommen übereinstimmen. Für den
Verstand ist hierbei nichts leichter, als über diese Empirie
herzufallen, jenen ungeschickten Gründen andere entgegenzusetzen, die Konfusion und den Widerspruch der Begriffe
aufzuzeigen, aus den vereinzelten Sätzen Konsequenzen zu
ziehen, welche das Härteste und Unvernünftigste ausdrük-
20 ken, und auf mannigfaltige Weise das Unwissenschaftliche
der Empirie darzulegen; woran dieser ihr Recht widerfährt,
besonders wenn sie entweder die Prätention hat, wissenschaftlich zu sein, oder gegen die Wissenschaft als solche
polemisch ist. Dagegen wenn Bestimmtheiten fixiert, und
ihr Gesetz mit Konsequenz durch die von der Empirie auf-
getriebenen Seiten durchgeführt, die Anschauung ihnen unterworfen, und überhaupt das gebildet wird, was Theorie
genannt zu werden pflegt, so hat die Empirie diese mit
Recht / der Einseitigkeit anzuklagen; und es steht durch die
30 Vollständigkeit der Bestimmtheiten, die sie geltend macht,
in ihrer Gewalt, jene Theorie mit Instanzen zu einer Allgemeinheit zu nötigen, die ganz leer wird. Jene Beschränktheit der Begriffe, das Fixieren von Bestimmtheiten, die Erhebung einer aufgegriffenen Seite der Erscheinung in die
Allgemeinheit und die ihr erteilte Herrschaft über die andern ist es, was in den letzten Zeiten sich nicht mehr Theorie, sondern Philosophie, und je nachdem sie sich zu leeren
Abstraktionen erschwang und sich reinerer Negationen be-
mächtigte, wie Freiheit, reiner Wille, Menschheit u.s.w.,

Metaphysik genannt hat, und sowohl im Naturrecht als besonders im Staats- und in dem peinlichen Recht philosophische Revolutionen hervorgebracht zu haben glaubte, wenn sie mit solchen wesenlosen Abstraktionen und positiv ausgedrückten Negationen als Freiheit, Gleichheit, reinem Staate u.s.w. oder mit aus der gemeinen Empirie aufgegriffenen Bestimmtheiten, die eben so wesenlos wie jene sind, wie Zwang, besonders psychologischer Zwang, mit seinem ganzen Anhang von Entgegensetzung der praktischen Vernunft und der sinnlichen Triebfedern, und was sonst in dieser Psychologie einheimisch ist, diese Wissenschaften hin- und herzerrte, und dergleichen nichtige Begriffe gleichfalls als absolute Vernunftzwecke, Vernunftgrundsätze und Gesetze, mit mehr oder weniger Konsequenz durch eine Wissenschaft hindurch zwang. Mit Recht fordert die Empirie, daß ein solches Philosophieren sich an der Erfahrung orientieren müsse, sie besteht mit Recht auf ihrer Zähigkeit gegen ein solches Gerüste und Künstelei von Grundsätzen; und zieht ihre empirische Inkonsequenz, welche sich auf eine wenn auch trübe Anschauung eines Ganzen gründet, der Konsequenz eines solchen Philosophierens, und ihre eigene Konfusion z. B. der Sittlichkeit, Moralität, Legalität, oder in einem einzelnern Falle, in der Strafe, die Konfusion von Rache, Sicherheit des Staats, Besserung, Ausführung der Drohung, Abschreckung, Prävention u.s.w., sei es in einer wissenschaftlichen Rücksicht, oder im praktischen Leben, dem absoluten Auseinanderhalten dieser verschiedenen Seiten Einer und ebenderselben Anschauung und dem Bestimmen des Ganzen derselben durch eine einzelne dieser Qualitäten, vor, — behauptet mit Recht, daß die Theorie, und jenes, was sich Philosophie und Metaphysik nennt, keine Anwendung habe, und der notwendigen Praxis widerspreche; welche Nichtanwendbarkeit besser so ausgedrückt würde, daß in jener Theorie und Philosophie nichts Absolutes, keine Realität und Wahrheit ist. Die Empirie wirft endlich mit Recht solchem Philosophieren auch seinen Undank gegen sie vor, indem sie es ist, welche ihm den Inhalt seiner Begriffe liefert, und denselben durch jenes verderbt und verkehrt werden sehen muß; denn die Empirie bietet die Bestimmtheit des Inhalts in einer Verwicklung und Verbundenheit mit andern Bestimmtheiten dar, welche in ihrem Wesen ein Ganzes, organisch und lebendig ist, was durch jene Zerstücklung, und durch jene Erhebung wesenloser Abstraktionen und Einzelheiten zur Absolutheit, getötet wird. /

Eine Empirie würde gegen solche Theorie und Philosophie mit dem größten Rechte sich behaupten, und die Menge der Grundsätze, Zwecke, Gesetze, Pflichten, Rechte als
10 etwas nicht Absolutes, sondern als Unterscheidungen, die für die Bildung, durch die ihr ihre eigene Anschauung klarer wird, wichtig sind, — betrachten, wenn sie selbst rein wäre und bliebe. Aber wenn die Empirie mit der Theorie in den Kampf zu treten scheint, so zeigt sich gewöhnlich, daß die eine wie die andere eine durch Reflektieren schon verunreinigte und aufgehobene Anschauung und verkehrte Vernunft, und was sich für Empirie ausgibt, nur das Schwächere in der Abstraktion und dasjenige ist, was mit weniger Selbsttätigkeit seine Beschränktheiten nicht selbst heraus-
20 genommen, unterschieden und fixiert hat, sondern in solchen, welche in der allgemeinen Bildung fest geworden, als gesunder Menschenverstand vorhanden sind, und darum unmittelbar aus der Erfahrung aufgenommen zu sein scheinen, befangen ist. Zwischen solcher festgewordenen Verkehrtheit der Anschauung, und den jetzt erst fixierten Abstraktionen ist das Bild des Streits notwendig eben so buntscheckig als sie selbst sind; jede gebraucht gegen die andere bald eine Abstraktion, bald eine sogenannte Erfahrung, und es ist auf beiden Seiten Empirie, die sich an Empirie, und Be-
30 schränktheit, welche sich an Beschränktheit zerschlägt, bald ein Großtun mit Grundsätzen und Gesetzen gegen die Philosophie, und Ausschließung derselben als einer inkompetenten Richterin über solche absolute[n] Wahrheiten, in die sich der Verstand festgerennt hat, bald ein Mißbrauch derselben für das Räsonnement und eine Berufung auf dieselbe.

Dieses relative Recht, welches der Empirie, wenn die Anschauung in ihr das Herrschende ist, gegen die Vermischung des Empirischen und Reflektierten eingeräumt worden, bezieht sich erinnertermaßen auf das bewußtlose Innere derselben, aber die Mitte zwischen beidem, jenem Innern, und ihrem Äußern, das Bewußtsein ist die Seite, nach welcher hin ihr Mangel und darum ihre Einseitigkeit liegt; und ihr Hintreiben gegen das Wissenschaftliche und die unvollständige Verknüpfung und bloße Berührung mit dem Begriff, durch welchen sie sich auf diese Weise nur verunreinigt, stammt aus der Notwendigkeit, daß die Vielheit und Endlichkeit sich in die Unendlichkeit oder in die Allgemeinheit absolut versenke.

Die Seite der Unendlichkeit aber ist es, was das Prinzip der dem Empirischen sich entgegensetzenden Apriorität ausmacht, zu dessen Betrachtung wir jetzt übergehen.

Das Hingehen des empirischen Meinens und seiner Vermischung des Mannigfaltigen mit dem Einfachen gegen den Begriff ist in dem absoluten Begriff oder in der Unendlichkeit seinem Schwanken entnommen, und die unvollständige Trennung / entschieden. In einer niedrigern Abstraktion ist die Unendlichkeit zwar auch als Absolutheit des Subjekts in der Glückseligkeit überhaupt, und im Naturrecht insbesondere von den Systemen, welche antisozialistisch heißen und das Sein des Einzelnen als das Erste und Höchste setzen, herausgehoben, aber nicht in die reine Abstraktion, welche sie in dem Kantischen oder Fichteschen Idealismus erhalten hat.

Es gehört nicht hierher, die Natur der Unendlichkeit und ihrer mannigfaltigen Verwandlungen darzustellen; denn wie sie das Prinzip der Bewegung und der Veränderung ist, so ist ihr Wesen selbst nichts anders, als das unvermittelte Gegenteil seiner selbst zu sein; oder sie ist das negative Absolute, die Abstraktion der Form, welche, indem sie reine Identität, unmittelbar reine Nichtidentität oder absolute Entgegensetzung; indem sie reine Identität, eben so unmittelbar reine Realität; indem sie das Unendliche, das Absolutendliche; indem sie das Unbestimmte, die absolute Bestimmtheit ist. Der absolute Übergang ins Entgegengesetzte, der ihr Wesen ist, und das Verschwinden jeder Realität in seinem Gegenteil kann nicht anders aufgehalten werden, als daß empirischer Weise die eine Seite derselben, nämlich

die Realität, oder das Bestehen der Entgegengesetzten fixiert und von dem Gegenteil, dem Nichts dieses Bestehens abstrahiert wird. Dieses reelle Entgegengesetzte ist auf einer Seite das mannigfaltige Sein oder die Endlichkeit und ihr gegenüber die Unendlichkeit als Negation der Vielheit und positiv als reine Einheit; und der absolute Begriff, auf diese Weise konstituiert, gibt in dieser Einheit dasjenige, was reine Vernunft genannt worden ist. Das Verhältnis dieser reinen Einheit aber zu dem ihr gegenüberstehenden mannig-
10 faltigen Seienden ist selbst wieder eben so eine gedoppelte Beziehung, entweder die positive des Bestehens beider, oder des Vernichtetseins beider; sowohl jenes Bestehen aber als dieses Vernichtetsein ist nur als ein teilweises zu verstehen, denn wäre jenes Bestehen beider absolut, so wäre gar keine Beziehung beider, und wäre das vollkommene Vernichtetsein beider gesetzt, so wäre nicht ein Bestehen beider; dieses teilweise Bestehen und teilweise Negiertsein beider, — das Entgegensetzen eines teilbaren Ichs einem teilbaren Nicht-Ich im Ich, d. i. in der eben darum gleichfalls teilwei-
20 sen Beziehung ist das absolute Prinzip dieser Philosophie. In der ersten, der positiven Beziehung, heißt die reine Einheit theoretische, in der negativen Beziehung praktische Vernunft; und weil in dieser die Negation der Entgegensetzung das Erste, also die Einheit als das mehr Bestehende, in der ersten aber das Bestehen des Gegensatzes das Erste, also die Vielheit das zuerst und mehr Bestehende ist, so erscheint hier die praktische Vernunft als die reelle, die theoretische aber als die ideelle. — Man sieht aber, daß diese Bestimmung ganz dem Gegensatze und der Erscheinung
30 angehört; denn die reine Einheit, die als Vernunft gesetzt wird, / ist freilich negativ, ideell, wenn das Entgegengesetzte, Viele, was hiermit das Unvernünftige ist, schlechthin ein Bestehen hat; so wie sie als mehr bestehend und reeller erscheint, wenn das Viele, als negiert, oder vielmehr als zu negierend gesetzt ist. Jenes unvernünftige Viele aber, wie die Natur gegen die Vernunft als die reine Einheit gesetzt wird, ist nur darum unvernünftig, weil sie als die wesenlose Abstraktion des Vielen, und hingegen die Vernunft als die wesenlose Abstraktion des Einen gesetzt ist; an sich aber

betrachtet, ist sowohl jenes Viele absolute Einheit des Einen und Vielen, als diese Einheit; und die Natur oder die theoretische Vernunft, welche das Viele ist, als absolute Einheit des Einen und Vielen, muß vielmehr umgekehrt als die reelle Vernunft, die sittliche, welche die Einheit ist, als absolute Einheit des Einen und Vielen, aber als die ideelle bestimmt werden; weil in der Entgegensetzung die Realität in der Vielheit, die Idealität aber in der Einheit ist.

Es ist an dem, was praktische Vernunft heißt, deswegen allein die formelle Idee der Identität des Ideellen und Reellen zu erkennen, und diese Idee sollte in diesen Systemen der absolute Indifferenzpunkt sein; aber jene Idee kommt nicht aus der Differenz, und das Ideelle nicht zur Realität; denn ungeachtet in dieser praktischen Vernunft das Ideelle und Reelle identisch ist, bleibt doch das Reelle schlechthin entgegengesetzt; dieses Reelle ist außer der Vernunft wesentlich gesetzt, und nur in der Differenz gegen dasselbe ist die praktische Vernunft, deren Wesen begriffen wird als ein Kausalitätsverhältnis zum Vielen, als eine Identität, welche mit einer Differenz absolut affiziert [ist], und aus der Erscheinung nicht heraus geht. Diese Wissenschaft des Sittlichen, welche von der absoluten Identität des Ideellen und Reellen spricht, tut sonach nicht nach ihren Worten, sondern ihre sittliche Vernunft ist in Wahrheit und in ihrem Wesen eine Nichtidentität des Ideellen und Reellen. — Es ist vorhin die sittliche Vernunft als das Absolute in der Form der Einheit bestimmt worden, und hiermit, indem sie selbst als eine Bestimmtheit gesetzt wird, scheint sie unmittelbar in dieser Bestimmung eben so wesentlich mit einem Gegensatze gesetzt zu sein. Der Unterschied ist aber, daß die wahrhafte Realität und das Absolute derselben von diesem Gegensatze gegen die Natur ganz frei, und daß sie absolute Identität des Ideellen und Reellen ist. Das Absolute wird nach seiner Idee erkannt als diese Identität Differenter, deren Bestimmtheit ist, der einen die Einheit, der andern die Vielheit zu sein, und diese Bestimmtheit ist ideell, d. h. sie ist nur in der Unendlichkeit nach dem oben aufgezeigten Begriffe derselben; diese Bestimmtheit ist eben so wohl aufgehoben, als sie gesetzt ist; jede, sowohl die Einheit als die

Vielheit, deren Identität das Absolute ist, ist selbst Einheit
des Einen und Vielen. Aber die eine, deren ideelle Bestimmung die Vielheit ist, ist das Bestehen der Entgegengesetzten, die positive Realität, und darum ist ihr selbst ein entgegengesetztes, gedoppeltes Verhältnis not/wendig. Weil das
Reelle in ihr besteht, ist ihre Identität eine relative, und diese relative Identität der Entgegengesetzten ist die Notwendigkeit; wie sie also in der Differenz ist, so muß auch ihr
Verhältnis selbst oder die Identität des Verhältnisses ein
differentes sein; sowohl daß in ihm die Einheit, als daß die
Vielheit das Erste ist; dieses zweifache Verhältnis bestimmt
die gedoppelte Seite der Notwendigkeit oder der Erscheinung des Absoluten. Da dieses zweifache Verhältnis auf die
Vielheit fällt, und wenn wir die Einheit der Differenten,
welche auf der andern Seite steht, und in welcher jene Realität oder das Viele aufgehoben ist, die Indifferenz nennen,
so ist das Absolute die Einheit der Indifferenz und des Verhältnisses; und weil dieses ein gedoppeltes ist, ist die Erscheinung des Absoluten bestimmt als Einheit der Indifferenz und desjenigen Verhältnisses, oder derjenigen relativen Identität, in welcher das Viele das Erste, das Positive
ist, — und als Einheit der Indifferenz und desjenigen Verhältnisses, in welchem die Einheit das Erste und Positive
ist; jene ist die physische, diese die sittliche Natur. Und da
die Indifferenz oder die Einheit die Freiheit, das Verhältnis
aber oder die relative Identität die Notwendigkeit ist, so ist
jede dieser beiden Erscheinungen das Einssein und die Indifferenz der Freiheit und der Notwendigkeit. Die Substanz
ist absolut und unendlich; in diesem Prädikat Unendlichkeit ist die Notwendigkeit der göttlichen Natur oder ihre
Erscheinung, und diese Notwendigkeit drückt sich als Realität eben in einem gedoppelten Verhältnisse aus; jedes der
beiden Attribute drückt selbst die Substanz aus, und ist absolut und unendlich, oder die Einheit der Indifferenz und
des Verhältnisses; und an dem Verhältnisse ist ihr Unterschied so gesetzt, daß in dem Verhältnisse der einen das
Viele, in dem Verhältnisse der andern das Eine das Erste
oder das gegen die andern Herausgekehrte ist. Weil aber in
der sittlichen Natur selbst in ihrem Verhältnis die Einheit

das Erste ist, so ist sie auch in dieser relativen Identität,
d. i. in ihrer Notwendigkeit frei; oder weil die relative Identität dadurch, daß die Einheit das Erste ist, nicht aufgehoben wird, so ist diese zweite Freiheit so bestimmt, daß das
Notwendige für die sittliche Natur zwar ist, aber negativ gesetzt ist. Würden wir nun diese Seite der relativen Identität
der sittlichen Natur isolieren, und nicht die absolute Einheit der Indifferenz und dieser relativen Identität für das
Wesen der sittlichen Natur anerkennen, sondern die Seite
des Verhältnisses oder der Notwendigkeit, so würden wir 10
auf demselben Punkte stehen, auf welchem das Wesen der
praktischen Vernunft als absolute Kausalität habend bestimmt wird, oder daß sie zwar frei, und die Notwendigkeit
nur negativ, aber ebendarum doch gesetzt ist, wodurch
eben jene Freiheit nicht aus der Differenz herauskommt,
das Verhältnis oder die relative Identität zum Wesen gemacht, und das Absolute allein als negativ Absolutes oder
als Unendlichkeit begriffen wird. /
   Der empirische und populäre Ausdruck, wodurch diese
Vorstellung, welche die sittliche Natur bloß von der Seite 20
ihrer relativen Identität auffaßt, sich so sehr empfohlen
hat, ist, daß das Reelle unter den Namen von Sinnlichkeit,
Neigungen, unterem Begehrungsvermögen u.s.w. (Moment
der Vielheit des Verhältnisses) mit der Vernunft (Moment
der reinen Einheit des Verhältnisses) nicht übereinstimme
(Moment der Entgegensetzung der Einheit und Vielheit),
und daß die Vernunft darin bestehe, aus eigner absoluter
Selbsttätigkeit und Autonomie zu wollen und jene Sinnlichkeit einzuschränken und zu beherrschen (Moment der Bestimmtheit dieses Verhältnisses, daß in ihm die Einheit oder 30
die Negation der Vielheit das Erste ist). Die Realität dieser
Vorstellung begründet sich auf das empirische Bewußtsein
und die allgemeine Erfahrung eines jeden, sowohl jenen
Zwiespalt, als diese reine Einheit der praktischen Vernunft,
oder die Abstraktion des Ich in sich zu finden. Es kann auch
nicht die Rede davon sein, diesen Standpunkt zu leugnen,
sondern er ist vorhin als die Seite der relativen Identität, *
des Seins des Unendlichen im Endlichen bestimmt worden;
aber dies muß behauptet werden, daß er nicht der absolute

Standpunkt ist, als in welchem aufgezeigtermaßen das Verhältnis sich nur als eine Seite, und das Isolieren desselben also als etwas Einseitiges beweist, und daß, weil Sittlichkeit etwas Absolutes ist, jener Standpunkt nicht der Standpunkt der Sittlichkeit, sondern daß in ihm keine Sittlichkeit ist. Und was die Berufung auf das gemeine Bewußtsein betrifft, so muß in eben demselben eben so notwendig die Sittlichkeit selbst vorkommen, als jener Standpunkt, welcher, da das Verhältnis für sich isoliert, als an sich seiend, und nicht als Moment gesetzt ist, das Prinzip der Unsittlichkeit ist; das empirische Bewußtsein ist darum empirisch, weil die Momente des Absoluten in ihm zerstreut, nebeneinander, aufeinander folgend, zersplittert erscheinen; aber es wäre selbst kein gemeines Bewußtsein, wenn die Sittlichkeit nicht eben so in ihm vorkäme; unter diesen mannigfaltigen Erscheinungen des Sittlichen und des Unsittlichen, die im empirischen Bewußtsein vorkommen, hatte jene formelle Philosophie die Wahl, und es ist nicht der Fehler des gemeinen Bewußtseins, sondern der Philosophie, daß sie die Erscheinung des Unsittlichen gewählt und an der negativen Absolutheit, oder an der Unendlichkeit das wahrhafte Absolute zu haben gemeint hat.

Auf der Darstellung desjenigen, was diese negative Absolutheit vermag, beruht die Ausführung dieser praktischen Philosophie, und wir müssen dem falschen Versuch, in dem negativ Absoluten ein wahrhaft Absolutes aufzuzeigen, in seinen Hauptmomenten nachgehen.

Es ergibt sich sogleich, daß, da die reine Einheit das Wesen der praktischen Vernunft ausmacht, von einem Systeme der Sittlichkeit so wenig die Rede sein kann, daß selbst nicht einmal eine Mehrheit von Gesetzen möglich ist; indem, was über den / reinen Begriff, oder weil dieser, insofern er als negierend das Viele, d. h. als praktisch gesetzt wird, die Pflicht ist, was über den reinen Begriff der Pflicht und die Abstraktion eines Gesetzes hinausgeht, nicht mehr dieser reinen Vernunft angehört; wie Kant, derjenige, der diese Abstraktion des Begriffs in ihrer absoluten Reinheit dargestellt hat, sehr gut erkennt, daß der praktischen Vernunft aller Stoff des Gesetzes abgehe, und daß sie nichts

mehr als die Form der Tauglichkeit der Maxime der Willkür zum obersten Gesetze machen könne. Die Maxime der
Willkür hat einen Inhalt, und schließt eine Bestimmtheit in
sich; der reine Wille dagegen ist frei von Bestimmtheiten; das
absolute Gesetz der praktischen Vernunft ist, jene Bestimmtheit in die Form der reinen Einheit zu erheben, und der
Ausdruck dieser in die Form aufgenommenen Bestimmtheit
ist das Gesetz. Ist es möglich, daß die Bestimmtheit in die
Form des reinen Begriffs aufgenommen wird, hebt sie sich
durch diese Form nicht auf, so ist sie gerechtfertigt, und ist
durch die negative Absolutheit selbst absolut geworden,
Gesetz, und Recht, oder Pflicht. Aber die Materie der Maxime bleibt, was sie ist, eine Bestimmtheit oder Einzelheit;
und die Allgemeinheit, welche ihr die Aufnahme in die Form
erteilt, ist also eine schlechthin analytische Einheit; und
wenn die ihr erteilte Einheit rein als das, was sie ist, in einem
Satze, ausgesprochen wird, so ist der Satz ein analytischer
und eine Tautologie. Und in der Produktion von Tautologien besteht nach der Wahrheit das erhabene Vermögen der
Autonomie der Gesetzgebung der reinen praktischen Vernunft; die reine Identität des Verstandes, im theoretischen
als der Satz des Widerspruchs ausgedrückt, bleibt, auf die
praktische Form gekehrt, ebendasselbe. Wenn die Frage:
was ist Wahrheit, an die Logik gemacht, und von ihr beantwortet, Kant den belachenswerten Anblick gibt, daß einer
den Bock melkt, der andere ein Sieb unterhält, so ist die
Frage: was ist Recht und Pflicht, an jene reine praktische
Vernunft gemacht und von ihr beantwortet, in demselben
Falle. Wenn Kant erkennt, daß ein allgemeines Kriterium
der Wahrheit dasjenige sein würde, welches von allen Erkenntnissen ohne Unterschied ihrer Gegenstände gültig
wäre, daß es aber klar sei, daß, da man bei demselben von
allem Inhalt der Erkenntnis abstrahiert, und Wahrheit gerade diesen Inhalt angeht, es ganz unmöglich und ungereimt
sei, nach einem Merkmale der Wahrheit dieses Inhalts der
Erkenntnisse, indem das Merkmal den Inhalt der Erkenntnisse zugleich nicht angehen soll, zu fragen, so spricht er
eben damit das Urteil über das Prinzip der Pflicht und des
Rechts, das durch die praktische Vernunft aufgestellt wird.

Denn sie ist die absolute Abstraktion von aller Materie des Willens; durch einen Inhalt wird eine Heteronomie der Willkür gesetzt; nun ist es aber gerade das Interesse zu wissen, was denn Recht und Pflicht sei; es wird nach dem Inhalt des Sittengesetzes gefragt, und es ist allein um diesen Inhalt zu tun; aber das Wesen des reinen / Willens und der reinen praktischen Vernunft ist, daß von allem Inhalt abstrahiert sei; und also ist es an sich widersprechend, eine Sittengesetzgebung, da sie einen Inhalt haben müßte, bei dieser absoluten praktischen Vernunft zu suchen, da ihr Wesen darin besteht, keinen Inhalt zu haben.

Daß also dieser Formalismus ein Gesetz aussprechen könne, dazu ist notwendig, daß irgend eine Materie, eine Bestimmtheit gesetzt werde, welche den Inhalt des Gesetzes ausmache; und die Form, welche zu dieser Bestimmtheit hinzukommt, ist die Einheit, oder Allgemeinheit; daß eine Maxime deines Willens zugleich als Prinzip einer allgemeinen Gesetzgebung gelten müsse, dieses Grundgesetz der reinen praktischen Vernunft drückt aus, daß irgend eine Bestimmtheit, welche den Inhalt der Maxime des besondern Willens ausmacht, als Begriff, als Allgemeines gesetzt werde. Aber jede Bestimmtheit ist fähig, in die Begriffsform aufgenommen und als eine Qualität gesetzt zu werden, und es gibt gar nichts, was nicht auf diese Weise zu einem sittlichen Gesetz gemacht werden könnte. Jede Bestimmtheit ist aber an sich selbst ein Besonderes und nicht ein Allgemeines; es steht ihr die entgegengesetzte Bestimmtheit gegenüber, und sie ist nur Bestimmtheit, insofern ihr eine solche gegenüber steht. Jede von beiden Bestimmtheiten ist gleichermaßen fähig, gedacht zu werden; welche von beiden es sein soll, welche in die Einheit aufgenommen oder gedacht, und von welcher abstrahiert werden soll, dies ist völlig unbestimmt und frei; wenn die eine fixiert ist, als an und für sich bestehend, so kann die andere freilich nicht gesetzt werden; aber diese andere kann ebensogut gedacht, und da diese Form des Denkens das Wesen ist, als ein absolutes Sittengesetz ausgesprochen werden. Daß der gemeinste Verstand ohne Unterweisung jene leichte Operation vornehmen und unterscheiden könne, welche Form in

der Maxime sich zur allgemeinen Gesetzgebung schicke
oder nicht, zeigt Kant an dem Beispiel, der Frage, ob die
Maxime, mein Vermögen durch alle sichere[n] Mittel zu
vergrößern, im Fall sich an einem Depositum ein solches
Mittel zeigte, als ein allgemeines praktisches Gesetz gelten
könne, welche also des Inhalts sein würde, daß jedermann
ein Depositum, dessen Niederlegung ihm niemand beweisen kann, ableugnen dürfe; diese Frage entscheide sich von
sich selbst, indem ein solches Prinzip als Gesetz sich selbst
vernichten würde, weil es machen würde, daß es gar kein
Depositum gäbe; daß es aber gar kein Depositum gäbe, welcher Widerspruch läge darin? Daß kein Depositum sei, wird
andern notwendigen Bestimmtheiten widersprechen; so
wie, daß ein Depositum möglich sei, mit andern notwendigen Bestimmtheiten zusammenhängen, und dadurch selbst
notwendig sein wird; aber nicht andere Zwecke und materiale Gründe sollen herbeigerufen werden, sondern die unmittelbare Form des Begriffs soll die Richtigkeit der ersten
oder der zweiten Annahme entscheiden; aber für die Form
ist die eine der / entgegengesetzten Bestimmtheiten so
gleichgültig als die andere; jede kann als Qualität begriffen,
und dies Begreifen als Gesetz ausgesprochen werden. Wenn
die Bestimmtheit des Eigentums überhaupt gesetzt ist, so
läßt sich der tautologische Satz daraus machen: das Eigentum ist Eigentum und sonst nichts anders, und diese tautologische Produktion ist das Gesetzgeben dieser der praktischen Vernunft: das Eigentum, wenn Eigentum ist, muß
Eigentum sein; aber ist die entgegengesetzte Bestimmtheit,
Negation des Eigentums gesetzt, so ergibt sich durch die
Gesetzgebung ebenderselben praktischen Vernunft die Tautologie: das Nichteigentum ist Nichteigentum; wenn kein
Eigentum ist, so muß das, was Eigentum sein will, aufgehoben werden. Aber es ist gerade das Interesse, zu erweisen,
daß Eigentum sein müsse; es geht allein auf dasjenige, was
außerhalb des Vermögens dieses praktischen Gesetzgebens
der reinen Vernunft liegt; nämlich zu entscheiden, welche
von entgegengesetzten Bestimmtheiten gesetzt werden müsse; aber daß dies schon vorher geschehen und eine der entgegengesetzten Bestimmtheiten zum voraus gesetzt sei, for-

dert die reine Vernunft, und dann erst kann sie ihr nunmehr
überflüssiges Gesetzgeben vollführen.

Aber die analytische Einheit und Tautologie der praktischen Vernunft ist nicht nur etwas Überflüssiges, sondern
in der Wendung, welche sie erhält, etwas Falsches, und sie
muß als das Prinzip der Unsittlichkeit erkannt werden.
Durch die bloße Aufnahme einer Bestimmtheit in die Form
der Einheit soll sich die Natur des Seins derselben verän-
dern; und die Bestimmtheit, welche ihrer Natur nach eine
10 andre Bestimmtheit gegen sich hat, deren eine die Negation
der andern, und eben darum keine etwas Absolutes ist (und
es ist für die Funktion der praktischen Vernunft gleichgültig, welche von beiden es ist, denn sie gibt bloß die leere
Form), soll durch diese Verbindung mit der Form der reinen Einheit, selbst zur absoluten, zum Gesetz und Pflicht
gemacht sein; wo aber eine Bestimmtheit und Einzelheit
zu einem Ansich erhoben wird, da ist Vernunftwidrigkeit,
und in Beziehung aufs Sittliche Unsittlichkeit gesetzt. —
Diese Verwandlung des Bedingten, Unreellen in ein Unbe-
20 dingtes und Absolutes ist leicht in ihrer Unrechtmäßigkeit
zu erkennen, und auf ihrem Schleichwege auszufinden. Die
Bestimmtheit in die Form der reinen Einheit, oder der formellen Identität aufgenommen, bringt, wenn der bestimmte Begriff als Satz ausgedrückt wird, die Tautologie des formellen Satzes: die Bestimmtheit A ist die Bestimmtheit A,
hervor. Die Form, oder im Satze die Identität des Subjekts
und Prädikats, ist etwas Absolutes, aber nur ein negatives
oder formales, welches die Bestimmtheit A selbst nichts angeht; dieser Inhalt ist für die Form etwas durchaus Hypo-
30 thetisches. Die Absolutheit, die in dem Satz ist seiner Form
nach, gewinnt aber in der praktischen Vernunft eine ganz
andere Bedeutung; sie wird nämlich auch auf / den Inhalt
übergetragen, der seiner Natur nach ein Bedingtes ist, und
dieses nicht Absolute, Bedingte, wider sein Wesen zu einem
Absoluten durch jene Vermischung erhoben. Es ist nicht
das praktische Interesse, eine Tautologie zu produzieren,
und um dieser müßigen Form willen, die doch ihre einzige
Kraft ist, würde nicht so viel Aufhebens von der praktischen Vernunft gemacht; durch Vermischung der absoluten

Form aber mit der bedingten Materie wird unversehens dem Unreellen, Bedingten des Inhalts die Absolutheit der Form untergeschoben, und in dieser Verkehrung und Taschenspielerei liegt der Nerv dieser praktischen Gesetzgebung der reinen Vernunft; dem Satze, das Eigentum ist Eigentum, wird an statt seiner wahrhaften Bedeutung: die Identität, welche dieser Satz in seiner Form ausdrückt, ist absolut, die Bedeutung untergeschoben: die Materie desselben, nämlich das Eigentum ist absolut, und sofort kann jede Bestimmtheit zur Pflicht gemacht werden. Die Willkür hat die Wahl unter entgegengesetzten Bestimmtheiten, und es wäre nur eine Ungeschicklichkeit, wenn zu irgend einer Handlung kein solcher Grund, der nicht mehr nur die Form eines probabeln Grundes, wie bei den Jesuiten, hat, sondern die Form von Recht und Pflicht erhält, aufgefunden werden könnte; und dieser moralische Formalismus geht nicht über die moralische Kunst der Jesuiten und die Prinzipien der Glückseligkeitslehre, welche zusammenfallen, hinaus.

Es ist hierbei wohl zu merken, daß das Aufnehmen der Bestimmtheit in den Begriff so verstanden wird, daß diese Aufnahme etwas Formelles ist, oder daß die Bestimmtheit bleiben soll, also Materie und Form sich widersprechen, deren jene bestimmt, diese unendlich ist. Würde aber der Inhalt der Form, die Bestimmtheit der Einheit wahrhaft gleichgesetzt, so würde kein praktisches Gesetzgeben statt finden, sondern nur ein Vernichten der Bestimmtheit. So ist das Eigentum selbst unmittelbar der Allgemeinheit entgegengesetzt; ihr gleichgesetzt, ist es aufgehoben. — Unmittelbar fällt diese Vernichtung der Bestimmtheit durch die Aufnahme in die Unendlichkeit, Allgemeinheit, auch dem praktischen Gesetzgeben beschwerlich; denn wenn die Bestimmtheit von der Art ist, daß sie selbst das Aufheben einer Bestimmtheit ausdrückt, so wird durch die Erhebung des Aufhebens ins Allgemeine oder ins Aufgehobensein sowohl die Bestimmtheit, die aufzuheben ist, als das Aufheben vernichtet; also wäre eine Maxime, die sich auf eine solche Bestimmtheit bezieht, die in der Allgemeinheit gedacht sich vernichtet, nicht fähig, Prinzip einer allgemeinen Gesetzge-

bung zu werden, und also unmoralisch. Oder: der Inhalt der Maxime, welcher das Aufheben einer Bestimmtheit ist, in den Begriff erhoben, widerspricht sich selbst; wird die Bestimmtheit als aufgehoben gedacht, so fällt das Aufheben derselben weg; oder aber diese Bestimmtheit soll bleiben, so ist wieder das in der Maxime gesetzte Aufheben nicht gesetzt; und die Bestimmtheit mag also bleiben / oder nicht, so ist in keinem Falle ihr Aufheben möglich. Aber eine nach dem Prinzip, weil sie sich widerspricht, unmoralische Ma-
10 xime ist, da sie die Aufhebung einer Bestimmtheit ausdrückt, absolut vernünftig, und also absolut moralisch; denn das Vernünftige ist von seiner negativen Seite die Indifferenz der Bestimmtheiten, das Aufgehobensein des Bedingten. So drückt die Bestimmtheit, den Armen zu helfen, aus die Aufhebung der Bestimmtheit, welche Armut ist; die Maxime, deren Inhalt jene Bestimmtheit ist, geprüft durch Erhebung derselben zum Prinzip einer allgemeinen Gesetzgebung, wird sich als falsch erweisen, denn sie vernichtet sich selbst. Wird es gedacht, daß den Armen allgemein geholfen
20 werde, so gibt es entweder gar keine Armen mehr; oder lauter Arme, und da bleiben keine, die helfen können; und so fiele in beiden Fällen die Hilfe weg; die Maxime also als allgemein gedacht hebt sich selbst auf; sollte aber die Bestimmtheit, welche die Bedingung des Aufhebens ist, nämlich die Armut bleiben, so bleibt die Möglichkeit der Hilfe; aber als Möglichkeit, nicht als Wirklichkeit, wie die Maxime aussagt; wenn Armut bleiben soll, damit die Pflicht, Armen zu helfen, ausgeübt werden könne, so wird durch jenes Bestehenlassen der Armut unmittelbar die Pflicht nicht er-
30 füllt. So die Maxime, sein Vaterland gegen Feinde mit Ehre zu verteidigen, und unendliche mehr, heben sich als Prinzip einer allgemeinen Gesetzgebung gedacht auf; denn jene z. B. so erweitert, hebt sowohl die Bestimmtheit eines Vaterlandes, als der Feinde, und der Verteidigung auf.

So wenig die Einheit die reine negative Bedeutung des bloßen Aufhebens der Bestimmtheiten hat, eben so wenig ist sie die wahrhafte Einheit der Anschauung, oder die positive Indifferenz der Bestimmtheiten; und die Vergleichung mit dieser wird das verkehrte Wesen jener Einheit von einer

andern Seite klarer machen. Jene Einheit der praktischen
Vernunft nämlich ist wesentlich mit einer Differenz affiziert, es sei, daß sie als das Fixieren einer Bestimmtheit gesetzt wird, so sind durch diese unmittelbar andere ausgeschlossen, negativ gesetzt; oder als analytischer Satz, so widerspricht die Identität desselben, diese seine Form seinem
Inhalt. Was auch so gefaßt werden kann, er widerspricht als
Satz mit seinem Inhalt der Anforderung an den Satz, ein
Urteil zu sein; es sollte etwas mit dem Satze gesagt sein,
aber mit dem identischen Satz ist nichts gesagt, denn er ist
kein Urteil, weil das Verhältnis des Subjekts zum Prädikat
bloß formell, und gar keine Differenz derselben gesetzt ist.
Oder die Einheit werde als Allgemeinheit genommen, so hat
sie vollends ganz auf eine empirische Mannigfaltigkeit Beziehung, und die Bestimmtheit wird als gegenwärtige einer
unendlichen Menge empirisch anderer entgegengesetzt. Die
Einheit der Anschauung hingegen ist die Indifferenz der Bestimmtheiten, welche ein Ganzes ausmachen, nicht ein Fixieren derselben als abgesonderter und entgegengesetzter, /
sondern ein Zusammenfassen und Objektivieren derselben;
und hiermit, da diese Indifferenz und die differenten Bestimmtheiten schlechthin vereinigt sind, ist sie keine Trennung — jener als Möglichkeit, dieser als Wirklichkeiten, oder
dieser selbst, teils als möglicher teils als wirklicher, sondern
absolute Gegenwart. Und in dieser Kraft der Anschauung
und Gegenwart liegt die Kraft der Sittlichkeit überhaupt,
und natürlich auch der Sittlichkeit im besondern, um welche es jener gesetzgebenden Vernunft zunächst zu tun, und
von welcher vielmehr gerade jene Form des Begriffes, der
formalen Einheit und der Allgemeinheit schlechthin abzuhalten ist; denn diese ist es gerade, durch welche das Wesen
der Sittlichkeit unmittelbar aufgehoben wird, indem sie
das, was sittlich notwendig ist, dadurch, daß sie es in dem
Gegensatz gegen anderes erscheinen läßt, zu einem Zufälligen macht; Zufälliges aber in der Sittlichkeit, und das Zufällige ist eins mit dem empirisch Notwendigen, ist unsittlich. Ein Schmerz, der ist, wird durch die Kraft der Anschauung aus der Empfindung, in welcher er ein Akzidens
und ein Zufälliges ist, in die Einheit, und in die Gestalt

eines Objektiven und für sich seienden Notwendigen erhoben, und durch diese unmittelbare Einheit, die nicht links und rechts an Möglichkeiten, welche die formale Einheit herbeiführt, denkt, in seiner absoluten Gegenwart erhalten, aber durch die Objektivität des Anschauens und die Erhebung in diese Einheit des Fürsichseins vom Subjekt wahrhaft abgetrennt, und im fixen Anschauen derselben ideell gemacht; da er hingegen, durch die Einheit der Reflexion mit andern Bestimmtheiten verglichen, oder als ein Allgemeines gedacht, und nicht allgemein gefunden, auf beide Art zufällig gemacht wird, und dadurch das Subjekt sich bloß in seiner Zufälligkeit und Besonderheit erkennt, welche Erkenntnis die Empfindsamkeit und die Unsittlichkeit der Ohnmacht ist. Oder wenn das Sittliche sich auf Verhältnisse von Individuen zu Individuen bezieht, so ist es die reine Anschauung und Idealität, die z. B. in dem Vertrauen eines Depositums ist, welche fest zu halten und von welcher die Einmischung der formalen Einheit und des Gedankens der Möglichkeit anderer Bestimmungen abzuhalten ist; der Ausdruck jener Einheit der Anschauung: ein mir vertrautes Eigentum eines Andern ist das mir vertraute Eigentum eines Andern und sonst nichts anders, hat eine ganz andere Bedeutung, als die allgemein ausdrückende Tautologie der praktischen Gesetzgebung: ein fremdes mir vertrautes Eigentum ist ein fremdes mir vertrautes Eigentum; denn diesem Satze steht eben so gut der andere gegenüber: ein mir vertrautes Nichteigentum des Andern ist Nichteigentum des Andern; das heißt eine Bestimmtheit, welche in den Begriff erhoben wird, ist dadurch ideell, und es kann eben so gut die ihr entgegengesetzte gesetzt werden. Hingegen der Ausdruck der Anschauung enthält ein: dieses; eine lebendige Beziehung und absolute Gegenwart, mit welcher die Möglichkeit selbst schlechthin / verknüpft und eine davon getrennte Möglichkeit, oder ein Anderssein schlechthin vernichtet ist, als in welchem möglichen Anderssein die Unsittlichkeit liegt.

Wenn nun die Einheit der praktischen Vernunft auch nicht diese positive Einheit der Anschauung wäre, sondern allein die negative Bedeutung hätte, das Bestimmte zu vernichten, so würde sie rein das Wesen der negativen Vernunft, oder der Unendlichkeit, des absoluten Begriffs ausdrücken. Aber weil die Unendlichkeit fixiert und vom Absoluten abgesondert wird, so zeigt sie sich in ihrem Wesen, das Gegenteil ihrer selbst zu sein, und äfft die Reflexion, die sie festhalten, und eine absolute Einheit in ihr ergreifen will, dadurch, daß sie schlechthin auch das Gegenteil davon, eine Differenz und Vielheit herbeiführt und so zwischen diesem Gegensatz, der sich unendlich reproduziert, nur eine relative Identität erlaubt, und also selbst als Unendlichkeit das Gegenteil ihrer selbst, absolute Endlichkeit ist. Und indem sie so isoliert wird, ist sie selbst nur die kraftlose, von der wahrhaft vernichtenden Macht der Vernunft verlassene Form, welche die Bestimmtheiten in sich aufnimmt, und beherbergt, ohne sie zu vernichten, sondern sie im Gegenteil verewigt.

Von der dargestellten Entgegensetzung, dem Fixieren derselben als einer Realität und ihrer unvollständigen Verknüpfung als einer relativen Identität ist es, daß die neuere Bestimmung des Begriffs des Naturrechts, und seines Verhältnisses in der ganzen Wissenschaft des Sittlichen, abhängt; und wir müssen das bisher allgemein Auseinandergesetzte in dieser nähern Beziehung betrachten, wie die einmal gesetzte unüberwindliche Trennung in der Wissenschaft des Naturrechts auf ihre eigentümliche Art erscheint.

Der absolute Begriff, welcher das Prinzip der Entgegensetzung und die Entgegensetzung selbst ist, stellt sich, der fixiert ist, in der Trennung so dar, daß er als reine Einheit sich entgegengesetzt ist als Vielheit; so daß er sowohl unter der Form der reinen Einheit, als der reinen Vielheit der absolute Begriff bleibe, also in der Form der Vielheit nicht eine Mannigfaltigkeit von verschieden bestimmten Begriffen, sondern wie unter die Einheit, so auch unter die Vielheit subsumiert sei; in vielen bestimmten Begriffen subsumiert er, und ist nicht ein Vieles, sondern Eines. Der absolute Begriff, als selbst eine Vielheit, ist eine Menge von Subjekten; und diesen ist er in der Form der reinen Einheit, als absolute Quantität, gegen dieses sein qualitatives Gesetztsein entgegengesetzt. Es ist also beides gesetzt, ein inneres

Einssein der Entgegengesetzten, das das Wesen beider, der absolute Begriff, ist, und ein Getrenntsein desselben unter der Form der Einheit, in welcher er Recht und Pflicht ist, und unter der Form der Vielheit, in welcher er denkendes und wollendes Subjekt ist. Jene erste Seite, nach welcher das Wesen des Rechts und der Pflicht, und das Wesen des denkenden und wollenden Subjekts schlechthin Eins sind, ist – wie im allgemeinen die höhere Abstraktion der Unendlichkeit – die große Seite der Kantischen und Fichte-
10 schen Philosophie; aber sie ist diesem Einssein nicht getreu ge/blieben, sondern, indem sie zwar dasselbe als das Wesen und als das Absolute anerkennt, setzt sie die Trennung in Eines und Vieles eben so absolut, und eins mit gleicher Würde neben das andere; hierdurch ist es sowohl nicht das positive Absolute, was das Wesen von beiden ausmachte, und worin sie eins wären, sondern das negative, oder der absolute Begriff; als auch wird jenes notwendige Einssein formal, und die beiden entgegengesetzten Bestimmtheiten als absolut gesetzt, fallen hiermit in ihrem Bestehen unter
20 die Idealität, die insofern die bloße Möglichkeit beider ist; es ist möglich, daß Recht und Pflicht unabhängig, als ein Besonderes, getrennt von den Subjekten, und die Subjekte getrennt von jenem, Realität haben; es ist aber auch möglich, daß beides verknüpft sei. Und es ist absolut notwen-
dig, daß diese beiden Möglichkeiten besonders seien, und unterschieden werden, so daß jede eine eigene Wissenschaft gründe; die eine, welche das Einssein des reinen Begriffs und der Subjekte, oder die Moralität der Handlungen, die andere, welche das Nichteinssein, oder die Legalität be-
30 treffe; und zwar so, daß wenn in dieser Trennung des Sitt-
lichen in Moralität und Legalität diese beiden bloße Mög-
lichkeiten werden, eben darum beide gleich positiv sind. Die eine ist für die andere zwar negativ; aber so sind beide; es ist nicht die eine das absolute Positive, die andere absolut das Negative; sondern jede ist beides in der Relation auf-
einander, und dadurch, daß vors erste beide nur relativ po-
sitiv sind, ist weder die Legalität noch die Moralität absolut positiv oder wahrhaft sittlich; und dann weil beide, eine so positiv ist als die andere, sind beide absolut notwendig, und

die Möglichkeit, daß der reine Begriff und das Subjekt der Pflicht und des Rechtes nicht Eins seien, muß unabänderlich und schlechthin gesetzt werden.

Die Grundbegriffe des Systems der Legalität ergeben sich hieraus unmittelbar auf folgende Weise: Es ist Bedingung des reinen Selbstbewußtseins, — und dies reine Selbstbewußtsein, Ich, ist das wahre Wesen und das Absolute; dessen ungeachtet aber ist es bedingt, und seine Bedingung ist, daß es zu einem reellen Bewußtsein fortgeht, — welche in diesem Verhältnis des Bedingtseins gegeneinander sich schlechthin entgegengesetzt bleiben; jenes reine Selbstbewußtsein, die reine Einheit, oder das leere Sittengesetz, die allgemeine Freiheit aller, ist dem realen Bewußtsein, d. i. dem Subjekt, dem Vernunftwesen, der einzelnen Freiheit entgegengesetzt; was auf eine populärere Weise Fichte als die Voraussetzung ausdrückt, daß Treu und Glauben verloren gehe; und auf diese Voraussetzung wird ein System gegründet, durch welches, ungeachtet der Trennung des Begriffs und des Subjekts der Sittlichkeit, aber eben darum nur formell und äußerlich — und dieses Verhältnis heißt der Zwang — beide vereinigt werden sollen. Indem hiermit diese Äußerlichkeit des Einsseins / schlechthin fixiert und als etwas absolutes Ansichseiendes gesetzt ist, so ist die Innerlichkeit, die Wiederaufbauung des verlornen Treue und Glaubens, das Einssein der allgemeinen und der individuellen Freiheit, und die Sittlichkeit unmöglich gemacht.

In dem Systeme einer solchen Äußerlichkeit — und wir beziehen uns hierbei auf die Fichtesche als die konsequenteste Darstellung, die am wenigsten formal ist, sondern wirklich ein konsequentes System versucht, das nicht der ihm fremden Sittlichkeit und Religion bedürfte — kann, wie in allem von Bedingtem zu Bedingtem Fortschreitenden, entweder kein Unbedingtes aufgezeigt werden, oder wenn ein solches gesetzt wird, so ist es die formale Indifferenz, welche das bedingte Differente außer sich hat, Wesen ohne Form, Macht ohne Weisheit, Quantität ohne innre Qualität oder Unendlichkeit, Ruhe ohne Bewegung.

Die oberste Aufgabe bei der mit mechanischer Notwendigkeit wirkenden Veranstaltung, daß die Wirksamkeit je-

des einzelnen durch den allgemeinen Willen gezwungen werde, ist, wie dieser allgemeine Wille notwendig in den Subjekten, welche dessen Organe und Verwalter sind, reell sei;
eine Aufgabe, welcher die Entgegensetzung des einzelnen
Willens gegen den allgemeinen Willen vorausgesetzt ist; das
Einssein mit dem allgemeinen Willen kann hiermit nicht als
innere absolute Majestät aufgefaßt und gesetzt werden, sondern als etwas, das durch ein äußeres Verhältnis oder Zwang
hervorgebracht werden soll. Es kann aber hier in der Reali-
10 tät in dem zu setzenden Progressus des Zwingens und Auf-
sehens nicht in unendliche Reihen fortgegangen und von
dem Reellen zum Ideellen übergesprungen werden; es muß
ein höchster positiver Punkt sein, von dem das Zwingen
nach dem Begriffe der allgemeinen Freiheit anfängt; aber
dieser Punkt muß wie alle andere[n] Punkte dazu gezwungen werden, daß er so nach dem Begriffe der allgemeinen
Freiheit zwingt; ein Punkt, der in diesem allgemeinen Systeme des Zwangs nicht gezwungen würde, träte aus dem
Prinzip, und wäre transzendent. Die Frage ist also nun, wie
20 dieser höchste Wille eben so durch Zwang und Aufsehen
dem Begriff des allgemeinen Willens gemäß werde; und also das System ganz immanent und transzendental bleibe.
Dies könnte nicht anders geschehen, als daß die Macht des
Ganzen an die beiden Seiten, die einander gegenüber stehen, verteilt sei, so daß das Regierte von der Regierung und
die Regierung von dem Regierten gezwungen werden. Ist
die Macht und hiermit der mögliche Zwang von beiden Seiten in ungleicher Stärke gesetzt, so wird, um so viel der eine
Teil mehr Gewalt hat als der andere oder um den Über-
30 schuß beider, nur ein Teil und nicht der entgegengesetzte
gezwungen, was nicht sein soll. Aber eigentlich ist der über-
mächtige allein der mächtige, denn daß etwas Grenze für
das andere sei, muß es ihm gleich sein; der schwächere ist
daher keine Grenze für denselben; beide müssen also mit
gleicher Gewalt gegenseitig / gezwungen werden und sich
zwingen. Allein wenn auf diese Weise Aktion und Reaktion, Stand und Widerstand gleich stark sind, so reduziert
sich die beiderseitige Gewalt aufs Gleichgewicht, es ist hiermit alle Tätigkeit, Willensäußerung und Handeln aufgeho-

ben; die Reduktion werde positiv oder negativ gedacht, daß die Aktion und Reaktion als seiend, wirkend, oder daß sie negativ gesetzt und das Gleichgewicht dadurch ist, daß so wenig ein Agieren als ein Reagieren vorhanden sei. Diesem Tode dadurch aufhelfen wollen, daß das unmittelbare Gegenüberstehen in einen Kreis von Wirkungen ausgedehnt, und so scheinbar die Mitte der Berührung und der Punkt, worin die Reduktion der Entgegengesetzten erscheint, durch das täuschende Leerlassen dieser Mitte aufgehoben werde, ist eben so wenig eine wahre Auskunft. Gegen die von der 10 obersten Gewalt durch ihre Verzweigungen niedersteigende Hierarchie des Zwangs bis zu allen Einzelheiten soll von diesen wieder eine eben solche Pyramide in die Höhe sich zu einer obersten Spitze des Gegendrucks gegen die niedersteigende empor heben, und sich so das Ganze in einem Kreise krümmen, worin die Unmittelbarkeit der Berührung verschwände, die Kräfte, insofern sie Masse machen, auseinander gehalten, und durch Zwischenglieder jene künstliche Differenz hervorgebracht würde, und so kein Glied unmittelbar auf dasjenige, von welchem es bewegt wird, rück- 20 wirken (als wodurch die Reduktion aufs Gleichgewicht entsteht), sondern immer auf ein anderes, als das ist, von dem es bewegt wird, daß so das erste das letzte und dieses letzte wieder jenes erste bewegte. Aber ein solches perpetuum mobile, dessen Teile in der Reihe herum sich alle bewegen sollen, setzt sich, statt sich zu bewegen, sogleich in vollkommenes Gleichgewicht, und wird ein vollkommenes perpetuum quietum, denn Druck und Gegendruck, Zwingen und Gezwungenwerden, ist sich vollkommen gleich, und stehen sich eben so unmittelbar gegenüber und bewir- 30 ken eben die Reduktion der Kräfte, wie in der ersten Vorstellung; die reine Quantität läßt sich durch eine solche Mittelbarkeit nicht täuschen, durch welche in sie durchaus keine Differenz oder wahre Unendlichkeit und Form gebracht ist, sondern sie bleibt wie vorhin eine völlig unzertrennte reine gestaltlose Macht. Es ist auf diese Weise gegen die Macht, daß sie dem Begriffe der allgemeinen Freiheit gemäß sei, kein Zwang möglich, denn es ist außer ihr keine Gewalt aufzufinden, und in sie selbst keine Trennung zu setzen.

Um deswillen wird denn zu einer ganz formellen Unterscheidung geflüchtet; die wirkliche Gewalt wird allerdings als Eine und in der Regierung vereinigt gesetzt; was aber ihr gegenüber gestellt wird, ist die mögliche Gewalt, und diese Möglichkeit soll als solche jene Wirklichkeit zu zwingen vermögend sein. Dieser zweiten gewaltlosen Existenz des gemeinsamen Willens soll nämlich die Beurteilung zukommen, ob die Gewalt den erstern, welchem sie verbunden ist, verlassen, ob die / Gewalt nicht mehr dem Begriff der allgemeinen Freiheit gemäß sei; er soll die oberste Gewalt überhaupt beaufsichtigen, und wie bei ihr ein Privatwille an die Stelle des allgemeinen tritt, ihm dieselbe entreißen, und die Art, mit welcher dies geschehen soll, soll eine absolute Wirkung habende öffentliche Erklärung der gänzlichen Nullität aller Handlungen der obersten Staatsgewalt von diesem Augenblick an sein. Daß die Gewalt sich durch eignes Urteil von selbst absondre, was die Insurrektion wäre, soll, darf nicht geschehen; denn diese reine Gewalt besteht aus lauter Privatwillen, die sich also nicht als gemeinsamer Wille konstituieren können. Aber jener zweite gemeinsame Wille ist es, der diese Menge als Gemeine, oder die reine Gewalt auch mit der Idee des allgemeinen Willens vereinigt erkläre, da er in den vorhergehenden Gewalthabern nicht mehr vorhanden ist. Welche Bestimmtheit gesetzt werde, durch die gegen die oberste Gewalt irgend etwas erzwungen werden soll, so müßte mit jener Bestimmtheit nicht die bloße Möglichkeit, sondern reelle Gewalt verbunden sein; aber da diese in den Händen der andern Repräsentation des gemeinsamen Willens ist, so ist diese vermögend, jede solche Bestimmtheit zu verhindern, und was für Verrichtungen auch dem Ephorat aufgetragen sei[e]n, das Beaufsichtigen, die öffentliche Erklärung des Interdikts, und welche Formalitäten ausgeheckt werden, zu vernichten; und zwar mit dem gleichen Rechte, als die, in deren Händen die Wirksamkeit dieser Bestimmtheit gelegt wäre, denn diese Ephoren sind nicht weniger zugleich Privatwillen als jene, und ob der Privatwille dieser sich vom allgemeinen Willen abgesondert habe, darüber kann die Regierung sowohl urteilen, als das Ephorat über sie, und zugleich dies Urteil schlechthin geltend machen. Bekanntlich hat bei einer in neuern Zeiten durch eine Regierung vorgenommenen Auflösung einer rivalisierenden und sie lähmenden gesetzgebenden Gewalt ein Mann, der selbst darein verwickelt worden war, über den Einfall, daß die Errichtung einer ähnlichen Aufsichts-Kommission, wie das Fichtesche Ephorat, eine solche Gewalttat verhindert haben würde, mit Recht geurteilt, daß ein solcher Aufsicht habender und der Regierung sich widersetzen wollender Rat eben so gewalttätig würde behandelt worden sein. — Endlich aber, wenn die obersten Gewalthaber freiwillig diesen zweiten Repräsentanten des allgemeinen Willens es gestatten wollten, die Gemeine zusammenzurufen, daß diese zwischen ihnen und den Aufsehern urteile, was wäre mit solchem Pöbel anzufangen, der auch in allem beaufsichtigt, was Privatsache ist, noch weniger ein öffentliches Leben führt, und der hiermit zum Bewußtsein des gemeinsamen Willens, und zum Handeln im Geist eines Ganzen schlechthin nicht, sondern allein zum Gegenteil gebildet ist.

Was hiermit gezeigt worden, ist, daß das Sittliche, welches nach dem Verhältnis allein gesetzt wird, oder die Äußerlichkeit und der Zwang, als Totalität gedacht sich / selbst aufhebt; es ist damit zwar erwiesen, daß der Zwang nichts Reelles, nichts an sich ist, aber dies wird noch klarer werden, wenn wir dies an ihm selbst nach seinem Begriff, und nach der Bestimmtheit, welche das Verhältnis dieser Beziehung hat, zeigen — denn daß das Verhältnis überhaupt nichts an sich ist, hat teils die Dialektik zu erweisen, teils ist es oben kurz dargestellt worden.

Von den Begriffen überhaupt, welche mit dem Zwang zusammenhängen, und eben dies Verhältnis ausdrücken, ist zum Teil schon gezeigt worden, daß sie wesenlose Abstraktionen, Gedankendinge oder Wesen der Einbildung, ohne Realität sind; es kommt vors erste die nichtige Abstraktion eines Begriffs der allgemeinen Freiheit Aller, die von der Freiheit der Einzelnen getrennt wäre, vor, alsdenn auf der andern Seite eben diese Freiheit des Einzelnen eben so isoliert; jede für sich gesetzt, ist eine Abstraktion ohne Realität; beide aber absolut identisch und dann bloß an dieser ersten zu Grunde liegenden Identität gesetzt, sind sie etwas ganz anders, als jene Begriffe, welche ihre Bedeutung allein in der Nichtidentität haben. Alsdenn soll die natürliche oder ursprüngliche Freiheit durch den Begriff der allgemeinen Freiheit sich beschränken; aber jene Freiheit, welche als beschränkbar gesetzt werden kann, ist eben darum wieder nichts Absolutes; und alsdenn ist es an sich widersprechend,

10 eine Idee zusammenzusetzen, daß mit absoluter Notwendigkeit die Freiheit des Einzelnen durch die Äußerlichkeit des Zwangs dem Begriff der allgemeinen Freiheit gemäß sei, was nichts anders heißt, als daß sich vorgestellt wird, daß das Einzelne durch etwas nicht Absolutes dem Allgemeinen doch absolut gleich sei. In dem Begriff des Zwangs selbst wird unmittelbar etwas Äußeres für die Freiheit gesetzt, aber eine Freiheit, für welche etwas wahrhaft Äußeres, Fremdes wäre, ist keine Freiheit; ihr Wesen und ihre formelle Definition ist gerade, daß nichts absolut Äußeres

20 ist.

Es ist die Ansicht der Freiheit völlig zu verwerfen, nach welcher sie eine Wahl sein soll zwischen entgegengesetzten Bestimmtheiten, so daß wenn + A und — A vorlägen, sie darin bestünde, entweder als + A oder als — A sich zu bestimmen, und an dies entweder-oder schlechthin gebunden wäre. So etwas wie diese Möglichkeit der Wahl ist schlechthin eine empirische Freiheit, welche eins ist mit der empirischen gemeinen Notwendigkeit, und schlechthin nicht von ihr trennbar. Sie ist vielmehr die Negation oder Idealität

30 tät der Entgegengesetzten, sowohl des + A als des — A, die Abstraktion der Möglichkeit, daß keins von beiden ist; ein Äußeres wäre für sie nur, insofern sie allein als + A oder allein als — A bestimmt wäre; aber sie ist gerade das Gegenteil hiervon, und nichts Äußeres für sie, und so ist für sie kein Zwang möglich.

Jede Bestimmtheit ist nach ihrem Wesen entweder + A, oder — A; und an das + A ist das — A, so wie an das — A das + A unauflöslich gekettet; sowie das Indi/viduum sich in die Bestimmtheit des + A gesetzt hat, so ist es auch an

— A gebunden, und — A ist ein Äußeres für dasselbe und nicht unter seiner Gewalt; sondern es wäre, um der absoluten Verbindung des + A mit — A, unmittelbar durch die Bestimmtheit von + A unter einer fremden Gewalt des — A, und die Freiheit, welche im Wählen bestünde, entweder sich als + A oder als — A zu bestimmen, käme aus der Notwendigkeit gar nicht heraus. Bestimmt sie sich als + A, so hat sie — A nicht vernichtet, sondern es besteht absolut notwendig als ein Äußeres für sie, und so umgekehrt, wenn sie sich als — A bestimmt. Sie ist Freiheit allein, daß sie positiv oder negativ — A mit + A vereinigt, und so aufhört, in der Bestimmtheit + A zu sein; in der Vereinigung beider Bestimmtheiten sind beide vernichtet; + A — A = 0. Wenn dieses Nichts nur relativ auf + A und — A, das indifferente A selbst als eine Bestimmtheit, und ein + oder — gegen ein anderes — oder + gedacht wird, so ist die absolute Freiheit eben so über diesen Gegensatz wie über jeden, und jede Äußerlichkeit erhaben; und schlechthin alles Zwangs unfähig, und der Zwang hat gar keine Realität.

Aber diese Idee der Freiheit scheint selbst eine Abstraktion zu sein, und wenn z. B. von einer konkreten Freiheit, der Freiheit des Individuums die Rede wäre, so würde jenes Sein einer Bestimmtheit, und damit bloße empirische Freiheit als eine Möglichkeit der Wahl, und also auch empirische Notwendigkeit und die Möglichkeit des Zwangs[,] überhaupt die Entgegensetzung der Allgemeinheit und Einzelheit gesetzt. Denn das Individuum ist eine Einzelheit, und die Freiheit ist ein Vernichten der Einzelheit; durch die Einzelheit ist das Individuum unmittelbar unter Bestimmtheiten, damit ist Äußeres für dasselbe vorhanden, und damit Zwang möglich. Aber ein anderes ist, Bestimmtheiten in das Individuum, unter der Form der Unendlichkeit, ein anderes, sie absolut in dasselbe setzen. Die Bestimmtheit unter der Form der Unendlichkeit ist damit zugleich aufgehoben; und das Individuum ist nur als freies Wesen; d. i. indem Bestimmtheiten in ihm gesetzt sind, ist es die absolute Indifferenz dieser Bestimmtheiten, und hierin besteht formell seine sittliche Natur; so wie darin, daß, insofern die Individuen überhaupt, es sei gegen sich oder etwas anders, different sind und eine Beziehung auf ein Äußeres haben, diese Äußerlichkeit selbst indifferent und eine lebendige Beziehung sei, die Organisation und hiermit, weil nur in der Organisation Totalität ist, das Positive der Sittlichkeit besteht. — Aber die Indifferenz des Individuums als Einzelnen ist in Beziehung auf das Sein der Bestimmtheiten eine negative; aber wo wirklich sein Sein als Einzelheit, d. h. eine für dasselbe positiv unüberwindliche Negation, eine Bestimmtheit, durch welche das Äußerliche als solches sich festhält, gesetzt wird, so bleibt ihm nur, aber die schlechthin negative / Absolutheit, oder die Unendlichkeit; die absolute Negation sowohl des − A als des + A oder daß es dies Einzelnsein absolut in den Begriff aufnimmt. Indem − A ein Äußeres gegen die Bestimmtheit + A des Subjekts, so ist es durch dies Verhältnis in fremder Gewalt; aber dadurch, daß es sein + A als eine Bestimmtheit eben so negativ setzen, aufheben und entäußern kann, bleibt es bei der Möglichkeit und bei der Wirklichkeit fremder Gewalt schlechthin frei. Indem es + A sowohl als − A negiert, ist es bezwungen, aber nicht gezwungen; es würde Zwang nur erleiden müssen, wenn + A in ihm absolut fixiert wäre, wodurch an dasselbe, als an eine Bestimmtheit, eine unendliche Kette andere[r] Bestimmtheiten gefesselt werden könnte. Diese Möglichkeit, von Bestimmtheiten zu abstrahieren, ist ohne Beschränkung, oder es ist keine Bestimmtheit, welche absolut ist, denn dies widerspräche sich unmittelbar; sondern die Freiheit selbst oder die Unendlichkeit ist zwar das Negative, aber das absolute, und sein Einzelnsein ist absolute in den Begriff aufgenommene Einzelheit, negativ absolute Unendlichkeit, reine Freiheit; dies negativ Absolute, die reine Freiheit, ist in ihrer Erscheinung der Tod, und durch die Fähigkeit des Todes erweist sich das Subjekt als frei und schlechthin über allen Zwang erhaben. Er ist die absolute Bezwingung; und weil sie absolut ist, oder weil in ihr die Einzelheit schlechthin reine Einzelheit wird, — nämlich nicht das Setzen eines + A, mit Ausschließung des − A, welche Ausschließung keine wahre Negation, sondern nur das Setzen des − A als eines Äußern, und zugleich des + A als einer Bestimmtheit wäre — sondern Aufhebung sowohl

des + als des −, so ist sie der Begriff ihrer selbst, also unendlich, und das Gegenteil ihrer selbst, oder absolute Befreiung, und die reine Einzelheit, die im Tode ist, ist ihr
eignes Gegenteil, die Allgemeinheit. In dem Bezwingen ist
also dadurch Freiheit, daß es rein auf die Aufhebung einer
Bestimmtheit, sowohl insofern sie positiv als insofern sie
negativ, subjektiv und objektiv gesetzt ist, nicht bloß einer
Seite derselben geht, und also an sich betrachtet sich rein
negativ hält, oder da das Aufheben selbst auch von der Reflexion positiv aufgefaßt und ausgedrückt werden kann, so
erscheint alsdenn das Aufheben beider Seiten der Bestimmtheit als das vollkommen gleiche Setzen des Bestimmten
nach seinen beiden Seiten. − Dies z. B. auf die Strafe an-
gewandt, so ist in ihr allein die Wiedervergeltung vernünftig,
denn durch sie wird das Verbrechen bezwungen; eine Bestimmtheit + A, welche das Verbrechen gesetzt hat, wird
durch das Setzen von − A ergänzt, und so beide vernichtet;
oder positiv angesehen: mit der Bestimmtheit + A wird für
den Verbrecher die entgegengesetzte − A verbunden, und
beide gleicherweise gesetzt, da das Verbrechen nur eine
setzte; so ist die Strafe Wiederherstellung der Freiheit, und
der Verbrecher sowohl ist frei geblieben, oder vielmehr frei
gemacht, als der / Strafende vernünftig und frei gehandelt
hat. In dieser ihrer Bestimmung ist also die Strafe etwas an
sich, wahrhaftig unendlich und etwas Absolutes, das hiermit seine Achtung und Furcht in sich selbst hat, sie kommt
aus der Freiheit, und bleibt selbst als bezwingend in der
Freiheit. Wenn hingegen die Strafe als Zwang vorgestellt
wird, so ist sie bloß als eine Bestimmtheit und als etwas
schlechthin Endliches, keine Vernünftigkeit in sich Führen-
des gesetzt, und fällt ganz unter den gemeinen Begriff eines
bestimmten Dinges, gegen ein anderes, oder eine Ware, für
die etwas anderes, nämlich das Verbrechen, zu erkaufen ist;
der Staat hält als richterliche Gewalt einen Markt mit Bestimmtheiten, die Verbrechen heißen und die ihm gegen
andere Bestimmtheiten feil sind, und das Gesetzbuch ist
der Preiskurant.

Aber so nichtig diese Abstraktionen und das daraus hervorgehende Verhältnis der Äußerlichkeit ist, so ist das Mo-

ment des Negativabsoluten oder der Unendlichkeit, welches in diesem Beispiel als das Verhältnis von Verbrechen und Strafe bestimmend bezeichnet ist, Moment des Absoluten selbst, und muß in der absoluten Sittlichkeit aufgezeigt werden, und wir werden das Vielgewandte der absoluten Form oder der Unendlichkeit in seinen notwendigen Momenten ergreifen, und aufzeigen, wie sie die Gestalt der absoluten Sittlichkeit bestimmen, woraus der wahre Begriff und das Verhältnis der praktischen Wissenschaften sich ergeben wird. Da es hier zunächst auf die Bestimmung dieser hierin enthaltenen Verhältnisse ankommt, und also die Seite der Unendlichkeit heraus gehoben werden muß, so setzen wir das Positive voraus, daß die absolute sittliche Totalität nichts anderes als ein Volk ist; was sich auch schon an dem Negativen, das wir hier betrachten, in den folgenden Momenten desselben klar machen wird. — In der absoluten Sittlichkeit ist nun die Unendlichkeit oder die Form als das absolut Negative nichts anders als das vorhin begriffene Bezwingen selbst in seinen absoluten Begriff aufgenommen, worin es sich nicht auf einzelne Bestimmtheiten bezieht, sondern auf die ganze Wirklichkeit und Möglichkeit derselben, nämlich das Leben selbst, also die Materie der unendlichen Form gleich ist; aber so, daß das Positive derselben das absolut Sittliche, nämlich das Angehören einem Volke ist; das Einssein mit welchem der Einzelne im Negativen, durch die Gefahr des Todes allein auf eine unzweideutige Art erweist. Durch die absolute Identität des Unendlichen oder der Seite des Verhältnisses mit dem Positiven gestalten sich die sittlichen Totalitäten, wie die Völker sind, konstituieren sich als Individuen, und stellen sich hiermit als einzeln gegen einzelne Völker; diese Stellung und Individualität ist die Seite der Realität, ohne diese gedacht sind sie Gedankendinge; es wäre die Abstraktion des Wesens ohne die absolute Form, welches Wesen eben dadurch wesenlos wäre. Diese Beziehung von Individualität zu Individualität ist ein Verhältnis, und darum eine gedoppelte; die eine die positive, das ruhige gleiche / Nebeneinanderbestehen beider im Frieden; die andere die negative, das Ausschließen einer durch die andere, und beide Beziehungen sind absolut notwendig. Für die zweite haben wir das vernünftige Verhältnis als ein in seinen Begriff aufgenommenes Bezwingen begriffen, oder als absolute formale Tugend, welche die Tapferkeit ist. Es ist durch diese zweite Seite der Beziehung für Gestalt und Individualität der sittlichen Totalität die Notwendigkeit des Krieges gesetzt, der, weil in ihm die freie Möglichkeit ist, daß nicht nur einzelne Bestimmtheiten, sondern die Vollständigkeit derselben als Leben vernichtet wird, und zwar für das Absolute selbst oder für das Volk, eben so die sittliche Gesundheit der Völ- 10 ker in ihrer Indifferenz gegen die Bestimmtheiten und gegen das Angewöhnen und Festwerden derselben erhält, als die Bewegung der Winde die Seen vor der Fäulnis bewahrt, in welche sie eine dauernde Stille, wie die Völker ein dauernder, oder gar ein ewiger Frieden versetzen würde.

Dem soeben betrachteten Negativen der Unendlichkeit, weil die Gestalt der sittlichen Totalität und die Individualität derselben als eine Einzelheit nach außen, und dieser ihre Bewegung als Tapferkeit bestimmt ist, ist die andere Seite unmittelbar verbunden; nämlich das Bestehen des 20 Gegensatzes; eine ist Unendlichkeit, negativ, wie die andere; die erste ist die Negation der Negation, die Entgegensetzung gegen die Entgegensetzung; die zweite die Negation und Entgegensetzung selbst in ihrem Bestehen als Bestimmtheiten oder mannigfaltige Realität. Diese Realitäten in ihrer reinen innern Formlosigkeit und Einfachheit, oder die Gefühle, sind im Praktischen aus der Differenz sich rekonstruierende und aus dem Aufgehobensein des differenzlosen Selbstgefühls, durch eine Vernichtung der Anschauungen hindurchgehende und sich wiederherstellende Ge- 30 fühle; physische Bedürfnisse und Genüsse, die für sich wieder in der Totalität gesetzt, in ihren unendlichen Verwicklungen Einer Notwendigkeit gehorchen, und das System der allgemeinen gegenseitigen Abhängigkeit in Ansehung der physischen Bedürfnisse, und der Arbeit und Anhäufung für dieselbe[n], und dieses als Wissenschaft das System der sogenannten politischen Ökonomie bilden. Da dieses System der Realität ganz in der Negativität und in der Unendlichkeit ist, so folgt für sein Verhältnis zu der positiven

Totalität, daß es von derselben ganz negativ behandelt werden, und seiner Herrschaft unterworfen bleiben muß; was
seiner Natur nach negativ ist, muß negativ bleiben, und
darf nicht etwas Festes werden. Um zu verhindern, daß es
sich nicht für sich konstituiere, und eine unabhängige Macht
werde, ist es nicht genug, die Sätze aufzustellen, daß jeder
das Recht habe, zu leben, daß in einem Volke das Allgemeine dafür sorgen müsse, daß jeder Bürger sein Auskom-
men habe, und daß eine vollkommene Sicherheit und Leich-
tigkeit des Erwerbes vorhanden sei; dieses letzte als absoluter Grundsatz gedacht, schlösse viel/mehr eine negative Behandlung des Systems des Besitzes aus, und ließe es vollkommen gewähren, und sich absolut festsetzen; aber vielmehr muß das sittliche Ganze es in dem Gefühl seiner innern Nichtigkeit erhalten, und sein Emporschießen in Beziehung auf die Quantität, und die Bildung zu immer grö-
ßerer Differenz und Ungleichheit, als worauf seine Natur
geht, hindern; was auch in jedem Staate, mehr bewußtlos
und in der Gestalt einer äußern Naturnotwendigkeit, der er
überhoben zu sein sich selbst wünschte, durch immer grö-
ßern, mit dem Wachstum des Systems des Besitzes wachsenden Aufwand des Staats selbst, und dem gemäß steigen-
de Auflagen und also Verminderung des Besitzes und Er-
schwerung des Erwerbens, am meisten durch den Krieg,
der was dahin geht in mannigfaltige Verwirrung bringt, so
wie durch Eifersucht anderer Stände, und Bedrückung des
Handels, teils mit Willen, teils wider ihren Willen durch Un-
verstand u.s.w., bis auf solche Grade bewirkt wird, in welchen die positive Sittlichkeit des Staats selbst, die Unabhängigkeit von dem rein reellen Systeme, und die Behauptung der negativen und einschränkenden Haltung erlaubt.

Die Realität in der Beziehung, in der sie soeben betrachtet worden ist, und von der physisches Bedürfnis, Genuß,
Besitz, und die Objekte des Besitzes und Genusses verschiedene Seiten sind, ist reine Realität; sie drückt bloß die Extreme des Verhältnisses aus. Aber das Verhältnis enthält
auch eine Idealität, eine relative Identität der entgegengesetzten Bestimmtheiten; und diese kann also nicht positiv
absolut, sondern nur formal sein. Durch die Identität, in

welche das Reelle in der Beziehung der Verhältnisse gesetzt
wird, wird der Besitz Eigentum, und überhaupt die Besonderheit, auch die lebendige, zugleich als ein Allgemeines bestimmt; wodurch die Sphäre des Rechts konstituiert ist. —
Was nun den Reflex des Absoluten in diesem Verhältnis
betrifft, so ist er schon oben nach seiner negativen Seite gegen das Bestehen des Reellen und Bestimmten, als ein Bezwingen bestimmt worden; nach der positiven Seite für das
Bestehen des Reellen kann die Indifferenz in diesem bestimmten Stoffe sich nur als eine äußere, formale Gleichheit ausdrücken; und die Wissenschaft, die sich hierauf bezieht, kann nur darauf gehen, teils die Abstufungen der Ungleichheit, teils damit dies möglich sei, die Art zu bestimmen, wie ein Lebendiges, oder Inneres überhaupt so objektiv und äußerlich zu setzen ist, damit es jener Bestimmung
und Berechnung fähig sei. Auf diese oberflächliche Erscheinung ist die absolute Realität der Sittlichkeit in dieser Potenz durch das Bestehen der im Gegensatz vorhandenen
Realität eingeschränkt. Nicht nur hat um der fixierten Bestimmtheit willen, welche eine absolute Entgegensetzung
in sich schließt, das Gleichsetzen und die Berechnung der
Ungleichheit ihre Grenzen, und stößt wie die Geometrie
auf Inkommensurabilität, sondern, weil sie ganz in der Bestimmtheit, und doch nicht wie / die Geometrie abstrahieren kann, sondern schlechthin, da sie in lebendigen Verhältnissen ist, immer ganze Konvolute solcher Bestimmtheiten
vor sich hat, auch schlechthin auf endlose Widersprüche.
Diesem Widersprechen der Bestimmtheiten wird allerdings
bei einer Anschauung durch Festsetzen und Festhalten an
einzelnen Bestimmtheiten abgeholfen und ein Ende gemacht, als wodurch eine Entscheidung erfolgen kann; was
noch immer besser ist, als daß keine erfolgt, denn weil in
der Sache selbst nichts Absolutes ist, so ist eigentlich das
Formelle, daß überhaupt entschieden und bestimmt wird,
das Wesentliche; aber ein ganz anderes ist, daß nach wahrhafter totaler Gerechtigkeit und Sittlichkeit auf diese Weise entschieden werde, welche gerade durch das Festsetzen
und absolute Festhalten an den Bestimmtheiten unmöglich, allein in der Konfusion derselben möglich, und durch

unmittelbare sittliche Anschauung wirklich ist, welche die als absolut gesetzten Bestimmtheiten unterjocht, und allein das Ganze festhält. – Es ist, sagt Plato in seiner einfachen Sprache über die beiden Seiten des endlosen Bestimmens der unendlichen Aufnahme der Qualitäten in den Begriff, und des Widerspruchs ihrer Einzelheit gegen die Anschauung und dabei unter sich, es ist klar, daß zu der königlichen Kunst die Gesetzgebungskunst gehört; das beste aber ist, nicht daß die Gesetze gelten, sondern der Mann, der weise und königlich ist, weil das Gesetz nicht vermag, das, was aufs genauste und ganz allgemein das Vortrefflichste und Gerechteste wäre, vollkommen vorzuschreiben; weil die Ungleichheiten der Menschen und der Handlungen, und das niemals Ruhehalten der menschlichen Dinge nichts sich selbst Gleiches bei keiner Sache über alle Seiten derselben und für alle Zeit in keiner Kunst darzustellen erlauben. Das Gesetz aber sehen wir gerade auf ein und dasselbe sich hinrichten, wie ein eigensinniger und roher Mensch, der nichts gegen seine Anordnung geschehen noch auch von jemand sich darüber fragen läßt, wenn einem etwas Anderes, Besseres vorkommt gegen das Verhältnis, das er festgesetzt hat; . . . es ist also unmöglich, daß für das nie sich selbst Gleiche das sich durchaus selbst Gleiche gut sei. – Daß an dem Gedanken, es sei in dieser Sphäre der menschlichen Dinge an sich seiendes und absolutes bestimmtes Recht und Pflicht möglich, festgehangen wird, kommt von der formalen Indifferenz, oder dem negativ Absoluten, welches in der fixen Realität dieser Sphäre allein Platz hat, und welches allerdings an sich ist; aber insofern es an sich ist, ist es leer, oder es ist an ihm nichts Absolutes, als gerade die reine Abstraktion, der völlig inhaltlose Gedanke der Einheit. Es ist nicht etwa ein Schluß aus bisheriger Erfahrung, noch ist es als zufällige Unvollkommenheit des Konkreten und der Ausführung einer apriori wahrhaften Idee zu betrachten, sondern es ist zu erkennen, daß, was hier Idee genannt wird und eine Hoffnung auf bessere Zukunft hierüber, an sich nichtig, und daß eine vollkommene Gesetzgebung, so wie eine der / Bestimmtheit der Gesetze entsprechende wahrhafte Gerechtigkeit im Konkreten der richterlichen Gewalt an sich unmöglich ist. Was jenes betrifft, so ist das Absolute, weil es in den Bestimmtheiten als solchen sein soll, nur das Unendliche, und es ist eben dieselbe empirische Unendlichkeit, und an sich endlose Bestimmbarkeit gesetzt, welche in dem Gedanken einer Vergleichung eines bestimmten Maßes mit einer absolut unbestimmten Linie, oder einer bestimmten Linie mit einem absolut unbestimmten Maße, des Messens einer unendlichen Linie, oder des absoluten Teilens einer bestimmten Linie gesetzt ist. Was das andere betrifft, so werden von den ebenfalls unendlich vielen und unendlich verschieden geformten Anschauungen, welche der Gegenstand des Richterlichen sind, jede mit der wachsenden Menge von Bestimmungen vielfacher bestimmt; jene Bildung von Unterscheidungen durch die Gesetzgebung macht jede einzelne Anschauung unterscheidbar und gebildeter, und die Ausdehnung der Gesetzgebung ist nicht eine Annäherung zum Ziele einer positiven Vollkommenheit, die hier, wie oben gezeigt, keine Wahrheit hat, sondern nur das Formale der zunehmenden Bildung. Und damit nun in dieser Mannigfaltigkeit das Eins der richterlichen Anschauung des Rechts und des Urteils sich organisiere, ein wahrhaftes Eins und Ganzes werde, ist absolut notwendig, daß jede einzelne der Bestimmtheiten modifiziert, d. h. eben als eine absolute, für sich seiende, für was sie sich als Gesetz ausspricht, zum Teil aufgehoben, also ihr Absolutsein nicht respektiert werde; und von einer reinen Anwendung kann nicht die Rede sein, denn eine reine Anwendung wäre das Setzen einzelner Bestimmtheiten mit Ausschließung anderer; aber durch ihr Sein machen diese eben so die Anforderung, daß sie bedacht werden, damit die Gegenwirkung nicht durch Teile, sondern durch das Ganze bestimmt selbst ein Ganzes sei. Dieser klaren und bestimmten Erkenntnis muß die leere Hoffnung und der formale Gedanke sowohl einer absoluten Gesetzgebung, als eines dem Innern des Richters entzogenen Rechtsprechens unterliegen.

Es ist bei dem betrachteten System der Realität gezeigt worden, daß die absolute Sittlichkeit sich negativ gegen dasselbe verhalten müsse; in demselben ist das Absolute, wie es unter der fixen Bestimmtheit desselben erscheint, als

Negativabsolutes, als Unendlichkeit gesetzt, die sich gegen
den Gegensatz als formale, relative, abstrakte Einheit darstellt; in jenem negativen Verhalten feindlich, in diesem
selbst unter seiner Herrschaft; in keinem indifferent gegen
dasselbe. Aber die Einheit, welche Indifferenz der Entgegengesetzten ist, und sie in sich vernichtet und begreift,
und die Einheit, welche nur formale Indifferenz, oder die
Identität des Verhältnisses bestehender Realitäten ist, müssen selbst schlechthin als Eines sein, durch vollkommene
10 Aufnahme des Verhältnisses in die Indifferenz selbst. Das
heißt, das absolute Sittliche muß sich als Gestalt, denn das
Verhältnis ist die Abstraktion der Seite der Gestalt, voll-/
kommen organisieren. Indem das Verhältnis in der Gestalt
schlechthin indifferenziert wird, hört es nicht auf, die Natur des Verhältnisses zu haben; es bleibt ein Verhältnis der
* organischen zur unorganischen Natur. Aber, wie oben gezeigt, ist das Verhältnis, als Seite der Unendlichkeit, selbst
ein gedoppeltes; das einemal insofern die Einheit oder das
Ideelle, das andremal insofern das Viele oder das Reelle das
20 Erste und Herrschende ist. Nach jener Seite ist es eigentlich
in der Gestalt, und in der Indifferenz; und die ewige Unruhe des Begriffs oder der Unendlichkeit ist teils in der Organisation selbst, sich selbst aufzehrend, und die Erscheinung des Lebens, das rein Quantitative, hingebend, daß es
als sein eignes Samenkorn aus seiner Asche ewig zu neuer
Jugend sich emporhebe; teils seine Differenz nach außen
ewig vernichtend, und vom Unorganischen sich nährend,
und es produzierend, aus der Indifferenz eine Differenz,
oder ein Verhältnis einer unorganischen Natur hervorru-
30 fend, und dasselbe wieder aufhebend, und sie wie sich selbst
verzehrend; wir werden gleich sehen, was diese unorganische Natur des Sittlichen ist. Aber zweitens ist in dieser
Seite des Verhältnisses oder der Unendlichkeit auch das
Bestehen des Vernichteten gesetzt, denn eben da der absolute Begriff das Gegenteil seiner selbst ist, ist mit seiner
reinen Einheit und Negativität auch das Sein der Differenz
gesetzt; oder das Vernichten setzt etwas, was es vernichtet,
oder das Reelle; und so wäre eine für die Sittlichkeit unüberwindliche Wirklichkeit und Differenz; die Individuali-

tät, welche durch den Sitz, den die Unendlichkeit hier in der ganzen Kraft ihres Gegensatzes aufgeschlagen hat, und nicht bloß der Möglichkeit nach, sondern **actu**, der Wirklichkeit nach im Gegensatze ist, vermöchte nicht sich von der Differenz zu reinigen, und in die absolute Indifferenz sich aufzunehmen. Daß beides, das Aufgehobensein des Gegensatzes und das Bestehen desselben, nicht nur ideell, sondern auch reell sei, ist überhaupt das Setzen einer Abtrennung und Aussonderung, so daß die Realität, in welcher die Sittlichkeit objektiv ist, geteilt sei in einen Teil, wel- 10
cher absolut in die Indifferenz aufgenommen ist, und in einen, worin das Reelle als solches bestehend, also relativ identisch ist und nur den Widerschein der absoluten Sittlichkeit in sich trägt. Es ist hiermit gesetzt ein Verhältnis der absoluten Sittlichkeit, die ganz inn[e]wohnend in den Individuen und ihr Wesen sei, zu der relativen Sittlichkeit, die ebenso in Individuen reell ist. Anders kann die sittliche Organisation in der Realität sich nicht rein erhalten, als daß die allgemeine Verbreitung des Negativen in ihr gehemmt, und auf Eine Seite gestellt sei. Wie nun in dem bestehen- 20
den Reellen die Indifferenz erscheint, und formale Sittlichkeit ist, ist oben gezeigt worden. Der Begriff dieser Sphäre *
ist das reelle Praktische, subjektiv betrachtet der Empfindung oder des physischen Bedürfnisses und Genusses, objektiv der Arbeit und des Besitzes; und dieses Praktische, wie es nach seinem Begriff geschehen kann, in die Indifferenz auf/genommen, ist die formale Einheit, oder das Recht, das in ihm möglich ist; über welchen beiden das Dritte als das Absolute oder das Sittliche ist; die Realität aber der Sphäre der relativen Einheit, oder des Praktischen und 30
Rechtlichen ist in dem Systeme seiner Totalität als eigener Stand konstituiert. So bilden nach der absoluten Notwendigkeit des Sittlichen zwei Stände — wovon der eine als Stand der Freien — das Individuum der absoluten Sittlichkeit, dessen Organe die einzelnen Individuen sind, und das von Seiten seiner Indifferenz betrachtet der absolute lebendige Geist, von Seiten seiner Objektivität die lebendige Bewegung und der göttliche Selbstgenuß dieses Ganzen in der Totalität der Individuen als seiner Organe und Glieder ist;

dessen formale oder negative Seite aber ebenso die absolute sein muß, nämlich Arbeit, die nicht auf das Vernichten einzelner Bestimmtheiten geht, sondern auf den Tod, und deren Produkt ebenso nicht Einzelnes, sondern das Sein und die Erhaltung des Ganzen der sittlichen Organisation ist. Diesem Stande weist Aristoteles als sein Geschäft das an, wofür die Griechen den Namen politeuein hatten, was in und mit und für sein Volk leben, ein allgemeines, dem Öffentlichen ganz gehöriges Leben führen ausdrückt, —
oder das Philosophieren; welche beide Geschäfte Plato nach seiner höhern Lebendigkeit nicht getrennt, sondern schlechthin verknüpft sehen will. — Alsdenn ein Stand der Nichtfreien, welcher in der Differenz des Bedürfnisses und der Arbeit, und im Rechte und der Gerechtigkeit des Besitzes und Eigentumes ist; dessen Arbeit auf die Einzelheit geht, und also die Gefahr des Todes nicht in sich schließt. Zu welchen der dritte Stand gerechnet werden muß, der in der Rohheit seiner nicht bildenden Arbeit nur mit der Erde als Element zu tun und dessen Arbeit das Ganze des Bedürfnisses im unmittelbaren Objekt ohne Zwischenglieder vor sich hat, also selbst eine gediegene Totalität und Indifferenz wie ein Element ist, hiermit sich außer der Differenz des Verstandes des zweiten Standes, seine Leiber und seinen Geist in der Möglichkeit formeller absoluter Sittlichkeit, der Tapferkeit und eines gewaltsamen Todes erhält, also den ersten Stand nach der Masse und dem elementarischen Wesen zu vermehren vermag. Diese beiden Stände überheben den ersten des Verhältnisses, in welchem die Realität teils in ihrer ruhenden, teils in ihrer tätigen Beziehung, als Besitz und Eigentum und als Arbeit fixiert ist; nach der Weise, wie auf eine zur Zeit sich hierauf beschränkende Art unter den neuern Völkern nach und nach die erwerbende Klasse aufgehört, Kriegsdienste zu tun, und die Tapferkeit sich gereinigter zu einem besondern Stande gebildet hat, der durch jene des Erwerbens überhoben, und welchem Besitz und Eigentum wenigstens etwas Zufälliges ist. Die Konstitution jenes zweiten Standes, ihrer Materie nach, bestimmt Plato so, daß die königliche Kunst diejenigen, welche der tapfern und gezügelten Sitte und welche

andere sonst zur Tugend treibt, nicht teilhaftig zu werden
ver/mögen, sondern nur dessen, was zur Gottlosigkeit, und
Übermut und Ungerechtigkeit durch seine böse gewaltsame
Natur hinstößt, durch Tod und Verbannung und die letzte
Schmach bezwingt und auswirft; daß die königliche Kunst
dagegen die Naturen, die in Rohheit und Niedrigkeit liegen, zum knechtischen Geschlechte unterjocht; und Aristoteles erkennt dasjenige dazu gehörig, was durch seine Natur
nicht sein eigen, sondern eines andern ist, was sich wie Leib
zu einem Geiste verhält.

Aber das Verhältnis dieses, was durch seine Natur eines
andern ist, und seinen Geist nicht in sich selbst hat, zu der
absolut selbständigen Individualität vermag seiner Form
nach ein gedoppeltes zu sein; nämlich entweder ein Verhältnis der Individuen dieses Standes als besondern zu den Individuen des ersten als besondern; oder von allgemeinem
zu allgemeinem. Jenes Verhältnis der Sklaverei ist in der
empirischen Erscheinung der Universalität des römischen
Reichs von selbst verschwunden; in dem Verluste der absoluten Sittlichkeit, und mit der Erniedrigung des edlen Standes sind sich die beiden vorher besondern Stände gleich geworden, und mit dem Aufhören der Freiheit hat notwendig die Sklaverei aufgehört. Indem das Prinzip der formellen Einheit und der Gleichheit geltend werden mußte, hat
es überhaupt den innern wahrhaften Unterschied der Stände aufgehoben, und vors erste nicht die obengesetzte Absonderung von Ständen, noch weniger die durch sie bedingte Form der Absonderung derselben zu Stande gebracht,
nach welcher sie unter der Form der Allgemeinheit nur als
ganzer Stand zum ganzen Stand im Verhältnisse der Herrschaft und der Abhängigkeit sind, so daß auch in diesem
Verhältnisse die beiden, die in der Beziehung sind, allgemeine bleiben; wie hingegen im Verhältnis der Sklaverei
die Form der Besonderheit die bestimmende desselben, und
nicht Stand gegen Stand, sondern diese Einheit eines jeden
Teils in der realen Beziehung aufgelöst ist, und die Einzelnen von Einzelnen abhängig sind. Das Prinzip der Allgemeinheit und Gleichheit hat sich zuerst des Ganzen so bemächtigen müssen, daß es an die Stelle einer Absonderung

eine Vermischung beider Stände setzte; in dieser Vermischung unter dem Gesetz der formalen Einheit ist in Wahrheit der erste Stand ganz aufgehoben, und der zweite zum alleinigen Volk gemacht; das Bild von welcher Veränderung Gibbon in diesen Zügen ausdrückt: der lange Friede und die gleichförmige Herrschaft der Römer führte ein langsames und geheimes Gift in die Lebenskräfte des Reichs. Die Gesinnungen der Menschen waren allmählich auf Eine Ebene gebracht, das Feuer des Genius ausgelöscht, und selbst der militärische Geist verdunstet. Der persönliche Mut blieb, aber sie besaßen nicht mehr diesen öffentlichen Mut, welcher von der Liebe zur Unabhängigkeit, dem Sinne der National-Ehre, der Gegenwart der Gefahr, und der Gewohnheit zu befehlen genährt / wird; sie empfingen Gesetze und Befehlshaber von dem Willen ihres Monarchen, und die Nachkommenschaft der kühnsten Häupter war mit dem Rang von Bürgern und Untertanen zufrieden; die höher strebenden Gemüter sammelten sich zu der Fahne der Kaiser; und die verlassenen Länder, politischer Stärke oder Einheit beraubt, sanken unmerklich in die matte Gleichgültigkeit des Privatlebens. — Mit diesem allgemeinen Privatleben, und für den Zustand, in welchem das Volk nur aus einem zweiten Stande besteht, ist unmittelbar das formale Rechtsverhältnis, welches das Einzelnsein fixiert und absolut setzt, vorhanden, und es hat sich auch die vollständigste Ausbildung der auf dasselbe sich beziehenden Gesetzgebung aus einer solchen Verdorbenheit und universellen Erniedrigung gebildet und entwickelt. Dieses System von Eigentum und Recht, das um jenes Festseins der Einzelheit willen in nichts Absolutem und Ewigem, sondern ganz im Endlichen und Formellen ist, muß reell abgesondert und ausgeschieden von dem edlen Stande, sich in einem eigenen Stande konstituieren, und hier dann in seiner ganzen Länge und Breite sich ausdehnen können. Es gehören ihm teils die für sich untergeordneten und im Formellen bleibenden Fragen über den rechtlichen Grund von Besitz, Vertrag u.s.w. an, teils aber überhaupt die ganze endlose Expansion der Gesetzgebung über, wie Plato die Rubriken dieser Dinge aufführt, „diese gerichtlichen Gegenstände der

Verträge Einzelner gegen Einzelne über Sachen oder Handarbeiten, wie auch der Injurien und Schläge, Anordnungen über Kompetenz und Bestellungen von Richtern; und wo ein Eintreiben oder Auflegen von Zöllen auf den Märkten und Häfen notwendig sei, ... als worüber schönen und guten Männern vorzuschreiben nicht würdig ist; denn sie werden das Viele, was darüber festgesetzt werden muß, von selbst leicht finden, wenn Gott ihnen den Segen einer wahrhaft sittlichen Verfassung gibt. Wo aber dies nicht der Fall ist, so erfolgt, daß sie das Leben damit zubringen, vieles dergleichen festzusetzen und zu verbessern, meinend, sie werden des besten sich endlich bemächtigen; daß sie leben wie Kranke, die aus Unenthaltsamkeit nicht aus ihrer schlechten Diät treten wollen, und durch die Heilmittel nichts bewirken, als mannigfaltigere und größere Krankheiten zu erzeugen, während sie immer hoffen, wenn jemand ihnen ein Mittel rät, von diesem gesund zu werden; eben so possierlich sind diejenigen, welche Gesetze über die angeführten Dinge geben, und daran immer bessern, in der Meinung, darüber ein Ende zu erreichen, ... unwissend, daß sie in der Tat gleichsam die Hydra zerschneiden." — „Wenn es nun wahr ist, daß mit zunehmender Zügellosigkeit und Krankheit in dem Volke die vielen Gerichtshöfe sich öffnen, und einer schlechten und schimpflichen Zucht kein größeres Zeichen gefunden werden kann, als daß vortrefflicher Ärzte und Richter nicht nur die Schlechten und die Handwerker bedürfen, sondern auch die, welche in einer freien Bildung gezogen zu sein sich rühmen, eine von andern als Herrn und Richtern auferlegte Gerechtigkeit zu haben genötigt sind, und viele Zeit vor Gerichten mit Klagen und Verteidigen / zubringen," — wenn dieses System zugleich als allgemeiner Zustand sich da entwickeln, und die freie Sittlichkeit zerstören muß, wo sie mit jenen Verhältnissen vermischt, und von denselben, und ihren Folgen nicht ursprünglich gesondert ist, so ist notwendig, daß dieses System mit Bewußtsein aufgenommen, in seinem Recht erkannt, von dem edlen Stande ausgeschlossen, und ihm ein eigener Stand als sein Reich eingeräumt sei, worin es sich festsetzen und an seiner Verwirrung und der Aufhebung

einer Verwirrung durch eine andere, seine völlige Tätigkeit
entwickeln könne. Es bestimmt sich hiernach die Potenz
dieses Standes so, daß er in dem Besitz überhaupt und in
der Gerechtigkeit, die hierin über Besitz möglich ist, sich
befindet, daß er zugleich ein zusammenhängendes System
konstituiere, und unmittelbar dadurch, daß das Verhältnis
des Besitzes in die formelle Einheit aufgenommen ist, jeder
Einzelne, da er an sich eines Besitzes fähig ist, gegen Alle,
als Allgemeines, oder als Bürger, in dem Sinne als **bour-**
10 **geois**, sich verhält; für die politische Nullität, nach der die
Mitglieder dieses Standes Privatleute sind, den Ersatz in den
Früchten des Friedens und des Erwerbes, und in der vollkommenen Sicherheit des Genusses derselben findet, sowohl insofern sie aufs Einzelne als auf das Ganze desselben
geht; auf das Ganze aber geht die Sicherheit für jeden Einzelnen, insofern er der Tapferkeit überhoben und der Notwendigkeit, die dem ersten Stande angehört, sich der Gefahr eines gewaltsamen Todes auszusetzen entnommen ist,
welche Gefahr für den Einzelnen die absolute Unsicherheit
20 alles Genusses und Besitzes und Rechts ist. Durch diese aufgehobene Vermischung der Prinzipien und die konstituier-
te und bewußte Sonderung derselben, erhält jedes sein
Recht, und es ist allein dasjenige zu Stande gebracht, was
sein soll, die Realität der Sittlichkeit als absoluter Indifferenz, und zugleich ebenderselben als des reellen Verhältnisses im bestehenden Gegensatze, so daß das letztere von
dem erstern bezwungen ist, und daß dieses Bezwingen selbst
indifferenziert und versöhnt ist. Welche Versöhnung eben
in der Erkenntnis der Notwendigkeit und in dem Rechte
30 besteht, welches die Sittlichkeit ihrer unorganischen Natur
und den unterirdischen Mächten gibt, indem sie ihnen ein
Teil ihrer selbst überläßt und opfert; denn die Kraft des
Opfers besteht in dem Anschauen und Objektivieren der
Verwicklung mit dem Unorganischen, durch welche Anschauung diese Verwicklung gelöst, das 'Unorganische abgetrennt, und als solches erkannt, hiermit selbst in die Indifferenz aufgenommen ist; das Lebendige aber, indem es
das, was es als einen Teil seiner selbst weiß, in dasselbe legt,

und dem Tode opfert, dessen Recht zugleich anerkannt und zugleich sich davon gereinigt hat.

Es ist dies nichts anders als die Aufführung der Tragödie im Sittlichen, welche das Absolute ewig mit sich selbst spielt, daß es sich ewig in die Objektivität gebiert, in dieser seiner Gestalt hiermit sich dem Leiden und dem Tode übergibt, und sich aus / seiner Asche in die Herrlichkeit erhebt. Das Göttliche in seiner Gestalt und Objektivität hat unmittelbar eine gedoppelte Natur, und sein Leben ist das absolute Einssein dieser Naturen; aber die Bewegung des absoluten Widerstreites dieser zwei Naturen stellt sich an der göttlichen, welche darin sich begriffen hat, als Tapferkeit dar, mit welcher sie von dem Tode der andern widerstreitenden sich befreit, jedoch durch diese Befreiung ihr eignes Leben gibt, denn dieses ist nur in dem Verbundensein mit diesem andern, aber eben so absolut aus ihm aufersteht, denn in diesem Tode, als der Aufopferung der zweiten Natur, ist der Tod bezwungen; – an der andern erscheinend aber stellt sich die göttliche Bewegung so dar, daß die reine Abstraktion dieser Natur, welche eine bloß unterirdische, reine negative Macht wäre, durch die lebendige Vereinigung mit der göttlichen aufgehoben ist, daß diese in sie hineinscheint und sie durch dies ideelle Einssein im Geist zu ihrem ausgesöhnten lebendigen Leibe macht, der als der Leib zugleich in der Differenz und in der Vergänglichkeit bleibt, und durch den Geist das Göttliche, als ein sich Fremdes anschaut. – Das Bild dieses Trauerspiels näher für das Sittliche bestimmt, ist der Ausgang jenes Prozesses der Eumeniden, als der Mächte des Rechts, das in der Differenz ist, und Apollos, des Gottes des indifferenten Lichtes, über Orest, vor der sittlichen Organisation, dem Volke Athens; welches menschlicher Weise als Areopagus Athens in die Urne beider Mächte gleiche Stimmen legt, das Nebeneinanderbestehen beider anerkennt, allein so den Streit nicht schlichtet, und keine Beziehung und Verhältnis derselben bestimmt; aber göttlicher Weise als die Athene Athens den durch den Gott selbst in die Differenz Verwickelten diesem ganz wiedergibt, und mit der Scheidung der Mächte, die an dem Verbrecher beide Teil hatten, auch die Versöh-

nung so vornimmt, daß die Eumeniden von diesem Volke als göttliche Mächte geehrt würden, und ihren Sitz jetzt in der Stadt hätten, so daß ihre wilde Natur des Anschauens der ihrem unten in der Stadt errichteten Altare gegenüber auf der Burg hoch thronenden Athene genösse, und hier-
* durch beruhigt wäre.

Wenn die Tragödie darin ist, daß die sittliche Natur ihre unorganische, damit sie sich nicht mit ihr verwickele, als ein Schicksal von sich abtrennt und sich gegenüber stellt,
10 und durch die Anerkennung desselben in dem Kampfe mit dem göttlichen Wesen, als der Einheit von beidem, versöhnt ist, so wird dagegen, um dieses Bild auszuführen, die Komödie überhaupt auf die Seite der Schicksallosigkeit fallen; entweder daß sie innerhalb der absoluten Lebendigkeit, und also nur Schattenbilder von Gegensätzen oder Scherze von Kämpfen mit einem gemachten Schicksal und erdichteten Feinde, oder innerhalb der Nichtlebendigkeit fällt, und also nur Schattenbilder von Selbständigkeit und von Absolutheit darstellt; jene die alte oder göttliche Komödie, diese
20 die moderne Komödie. Die göttliche Komödie ist ohne Schick/sal, und ohne wahrhaften Kampf, darum daß in ihr die absolute Zuversicht und Gewißheit der Realität des Absoluten ohne Gegensatz ist, und was als Gegensatz eine Bewegung in diese vollkommene Sicherheit und Ruhe bringt, nur ein ernstloser, keine innere Wahrheit habender Gegensatz ist; dieser Gegensatz stelle sich nun dar gegen die fremd und außerhalb erscheinende, aber in absoluter Gewißheit dastehende Göttlichkeit, als der Rest oder Traum eines Bewußtseins vereinzelter Selbständigkeit, auch als ein zwar
30 fixiertes und festgehaltenes Bewußtsein der Eigenheit, aber dasselbe in völliger Ohnmacht und Kraftlosigkeit; — oder aber stelle sich der Gegensatz auch in einer selbstempfundenen und in sich bewußten Göttlichkeit dar, welche mit Bewußtsein sich Gegensätze und Spiele erzeugt, in denen sie mit absolutem Leichtsinn einzelne ihrer Glieder an das Erringen eines bestimmten Preises setzt, und ihre mannigfaltigen Seiten und Momente sich zur vollkommenen Individualität ausgebären und zu eigenen Organisationen sich bilden läßt, so wie sie überhaupt auch als Ganzes ihre Be-

wegungen nicht als Bewegungen gegen ein Schicksal, sondern als Zufälligkeiten nehmen kann, sich selbst für unüberwindlich, den Verlust für nichts achtend, der absoluten Herrschaft über jede Eigenheit und Ausschweifung gewiß, und sich dessen bewußt, was Plato in anderer Rücksicht sagt, daß eine Polis eine zum bewundern starke Natur hat. Eine solche sittliche Organisation wird so z. B. ohne Gefahr und Angst oder Neid einzelne Glieder zu Extremen des Talents in jeder Kunst und Wissenschaft und Geschicklichkeit hinaustreiben, und sie darin zu etwas Besonderem machen; ihrer selbst sicher, daß solche göttliche Monstrositäten der Schönheit ihrer Gestalt nicht schaden, sondern komische Züge sind, die einen Moment ihrer Gestalt erheitern; als solche heitre Erhöhungen einzelner Züge werden wir, um ein bestimmtes Volk anzuführen, den Homer, Pindar, Äschylus, Sophokles, Plato, Aristophanes, u.s.w. ansehen können, aber auch sowohl in der ernsthaften Reaktion gegen die ernsthafter werdende Besonderung des Sokrates, und vollends in der Reue darüber, als in der pullulierenden Menge und hohen Energie der zugleich aufkeimenden Individualisierungen nicht verkennen, daß das die innre Lebendigkeit damit in ihre Extreme herauszutreten, in der Reife dieser Samenkörner ihre Kraft, aber auch die Nähe des Todes dieses Körpers, der sie trug, ankündigte, und die Gegensätze, die sie überhaupt hervorrief, und vorher selbst in ihrem ernsthaftern und weitgreifendern Aussehen, wie Kriege, als Zufälligkeiten und mit gleichem Leichtsinn erregen und betreiben konnte, nicht mehr für Schattenbilder, sondern für ein übermächtig werdendes Schicksal nehmen mußte.

Auf einer andern Seite aber ist die andere Komödie; deren Verwicklungen ohne Schicksal und ohne wahrhaften Kampf sind, weil die sittliche Natur in jenem selbst befangen ist; die Knoten schürzen sich hier nicht in spielenden, sondern in für / diesen sittlichen Trieb ernsthaften, für den Zuschauer aber komischen Gegensätzen, und die Rettung gegen sie wird in einer Affektation von Charakter und Absolutheit gesucht, die sich beständig getäuscht und abgesetzt findet. Der sittliche Trieb (denn es ist nicht die bewußte absolute sittliche Natur, die in dieser Komödie spielt)

muß, um es kurz zu sagen, das Bestehende in die formale
und negative Absolutheit des Rechts verwandeln, und dadurch seiner Angst die Meinung von Festigkeit für seinen
Besitz geben, seine Habseligkeiten durch Traktate und Verträge und alle erdenklichen Verklausulierungen zu etwas
Sicherem und Gewissem erheben, die Systeme darüber aus
Erfahrung und Vernunft, als der Gewißheit und Notwendigkeit selbst, deduzieren, und mit den tiefsinnigsten Räson-
nements begründen, — aber, wie unterirdische Geister bei
dem Dichter die Pflanzungen, die sie in den höllischen Wü-
steneien anlegten, vom nächsten Sturmwinde weggefegt
sahen, so durch die nächste Umwendung oder gar Empor-
richtung des Erdengeistes halbe und ganze Wissenschaften
weggeschwemmt, die aus Erfahrung und Vernunft bewiesen waren, ein Rechts-System durch das andere verdrängt,
hier Humanität an die Stelle von Härte, dort zu gleicher
Zeit den Willen der Macht an die Stelle der Vertrags-Sicher-
heit treten, und im Wissenschaftlichen wie in der Wirklichkeit die wohlerworbensten und versichertsten Besitzungen
von Grundsätzen und Rechten verheert sehen — und entweder meinen, es seien die eignen über dem Schicksal mit
Vernunft und Willen schwebenden Bemühungen, die in solchem Stoff sich abarbeiten, und die solche Veränderungen
hervorgebracht hätten; oder auch sich über sie als Uner-
wartetes und nicht Gehöriges ereifern, und zuerst alle Göt-
ter gegen solche Notwendigkeit anrufen, und dann sich darein fügen; in beiden Fällen gibt der sittliche Trieb, der in
diesen Endlichkeiten eine absolute Unendlichkeit sucht,
nur die Farce seines Glaubens und seiner nicht sterbenden
Täuschung, die am finstersten, wo sie am hellsten, schon
im Verlust und Unrecht ist, wo sie in den Armen der Gerechtigkeit, Zuverlässigkeit und des Genusses selbst zu ru-
hen meint.

Die Komödie trennt die zwei Zonen des Sittlichen so
von einander ab, daß sie jede rein für sich gewähren läßt,
daß in der einen die Gegensätze und das Endliche ein wesenloser Schatten, in der andern aber das Absolute eine
Täuschung ist; das wahrhafte und absolute Verhältnis aber
ist, daß die eine im Ernste in die andere scheint, jede mit

der andern in leibhafter Beziehung und daß sie füreinander gegenseitig das ernste Schicksal sind; das absolute Verhältnis ist also im Trauerspiel aufgestellt.

Denn obwohl in der lebendigen Gestalt oder der organischen Totalität der Sittlichkeit dasjenige, was die reelle Seite derselben ausmacht, im Endlichen ist, und darum zwar an und für sich sein leibliches Wesen nicht vollkommen in ihre Göttlich/keit aufnehmen kann, so drückt es jedoch schon an sich selbst ihre absolute Idee, aber verzogen aus; sie vereinigt zwar die als Notwendigkeit auseinandergehaltenen Momente derselben nicht zur absoluten Unendlichkeit in sich innerlich, sondern hat diese Einheit nur als eine nachgeahmte negative Selbständigkeit, nämlich als Freiheit des Einzelnen; aber es ist doch dieses reelle Wesen schlechthin der absoluten indifferenten Natur und Gestalt der Sittlichkeit verbunden; wenn es dieselbe nur als ein Fremdes anschauen muß, so schaut es sie doch an, und ist im Geiste Eins mit ihr. Es ist, selbst für dasselbe, schlechthin das erste, daß die ganz reine und indifferente Gestalt und das sittliche absolute Bewußtsein sei e, und das zweite ist das Gleichgültige, daß es als das Reelle sich zu ihm nur als dessen empirisches Bewußtsein verhalte; wie es das erste ist, daß ein absolutes Kunstwerk sei, und erst das zweite, ob dieser bestimmte Einzelne dessen Urheber sei, oder nur dasselbe anschaue und genieße. So notwendig jene Existenz des Absoluten ist, so notwendig ist auch diese Verteilung, daß einiges der lebendige Geist, das absolute Bewußtsein und die absolute Indifferenz des Ideellen und Reellen der Sittlichkeit selbst sei, anderes aber dessen leibliche und sterbliche Seele und sein empirisches Bewußtsein, das seine absolute Form und das innere Wesen nicht vollkommen vereinigen darf, aber doch der absoluten Anschauung als eines gleichsam ihm Fremden genießt, und für das reelle Bewußtsein, durch Furcht und Vertrauen so wie durch Gehorsam mit ihm eins ist, für das ideelle aber in der Religion, dem gemeinschaftlichen Gott und dem Dienste desselben sich ganz mit ihm vereinigt.

Aber das, was wir unter der äußern Form des ersten Standes auf die eine Seite gestellt haben, ist das reale abso-

lute Bewußtsein der Sittlichkeit. Es ist Bewußtsein, und als
solches nach der negativen Seite reine Unendlichkeit, und
die höchste Abstraktion der Freiheit, d. i. das bis zu seiner
Aufhebung getriebene Verhältnis des Bezwingens, oder der
freie gewaltsame Tod; — nach der positiven Seite aber ist
das Bewußtsein die Einzelheit und Besonderheit des Individuums. Aber dieses an sich Negative, nämlich das Bewußtsein überhaupt, von dem die angezeigten Unterscheidungen
nur seine beiden Seiten sind, ist absolut in das Positive, seine Besonderheit und Unendlichkeit oder Idealität absolut
in das Allgemeine und Reale auf eine vollkommene Weise
aufgenommen; welches Einssein die Idee des absoluten Lebens der Sittlichkeit ist. In diesem Einssein der Unendlichkeit und der Realität in der sittlichen Organisation scheint
die göttliche Natur, von welcher Plato sagt, daß sie ein unsterbliches Tier sei, dessen Seele und Leib aber auf ewig zu-
sammengeboren sind, den Reichtum ihrer Mannigfaltigkeit
zugleich in der höchsten Energie der Unendlichkeit und
Einheit darzustellen, welche die ganz einfache Natur des
ideellen Elements wird. Denn das vollkommenste Mineral
stellt zwar in jedem Teil, der von / einer Masse abgesondert
wird, die Natur des Ganzen vor, aber seine ideelle Form ist
sowohl als innere des Bruchs, als auch als die äußere der
Kristallisation ein Außereinander, und nicht wie in den Ele-
menten des Wassers, Feuers und der Luft ist jeder besondere Teil die vollkommene Natur und der Repräsentant des
Ganzen sowohl dem Wesen als der Form oder Unendlichkeit nach. Nicht weniger ist auch die reelle Form desselben nicht von der wahrhaften Identität der Unendlichkeit
durchdrungen, sondern seine Sinne haben kein Bewußtsein,
sein Licht ist eine einzelne Farbe, und sieht nicht; oder ist
es die Indifferenz derselben, so ist kein Hemmungspunkt
gegen ihren Durchgang durch sich; sein Ton tönt angeschla-
gen von einem fremden, aber nicht aus sich; sein Geschmack
schmeckt nicht, sein Geruch riecht nicht, seine Schwere
und Härte fühlt nicht; wenn es nicht der Einzelheit der Bestimmungen des Sinnes angehört, sondern sie in der Indifferenz vereinigt, ist es die unentfaltete, verschlossene Diffe-
renzlosigkeit, nicht die sich in sich trennende und ihre

Trennung unterjochende Einheit; so wie auch die Elemente, die in allen ihren Teilen sich gleich sind, nur die Möglichkeit, nicht die Wirklichkeit der Differenzen, und nur die Indifferenz unter der Form der Quantität, nicht als Indifferenz des Qualitativgesetzten in sich haben. Die Erde aber als das organische und individuelle Element breitet sich durch das System seiner Gestalten von der ersten Starrheit und Individualität an in Qualitatives und Differenz aus, und resümiert sich erst in der absoluten Indifferenz der sittlichen Natur allein in die vollkommene Gleichheit aller Teile und das absolute reale Einssein des Einzelnen mit dem Absoluten — in den ersten Äther, welcher aus seiner sich selbst gleichen, flüssigen und weichen Form seine reine Quantität durch die individuellen Bildungen in Einzelheit und Zahl zerstreut, und dieses absolut spröde und rebellische System dadurch vollkommen bezwingt, daß die Zahl zur reinen Einheit und zur Unendlichkeit geläutert, und Intelligenz wird, und so das Negative, dadurch daß es absolut negativ wird — denn der absolute Begriff ist das absolute unmittelbare Gegenteil seiner selbst, und das Nichts ist, wie ein Alter sagt, nicht weniger als das Etwas — mit dem positiv Absoluten vollkommen Eins sein kann; und in der Intelligenz ist die Form oder das Ideelle absolute Form, und als solche reell, und in der absoluten Sittlichkeit die absolute Form mit der absoluten Substanz aufs wahrhafteste verbunden. Von den Individualitäten der Bildungen, welche zwischen der einfachen Substanz in der Realität, als reinem Äther, und zwischen ihr als der Vermählung mit der absoluten Unendlichkeit liegen, kann keine die Form und qualitative Einheit, es sei durch die quantitative, elementarische Gleichheit der Ganzen und der Teile, oder in höhern Bildungen durch die ins einzelnere der Teile gehende Individualisierung, und zugleich die formelle Vereinigung derselben zu einem Ganzen durch die Gesellschaftlichkeit der Blätter der Pflanzen, des Geschlechts, des herdeweisen Lebens und gemeinsamen Arbeitens der Tiere, zur absoluten Indifferenz mit dem Wesen und der Substanz bringen, welche in der Sittlichkeit ist; / weil in der Intelligenz allein die Individualisierung zu dem absoluten Extrem,

nämlich zum absoluten Begriffe, das Negative bis zum absolut Negativen, das unvermittelte Gegenteil seiner selbst
zu sein, getrieben ist. Diese ist also allein fähig, indem sie
absolute Einzelheit ist, absolute Allgemeinheit zu sein, indem sie absolute Negation und Subjektivität ist, absolute
Position und Objektivität, indem absolute Differenz und
Unendlichkeit, absolute Indifferenz, und die Totalität actu
in der Entfaltung aller Gegensätze, und potentia in dem absoluten Vernichtet- und Einssein derselben, die höchste
10 Identität der Realität und Idealität zu sein. Wenn der Äther
seine absolute Indifferenz in den Lichtindifferenzen zur
Mannigfaltigkeit herausgeworfen, und in den Blumen der
Sonnensysteme seine innere Vernunft und Totalität in die
Expansion herausgeboren hat, aber jene Lichtindividuen in
der Vielheit zerstreut sind, diejenigen aber, welche die krei-
senden Blätter dieser bilden, sich in starrer Individualität
gegen jene verhalten müssen, und so der Einheit jener die
Form der Allgemeinheit, der Einheit dieser die reine Einheit mangelt, und keine von beiden den absoluten Begriff
20 als solchen in sich trägt, so ist in dem Systeme der Sittlichkeit die außereinandergefaltete Blume des himmlischen Systems zusammengeschlagen, und die absoluten Individuen
in die Allgemeinheit vollkommen zusammengeeint, und die
Realität oder der Leib aufs höchste eins mit der Seele, weil
die reelle Vielheit des Leibes selbst nichts anderes ist, als
die abstrakte Idealität, die absoluten Begriffe, reine Individuen, wodurch diese selbst das absolute System zu sein vermögen. Deswegen, wenn das Absolute das ist, daß es sich
selbst anschaut, und zwar als sich selbst, und jene absolute
30 Anschauung, und dieses Selbsterkennen, jene unendliche
Expansion, und dieses unendliche Zurücknehmen derselben in sich selbst, schlechthin Eins ist, so ist, wenn beides
als Attribute reell sind, der Geist höher als die Natur; denn
wenn diese das absolute Selbstanschauen und die Wirklichkeit der unendlich differentierten Vermittlung und Entfaltung ist, so ist der Geist, der das Anschauen seiner als seiner selbst oder das absolute Erkennen ist, in dem Zurücknehmen des Universums in sich selbst, sowohl die auseinan-
dergeworfene Totalität dieser Vielheit, über welche er über-

greift, als auch die absolute Idealität derselben, in der er dies Außereinander vernichtet, und in sich als den unvermittelten Einheitspunkt des unendlichen Begriffs reflektiert. /

* *
*

Aus dieser Idee der Natur der absoluten Sittlichkeit ergibt sich nun ein Verhältnis, von welchem noch zu sprechen ist, das Verhältnis der Sittlichkeit des Individuums zur realen absoluten Sittlichkeit, und das Verhältnis der Wissenschaf- 10 ten derselben, der Moral und des Naturrechts. Da nämlich die reale absolute Sittlichkeit die Unendlichkeit, oder den absoluten Begriff, die reine Einzelheit schlechthin und in seiner höchsten Abstraktion in sich vereinigt begreift, so ist sie unmittelbar Sittlichkeit des Einzelnen, und umgekehrt das Wesen der Sittlichkeit des Einzelnen ist schlechthin die reale und darum allgemeine absolute Sittlichkeit; die Sittlichkeit des Einzelnen ist ein Pulsschlag des ganzen Systems, und selbst das ganze System. Wir bemerken hier auch eine Andeutung der Sprache, die sonst verworfen, aus dem Vor- 20 herigen vollkommen gerechtfertigt wird, daß es nämlich in der Natur der absoluten Sittlichkeit ist, ein Allgemeines oder Sitten zu sein; daß also das griechische Wort, welches * Sittlichkeit bezeichnet, und das deutsche diese ihre Natur vortrefflich ausdrücken; daß aber die neuern Systeme der Sittlichkeit, da sie ein Fürsichsein und die Einzelheit zum Prinzip machen, nicht ermangeln können, an diesen Worten ihre Beziehung auszustellen; und diese innere Andeutung sich so mächtig erweist, daß jene Systeme, um ihre Sache zu bezeichnen, jene Worte nicht dazu mißbrauchen 30 konnten, sondern das Wort Moralität annahmen, was zwar nach seinem Ursprung gleichfalls dahin deutet, aber weil es mehr ein erst gemachtes Wort ist, nicht so unmittelbar seiner schlechtern Bedeutung widersträubt.

Die absolute Sittlichkeit aber ist nach dem bisherigen so wesentlich die Sittlichkeit Aller, daß man von ihr nicht sagen kann, sie spiegle sich als solche am Einzelnen ab; denn sie ist so sehr sein Wesen, als der die Natur durchdringende

Äther das untrennbare Wesen der Gestalten der Natur ist,
und als die Idealität ihrer erscheinenden Formen, der Raum,
in keiner sich schlechthin um nichts besondert; sondern wie
die Linien und Ecken des Kristalls, in denen er die äußere
Form seiner Natur ausdrückt, Negationen sind, so ist die
Sittlichkeit, insofern sie am Einzelnen als solchem sich ausdrückt, ein Negatives. Sie kann sich vors erste nicht im Einzelnen ausdrücken, wenn sie nicht seine Seele ist, und sie
ist es nur, insofern sie ein Allgemeines und der reine Geist
10 eines Volkes ist; das Positive ist der Natur nach eher als das
Negative; oder, wie Aristoteles es sagt, das Volk ist eher der
Natur nach, als der Einzelne; denn wenn der Einzelne abgesondert nichts Selbständiges ist, so muß er gleich allen
Teilen in Einer Einheit mit dem Ganzen sein; wer aber nicht
gemeinschaftlich sein kann, oder aus Selbständigkeit nichts
bedarf, ist kein Teil des Volks, und darum ent/weder Tier
* oder Gott. Alsdenn, insofern sie im Einzelnen sich als solchem ausdrückt, ist sie unter der Form der Negation gesetzt, d. i. sie ist die Möglichkeit des allgemeinen Geistes;
20 und die sittlichen Eigenschaften, die dem Einzelnen angehören, wie Mut, oder Mäßigkeit, oder Sparsamkeit, oder
Freigebigkeit, u.s.w. sind negative Sittlichkeit, daß nämlich
in der Besonderheit des Einzelnen nicht wahrhaft eine Einzelheit fixiert, und eine reelle Abstraktion gemacht werde,
und Möglichkeiten oder Fähigkeiten, in der allgemeinen
Sittlichkeit zu sein. Diese Tugenden, die an sich Möglichkeiten und in einer negativen Bedeutung sind, sind der Gegenstand der Moral, und man sieht, daß das Verhältnis des
Naturrechts und der Moral sich auf diese Weise umgekehrt
30 hat; daß nämlich der Moral nur das Gebiet des an sich Negativen zukommt, dem Naturrecht aber das wahrhaft Positive, nach seinem Namen, daß es konstruieren soll, wie die
sittliche Natur zu ihrem wahrhaften Rechte gelangt; da hingegen, wenn sowohl das Negative, als auch dieses als die Abstraktion der Äußerlichkeit, des formalen Sittengesetzes,
des reinen Willens und des Willens des Einzelnen, und dann
die Synthesen dieser Abstraktionen wie der Zwang, die Beschränkung der Freiheit des Einzelnen durch den Begriff
der allgemeinen Freiheit u.s.w. die Bestimmung des Natur-

rechts ausdrückten, es ein Naturunrecht sein würde, indem bei der Zugrundelegung solcher Negationen als Realitäten die sittliche Natur in das höchste Verderben und Unglück versetzt wird.

Aber wie diese Eigenschaften der Reflex der absoluten Sittlichkeit im Einzelnen als dem Negativen, aber dem Einzelnen, welches in absoluter Indifferenz mit dem Allgemeinen und Ganzen ist, also ihr Reflex in ihrem reinen Bewußtsein sind — so muß auch ein Reflex derselben in ihrem empirischen Bewußtsein vorhanden sein, und solcher die sittliche Natur des zweiten Standes, der in der feststehenden Realität, im Besitz und Eigentum und außer der Tapferkeit ist, konstituieren. Dieser Reflex derselben ist es nun, für den die gewöhnliche Bedeutung der Moralität mehr oder weniger passen kann; das formelle Indifferentsetzen der Bestimmtheiten des Verhältnisses, also die Sittlichkeit des bourgeois oder des Privatmenschen, für welche die Differenz der Verhältnisse fest ist, und welche von ihnen abhängt und in ihnen ist. Eine Wissenschaft dieser Moralität ist demnach zunächst die Kenntnis dieser Verhältnisse selbst; so daß, insofern sie in Beziehung aufs Sittliche betrachtet werden, da diese um des absoluten Fixiertseins willen nur formell sein kann, eben jenes oben erwähnte Aussprechen von Tautologie hier seine Stelle findet: dieses Verhältnis ist nur dieses Verhältnis; wenn du in diesem Verhältnisse bist, so sei, in der Beziehung auf dasselbe, in demselben; denn wenn du in Handlungen, welche auf dieses Verhältnis Beziehung haben, nicht in Beziehung auf dasselbe handelst, so vernichtest, so hebst du es auf. Der wahre Sinn dieser Tautologie schließt zugleich unmittelbar in sich, daß dies Verhältnis selbst nichts Absolutes und also auch die Moralität, die auf dasselbe geht, etwas Abhängiges, und nichts wahrhaft Sittliches ist; welcher wahre / Sinn nach dem obigen sich daraus ergibt, daß nur die Form des Begriffs, die analytische Einheit, das Absolute, und also negativ Absolute, wegen des Inhalts, ist, der als ein Bestimmtes der Form widerspricht.

Jene Eigenschaften aber, welche wahrhaft sittlich sind, indem in ihnen das Besondere oder Negative erscheint rein aufgenommen in die Indifferenz, können sittliche Eigen-

schaften heißen, und nur alsdenn Tugenden, wenn sie in einer höhern Energie sich wieder individualisieren, und, jedoch innerhalb der absoluten Sittlichkeit, gleichsam zu eigenen lebenden Gestalten werden, wie die Tugenden eines Epaminondas, Hannibal, Cäsar und einiger anderer. Als solche Energien sind sie Gestalten, und also nicht an sich absolut, so wenig als die Gestalten der andern organischen Bildungen, sondern das stärkere Hervortreten einer Seite der Idee des Ganzen; und die Moral der Tugenden, oder
10 wenn wir die Moral überhaupt der Moralität bestimmen wollen, und für die Darstellung der Tugend der Name Ethik genommen würde, die Ethik muß deswegen nur eine Naturbeschreibung der Tugenden sein.

Wie nun diese auf das Subjektive oder Negative Beziehung hat, so muß das Negative überhaupt unterschieden werden, als das Bestehen der Differenz, und als der Mangel derselben; jenes erste Negative ist es, wovon vorhin die Rede war; aber dieses andere Negative, der Mangel der Differenz, stellt die Totalität als ein Eingehülltes und Unentfal-
20 tetes vor, in welchem die Bewegung und die Unendlichkeit in ihrer Realität nicht ist. Das Lebendige unter dieser Form des Negativen ist das Werden der Sittlichkeit, und die Erziehung nach ihrer Bestimmtheit das erscheinende fortgehende Aufheben des Negativen oder Subjektiven; denn das Kind ist als die Form der Möglichkeit eines sittlichen Individuums ein Subjektives oder Negatives, dessen Mannbarwerden das Aufhören dieser Form und dessen Erziehung die Zucht oder das Bezwingen derselben ist; aber das Positive und das Wesen ist, daß es an der Brust der allgemeinen
30 Sittlichkeit getränkt, in ihrer absoluten Anschauung zuerst als eines fremden Wesens lebt, sie immer mehr begreift, und so in den allgemeinen Geist übergeht. Es erhellt hieraus von selbst, daß jene Tugenden sowohl als die absolute Sittlichkeit, gleich wenig wie das Werden derselben durch die Erziehung, ein Bemühen um eigentümliche und abgesonderte Sittlichkeit sind, und daß das Bestreben um eine eigentümliche positive Sittlichkeit etwas Vergebliches und an sich selbst Unmögliches ist; und in Ansehung der Sittlichkeit das Wort der weisesten Männer des Altertums allein das

Wahre ist, sittlich sei, den Sitten seines Landes gemäß zu leben; und in Ansehung der Erziehung das, welches ein Pythagoräer einem auf die Frage: welches die beste Erziehung für seinen Sohn wäre? antwortete: wenn du ihn zum Bürger eines wohleingerichteten Volkes machst. /

Wenn so das absolut Sittliche seinen eigentümlichen organischen Leib an den Individuen hat, und seine Bewegung und Lebendigkeit im gemeinsamen Sein und Tun Aller absolut identisch als allgemeines und besonderes ist, und wir es in der Besonderheit, aber so, daß ihr Wesen das Absolut-identische sei, so eben, überhaupt aber in jener Identität betrachtet haben, so muß es auch in der Form der Allgemeinheit und der Erkenntnis, als System der Gesetzgebung sich vorstellen; so daß dieses System vollkommen die Realität oder die lebendigen vorhandenen Sitten ausdrückt; damit es nicht geschieht, wie oft der Fall ist, daß dasjenige, was in einem Volke recht und in der Wirklichkeit ist, aus seinen Gesetzen nicht erkannt werden kann, welche Ungeschicklichkeit, die wahrhaften Sitten in die Form von Gesetzen zu bringen, und die Angst, diese Sitten zu denken, als sein anzusehen und zu bekennen, das Zeichen der Barbarei ist. Aber diese Idealität der Sitten und ihre Form der Allgemeinheit in den Gesetzen muß, insofern sie als Idealität besteht, zugleich auch wieder vollkommen mit der Form der Besonderheit vereinigt werden, und so die Idealität als solche eine reine absolute Gestalt erhalten, also als Gott des Volkes angeschaut und angebetet werden, und diese Anschauung selbst wieder ihre Regsamkeit und freudige Bewegung in einem Kultus haben.

Nachdem wir so die absolute Sittlichkeit in den Momenten ihrer Totalität dargestellt, und ihre Idee konstruiert, auch die in Beziehung auf sie herrschende Unterscheidung von Legalität und Moralität, nebst den damit zusammenhängenden Abstraktionen der allgemeinen Freiheit einer formellen praktischen Vernunft, als wesenlose Gedankendinge vernichtet, und nicht durch Vermischung etwa beider Prinzipien, sondern durch Aufhebung derselben und Konstituierung der absoluten sittlichen Identität die Unterschiede der Wissenschaft des Naturrechts und der Moral nach der absoluten Idee bestimmt haben; so haben wir festgesetzt, daß ihr Wesen nicht eine Abstraktion, sondern die Lebendigkeit des Sittlichen sei, und ihr Unterschied nur das Äußere und Negative betreffe; und dieser Unterschied zugleich das völlig umgekehrte Verhältnis gegen den andern sei, indem nach dem letztern dem Naturrecht das Formelle und Negative, der Moral aber das Absolute und Positive als Wesen gegeben werden soll, aber so, daß auch selbst dieses Absolute nach der Wahrheit ein nicht weniger Formelles und Negatives, und was hier das Formelle und Negative heißt, vollends schlechthin gar nichts ist.

Wir brauchen nun, um noch das Verhältnis des Naturrechts zu den positiven Rechtswissenschaften anzugeben, nur die Fäden desselben da aufzunehmen, wo wir es nicht weiter verfolgten, und die Stelle zu bezeichnen, wo es ausläuft. /

Zum voraus bemerken wir überhaupt, daß die Philosophie sich durch die Allgemeinheit des Begriffs einer Bestimmtheit oder einer Potenz willkürlich ihre Grenze im Verhältnis zu einer bestimmten Wissenschaft steckt; die bestimmte Wissenschaft ist nichts anders, als die fortgehende Darstellung und Analyse (das Wort im höhern Sinne genommen), wie das, was die Philosophie unentwickelt als eine einfache Bestimmtheit läßt, sich wieder verzweigt, und selbst Totalität ist. Die Möglichkeit aber einer solchen Entwicklung liegt formell darin, daß in der Idee unmittelbar das Gesetz der absoluten Form und der Totalität ist, nach welchem eine Bestimmtheit weiter zu erkennen und zu entwickeln ist; die reale Möglichkeit aber ist dadurch vorhanden, daß eine solche von der Philosophie nicht entwickelte Bestimmtheit oder Potenz nicht eine Abstraktion oder wahrhaft einfaches Atom, sondern wie alles in der Philosophie, Realität ist, und eine Realität ist darum Realität, daß sie Totalität und selbst das System der Potenzen ist; als solche die Potenz darstellen, ist die Entwicklung, welche der bestimmten Wissenschaft angehört.

Es folgt hieraus, daß wir vor der Hand sagen könnten, daß ein guter Teil dessen, was positive Rechtswissenschaft heißt, vielleicht das Ganze derselben, in die vollkommen

entwickelte und ausgebreitete Philosophie fallen würde;
und daß sie, darum, weil sie sich als eigene Wissenschaften
konstituieren, weder aus der Philosophie ausgeschlossen,
noch ihr entgegengesetzt sind; es ist durch das Fürsichsein
und die empirische Unterscheidung dieses Corps von Wissenschaften keine wahrhafte Unterscheidung desselben von
der Philosophie gesetzt. Daß sie sich empirische Wissenschaften nennen, welche teils ihre Anwendbarkeit in der
wirklichen Welt haben, und ihre Gesetze und Verfahrungs-
art auch vor der gemeinen Vorstellungsart geltend machen 10
wollen, teils sich auf individuelle Systeme bestehender Ver-
fassungen und Gesetzgebungen beziehen, und einem bestimmten Volke so wie einer bestimmten Zeit angehören,
bestimmt keinen sie notwendig von der Philosophie aus-
schließenden Unterschied, denn es muß nichts so anwend-
bar auf die Wirklichkeit sein, und vor der allgemeinen Vorstellungsart, nämlich der wahrhaft allgemeinen, denn es
gibt gemeine Vorstellungsarten, welche dabei sehr partiku-
lär sind, so sehr gerechtfertigt sein, als das, was aus der
Philosophie kommt, so wie auch nichts so sehr individuell, 20
lebendig und bestehend sein können, als ebendasselbe. Um
vom Verhältnisse dieser Wissenschaften zur Philosophie
sprechen zu können, muß erst ein Unterschied festgesetzt
und bestimmt werden, wodurch sie positive Wissenschaften
sind.

Vors erste begreifen nun die positiven Wissenschaften
unter der Wirklichkeit, auf welche sie sich zu beziehen vorgeben, nicht nur das Geschichtliche, sondern auch die Begriffe, Grundsätze, Verhältnisse, und überhaupt vieles, was
an sich der Vernunft / angehört und eine innere Wahrheit 30
und Notwendigkeit ausdrücken soll. Über solches nun sich
auf die Wirklichkeit und Erfahrung zu berufen, und es als
ein Positives gegen Philosophie festzuhalten, muß an und
für sich als unstatthaft erkannt werden. Was die Philosophie
als nicht reell erweist, von dem ist unmöglich, daß es in
der Erfahrung wahrhaft vorkomme; und wenn die positive
Wissenschaft sich auf die Wirklichkeit und die Erfahrung
beruft, so kann die Philosophie ihren Erweis der Nichtrealität eines von der positiven Wissenschaft behaupteten Be-

griffes eben so nach der empirischen Beziehung aussprechen, und leugnen, daß jenes, was die positive Wissenschaft in der Erfahrung und Wirklichkeit zu finden vorgibt, in ihnen gefunden werde. Das Meinen, daß so etwas erfahren werde, eine zufällige subjektive Ansicht wird freilich die Philosophie zugeben, aber die positive Wissenschaft, wenn sie in der Erfahrung ihre Vorstellungen und Grundbegriffe zu finden und aufzuzeigen vorgibt, will damit etwas Reales, Notwendiges und Objektives, nicht eine subjektive Ansicht behaupten. Ob etwas eine subjektive Ansicht, oder eine objektive Vorstellung, ein Meinen oder Wahrheit sei, kann die Philosophie allein ausmachen. Der positiven Wissenschaft kann sie ad hominem ihre Weise heimgeben, und außerdem daß sie ihr das Faktum, daß eine Vorstellung derselben in der Erfahrung vorkomme, leugnet, im Gegenteil behaupten, daß nur die Vorstellung der Philosophie in der Erfahrung zu finden sei. Daß die Philosophie ihre Vorstellung in der Erfahrung aufzeigen könne, davon liegt der Grund unmittelbar in der zweideutigen Natur dessen, was Erfahrung genannt wird. Denn es ist nicht die unmittelbare Anschauung selbst, sondern dieselbe in das Intellektuelle erhoben, gedacht und erklärt, aus ihrer Einzelheit genommen und als Notwendigkeit ausgesprochen, was für Erfahrung gilt. Es kommt also bei dem, was in der Erfahrung und als Erfahrung aufgezeigt wird, nicht auf dasjenige in ihr an, was wir in Beziehung auf die Trennung, welche in die Anschauung durch das Denken gebracht wird, Wirklichkeit nennen können. Aber in das Feld des Gedankens die Anschauung gezogen, muß der Wahrheit der Philosophie das Meinen unterliegen. Jene Unterscheidung nun dessen, was die positive Wissenschaft unmittelbar aus der Anschauung genommen zu haben meint, womit aber sie selbst als einem Verhältnis und Begriff derselben sie bestimmt hat, von demjenigen, was nicht dem Denken angehört, ist in jedem Falle sehr leicht aufzuzeigen, und also die vollkommene Befugnis der Philosophie, sich desselben zu bemächtigen, zu erweisen. Alsdenn weil ein solches auf die Wirklichkeit sich berufendes Denken in seinem Meinen dadurch wahrhaft positiv zu sein pflegt, daß es in der Entgegensetzung ist, und Bestimmt-

heiten festhält, also Gedankendinge oder Dinge der Einbildung für absolut nimmt, und seine Grundsätze hieraus
nimmt, so ist es dem ausgesetzt, daß an jeder Bestimmtheit
ihm immer die entgegengesetzte Bestimmtheit erwiesen,
und aus dem, was es annimmt, vielmehr gerade das Gegenteil hergeleitet wird. So wie, wenn vermehrte Dichtigkeit
oder spezifisches Gewicht / eines Körpers als Erhöhung der
Attraktivkraft erklärt wird, sie eben so gut als Erhöhung
der Repulsivkraft erklärt werden kann; denn es kann nur
um so viel angezogen werden, als zurückgestoßen wird; 10
eines hat nur Bedeutung in Beziehung auf das andere; um
was das eine größer wäre, als das andere, um so viel wäre es
gar nicht; und was also als Erhöhung des einen angesehen
werden sollte, das kann genau als Erhöhung des Gegenteils
betrachtet werden.

So also, wenn im Naturrecht überhaupt oder bei der Theorie der Strafe insbesondere ein Verhältnis als Zwang bestimmt wird, die Philosophie aber die Nichtigkeit dieses
Begriffs erweist, und die positive Wissenschaft die Erfahrung und Wirklichkeit anspricht, daß doch wirklich Zwang 20
etwas Reelles sei, daß Zwang wirklich statt finde, so kann
die von der Philosophie erwiesene Nichtrealität desselben
mit eben dem Rechte und mit Berufung auf Erfahrung und
Wirklichkeit so ausgedrückt werden, daß es gar keinen
Zwang gebe, und nie ein Mensch gezwungen werde, noch
gezwungen worden sei. Denn es kommt hier ganz allein auf
die Erklärung der Erscheinung an, ob zum Behuf der Vorstellung des Zwangs etwas als ein bloß Äußeres, oder aber
als ein Inneres betrachtet wird. Wo also irgendwo die Existenz von Zwang aufgewiesen werden will, da kann von 30
einer und ebenderselben Erscheinung gerade das Gegenteil
gezeigt werden, nämlich daß sie nicht ein Zwang, sondern
vielmehr eine Äußerung der Freiheit sei; denn dadurch,
daß sie in die Form der Vorstellung aufgenommen, und
hiermit durch das Innere, Ideelle bestimmt wird, ist das
Subjekt in der Freiheit gegen dieselbe. Und wenn das, was
als Äußeres und als Zwang angesehen werden soll, um den
Gegensatz des Innern oder der Freiheit wegzuschaffen, ins
Innere selbst verlegt, und hiernach ein psychologischer

Zwang geltend gemacht wird, so hilft diese Aufnahme des Äußern in das Innere eben so wenig. Denn der Gedanke bleibt schlechthin frei, und der psychologische oder der Gedankenzwang vermag nicht ihn zu binden; die Möglichkeit, die Bestimmtheit, welche vorgestellt wird, und als Zwang dienen soll, aufzuheben, ist absolut; es ist schlechthin möglich, daß der Verlust einer Bestimmtheit, welcher durch die Strafe angedroht, auf sich genommen, und das hingegeben wird, was das Gesetz in der Strafe entreißen will. Wenn also in der Erklärung einer Erscheinung die Vorstellung einer Bestimmtheit als Zwang wirken oder gewirkt haben soll, so ist die Erklärung aus dem Gegenteil, daß die Erscheinung eine Äußerung der Freiheit sei, eben so schlechthin möglich. Daß die sinnliche Triebfeder, es sei nun, die zur Handlung antreiben, oder die, von der Seite des Gesetzes her, von ihr abschrecken soll, etwas Psychologisches, nämlich etwas Inneres ist, dadurch ist sie unmittelbar in die Freiheit gesetzt, welche von ihr abstrahieren konnte, oder nicht, und eins wie das andere ist Freiheit des Willens. Wird aber dagegen gehalten, man meine doch, und es sei eine allgemeine / Vorstellungsart, daß ein Zwang und ein psychologischer statt finde, so ist dies fürs erste nicht wahr, sondern es wird eben so gut und ohne Zweifel allgemeiner gemeint, eine Handlung oder die Unterlassung einer Handlung komme aus dem freien Willen; und dann würde man sich zur Aufstellung von Grundsätzen und Bestimmung der Gesetze eben so wenig um das Meinen zu bekümmern haben, als die Astronomen sich in der Erkenntnis der Gesetze des Himmels von der Meinung, daß die Sonne und die Planeten und alle Sterne sich um die Erde bewegen, gerade so groß seien, als sie erscheinen u.s.w. aufhalten lassen; so wenig als der Schiffsherr sich um die Meinung, daß das Schiff ruhe, und die Ufer fortgehen, bekümmert; wenn beide sich an die Meinung hielten, so würden jene es unmöglich finden, das Sonnensystem zu begreifen, und dieser würde die Ruderer die Arbeit aufhören, oder die Segel einziehen lassen, und beide sich sogleich in der Unmöglichkeit, ihren Zweck zu erreichen, befinden, und der Nichtrealität der Meinung unmittelbar inne werden, wie sie ihr Realität zugestehen wollten, wie oben gezeigt worden ist, daß der Zwang als Realität gedacht, d. h. in einem System und in der Totalität vorgestellt, unmittelbar sich und das Ganze aufhebt.

Indem so eine Bestimmtheit, welche von dem Meinen der positiven Wissenschaft festgehalten wird, das gerade Gegenteil ihrer selbst ist, so ist für die beiden Parteien, deren jede sich an die eine der entgegengesetzten Bestimmtheiten hält, gleich möglich, die andere zu widerlegen; welche Möglichkeit des Widerlegens darin besteht, daß von jeder Bestimmtheit gezeigt wird, sie sei gar nicht denkbar und gar nichts, ohne Beziehung auf die ihr entgegengesetzte; aber dadurch, daß sie nur ist und nur Bedeutung in Beziehung auf diese hat, kann und muß unmittelbar diese entgegengesetzte ebenso vorhanden sein, und aufgezeigt werden. Daß $+A$ keinen Sinn hat ohne Beziehung auf ein $-A$, daraus ist zu erweisen, daß mit $+A$ unmittelbar $-A$ ist, was der Gegner alsdann so faßt, daß vielmehr $-A$ hier vorhanden sei als $+A$; aber seinem $-A$ kann ebendies erwidert werden. Oft wird sich aber auch diese Mühe nicht gegeben, und z. B. von der sinnlichen Triebfedern entgegengesetzten Freiheit, welche um dieser Entgegensetzung willen eben so wenig eine wahre Freiheit ist, nicht gezeigt, daß alles, was als Äußerung dieser Freiheit erklärt werden wolle, eigentlich als Wirkung der sinnlichen Triebfedern erklärt werden müsse, was sich sehr gut tun läßt, aber nicht mehr, als sich im Gegenteil wieder zeigen läßt, daß was als Wirkung der sinnlichen Triebfeder erfahren werden solle, eigentlich als Wirkung der Freiheit erfahren werden müsse; — sondern es wird von der Freiheit geradezu abstrahiert und behauptet, daß sie gar nicht hierher gehöre, weil sie etwas Inneres, noch mehr etwas Moralisches, und gar etwas Metaphysisches sei; aber dabei nicht bedacht, daß die andere Bestimmtheit, bei welcher stehen geblieben / wird, nämlich der Zwang und die sinnliche Triebfeder, durch die er gesetzt sein soll als etwas Äußerliches, gar keine Bedeutung hat, ohne das entgegengesetzte Innere, oder die Freiheit, und daß diese schlechterdings von dem Zwang nicht abzutrennen ist. Die Handlung, welche ein Verbrechen ist, von

der Seite angesehen, daß dadurch der angedrohten Strafe
und der sinnlichen Triebfeder, welche das Gesetz durch
diese Drohung aufstellt, zuwider etwas Bestimmtes gewollt
wird, so heißt dies Bestimmte etwas Sinnliches, und man
wird sagen, daß es ein sinnlicher Reiz sei, von dem das Verbrechen abstamme; aber von der Seite, daß die Handlung
ein Wollen ist, und die Möglichkeit in ihr, von der sinnlichen Triebfeder des Gesetzes zu abstrahieren, so erscheint
sie als frei; und keine Ansicht, weder jene Bestimmtheit,
10 noch diese Möglichkeit kann weggelassen werden, sondern
eins ist schlechthin an das andere geknüpft, und damit kann
unmittelbar jedes aus seinem Gegenteil hergeleitet werden.
Aber die Logik des Meinens meint, wenn eine Bestimmtheit,
ein Entgegengesetztes gesetzt sei, daß von der andern, entgegengesetzten Bestimmtheit wirklich abstrahiert und derselben entbehrt werden könne; so wie auch jene Logik, vermöge der Art ihres Grundsatzes des Widerspruches, gar
nicht begreifen kann, daß in solchen Bestimmtheiten das
Gegenteil einer jeden ganz gleichgültig für die Bestimmung
20 der Anschauung, und in diesem Abstrahieren und negativen Wesen das Gegenteil seinem Gegenteil völlig gleich ist;
noch weniger, daß beide zusammen, wie die Freiheit, welche der Sinnlichkeit gegenüber ist, und die Sinnlichkeit und
der Zwang, schlechthin nichts Reelles, sondern bloße Gedankendinge und Wesen der Einbildung sind.

Insofern also eine Rechtswissenschaft dadurch positiv
ist, daß sie sich an das Meinen und wesenlose Abstraktionen hält, so hat ihre Berufung auf die Erfahrung oder auf
ihre Bestimmung der Anwendbarkeit auf die Wirklichkeit,
30 oder auf den gesunden Menschenverstand und allgemeine
Vorstellungsart, oder gar Berufung auf Philosophie nicht
den mindesten Sinn.

Wenn wir nun den Grund näher betrachten, wodurch
die Wissenschaft auf die angezeigte Weise positiv wird, und
überhaupt den Grund des Scheins und des Meinens erwä-
gen, so ergibt sich, daß er in der Form liegt; indem nämlich
dasjenige, was ideell, ein Entgegengesetztes, Einseitiges ist,
und allein in der absoluten Identität mit dem Entgegengesetzten Realität hat, isoliert, für sich seiend gesetzt, und als

etwas Reelles ausgesprochen wird. Diese Form ist es, wodurch die Anschauung unmittelbar aufgehoben, und das Ganze aufgelöst, aufhört ein Ganzes und etwas Reelles zu sein; dieser Unterschied des Positiven und Nichtpositiven geht also nicht auf den Inhalt. Es ist durch diese Form möglich, daß nicht nur, wie im oben Angezeigten, eine rein formelle Abstraktion fixiert und als eine Wahrheit und Realität fälschlicherweise / behauptet, sondern auch, daß eine wahrhafte Idee und echtes Prinzip von Seiten seiner Grenze verkannt, und außer der Potenz, in welcher es seine Wahr-　10 heit hat, gesetzt wird, und dadurch völlig seine Wahrheit verliert. Daß ein Prinzip einer Potenz angehört, ist die Seite seiner Bestimmtheit; aber in der Potenz selbst ist diese Bestimmtheit eben sowohl indifferenziert und real durchdrungen von der Idee vorhanden, und dadurch wahres Prinzip; und dann ist es als die Idee, in diesen Bestimmtheiten als ihrer Gestalt erscheinend, nur als Prinzip dieser Potenz, und damit die Grenze und Bedingtheit desselben erkannt. Aber es wird gänzlich aus seiner Wahrheit gerissen, wenn es in seiner Bedingtheit absolut gemacht, oder gar über die Na-　20 tur anderer Potenzen ausgebreitet wird. Die absolute klare Einheit der Sittlichkeit ist darin absolut und lebendig, daß weder eine einzelne Potenz, noch das Bestehen der Potenzen überhaupt fest sein kann, sondern daß sie dieselben, so wie sie sie ewig ausdehnt, ebenso absolut zusammenschlägt und aufhebt, und sich selbst in unentwickelter Einheit und Klarheit genießt; und in Beziehung auf die Potenzen, ihres innern Lebens sicher und unteilbar, bald der einen durch die andere Abbruch tut, bald in die eine ganz übergeht, und die andern vernichtet, so wie sie überhaupt aus dieser Be-　30 wegung ebenso sich in die absolute Ruhe zurückzieht, in welcher alle aufgehoben sind. Dagegen ist Krankheit und der Anfang des Todes vorhanden, wenn ein Teil sich selbst organisiert, und sich der Herrschaft des Ganzen entzieht, durch welche Vereinzelung er es negativ affiziert, oder es gar zwingt, sich allein für diese Potenz zu organisieren, wie wenn die dem Ganzen gehorchende Lebendigkeit der Eingeweide sich zu eigenen Tieren bildet, oder die Leber sich zum herrschenden Organ macht, und die ganze Organisation zu ihrer Verrichtung zwingt. So kann es im allgemeinen Systeme der Sittlichkeit geschehen, daß sich z. B. das Prinzip und System des bürgerlichen Rechts, welches auf Besitz und Eigentum geht, so in sich selbst vertieft, und in der Weitläufigkeit, in die es sich verliert, sich für eine Totalität nimmt, die an sich, unbedingt und absolut sei. Es ist schon oben die innere Negativität dieser Potenz auch ihrem Inhalt nach, der das bestehende Endliche ist, bestimmt worden, und der Widerschein der Indifferenz, der in ihm möglich ist, kann um so weniger für etwas Absolutes genommen werden. So wie ebensowenig das System des Erwerbs und des Besitzes selbst, der Reichtum eines Volkes, und in diesem System wieder eine einzelne Potenz, es sei der Akkerbau oder die Manufakturen und Fabriken, oder der Handel zur unbedingten gemacht werden kann.

Aber noch mehr wird eine einzelne Potenz positiv, wenn sie und ihr Prinzip ihre Bedingtheit so sehr vergessen, daß sie über andere übergreifen, und sich dieselben unterwerfen. Wie das Prinzip der Mechanik sich in die Chemie und Naturwissenschaft, und das der Chemie wieder ganz besonders in die letztere eingedrängt hat, so ist dies in der Philosophie des Sittlichen zu verschiedenen Zeiten mit verschiedenen Prinzipien der Fall gewesen, aber zu den neuen Zeiten hat in der innern Haus/haltung des Naturrechts diese äußere Gerechtigkeit, die im bestehenden Endlichen reflektierte und darum formelle Unendlichkeit, welche das Prinzip des bürgerlichen Rechts ausmacht, sich eine besondere Oberherrschaft über das Staats- und Völkerrecht erworben. Die Form eines solchen untergeordneten Verhältnisses, wie der Vertrag ist, hat sich in die absolute Majestät der sittlichen Totalität eingedrängt, und es ist z. B. für die Monarchie die absolute Allgemeinheit des Mittelpunkts und das Einssein des Besondern in ihm, bald nach dem Bevollmächtigungsvertrage als ein Verhältnis eines obersten Staatsbeamten zu dem Abstraktum des Staats, bald nach dem Verhältnisse des gemeinen Vertrags überhaupt, als eine Sache zweier bestimmter Parteien, deren jede der andern bedarf, als ein Verhältnis gegenseitiger Leistung begriffen, und durch solche Verhältnisse, welche ganz im Endlichen

sind, unmittelbar die Idee und absolute Majestät vernichtet
worden; so wie es auch an sich widersprechend ist, wenn
für das Völkerrecht nach dem Verhältnisse des bürgerlichen
Vertrags, der unmittelbar auf die Einzelheit und Abhängigkeit der Subjekte geht, das Verhältnis absolut selbstän-
diger und freier Völker, welche sittliche Totalitäten sind,
bestimmt werden soll. So könnte auch das Staatsrecht sich
als solches aufs Einzelne schlechthin beziehen und als eine
vollkommene Polizei das Sein des Einzelnen ganz durch-
dringen wollen, und so die bürgerliche Freiheit vernichten,
was der härteste Despotismus sein würde; wie Fichte alles
Tun und Sein des Einzelnen als eines solchen von dem ihm
entgegengesetzten Allgemeinen und der Abstraktion beaufsichtigt, gewußt und bestimmt sehen will. Es könnte
auch das moralische Prinzip sich in das System der absoluten Sittlichkeit eindrängen, und an die Spitze des öffentlichen sowohl als des Privat-Rechts, wie auch des Völker-
rechts stellen wollen; welches eben so sehr die größte Schwäche als der tiefste Despotismus und der gänzliche Verlust
der Idee einer sittlichen Organisation wäre, da das moralische Prinzip wie das des bürgerlichen Rechts nur im Endlichen und Einzelnen ist.

Wie in der Wissenschaft ein solches Festwerden und Isolieren der einzelnen Prinzipien und ihrer Systeme und ihr
Übergreifen über andere allein durch die Philosophie verhindert wird, indem der Teil seine Grenze nicht erkennt,
sondern vielmehr die Tendenz haben muß, sich als ein Ganzes und Absolutes zu konstituieren, die Philosophie aber
in der Idee des Ganzen über den Teilen steht, und dadurch
sowohl jedes in seiner Grenze hält, als auch durch die Ho-
heit der Idee selbst es verhütet, daß nicht der Teil in seinem
Verteilen in die endlose Kleinigkeit hinein fortwuchere;
eben so stellt sich in der Realität dieses Einschränken und
Ideellsetzen der Potenzen als die Geschichte der sittlichen
Totalität dar, in welcher sie in der Zeit, fest in ihrem absoluten Gleichgewicht sowohl zwischen den Entgegengesetzten auf und nieder schwankt, / bald das Staatsrecht durch
ein leichtes Übergewicht des bürgerlichen an seine Bestimmtheit mahnt, bald durch das Übergewicht von jenem in die-

ses Einbrüche und Risse macht, und so jedes System überhaupt teils durch ein kräftigeres Innewohnen für eine Zeit
neu belebt, teils alle in ihrer Trennung an ihre Zeitlichkeit
und Abhängigkeit erinnert, — als auch ihre wuchernde Ausdehnung und ihr Selbstorganisieren dadurch zerstört, daß
sie sie in einzelnen Momenten mit einemmal alle konfun-
diert, sie in sich gezogen darstellt, und aus der Einheit wie-
dergeboren, mit der Erinnerung an diese Abhängigkeit und
mit dem Gefühl ihrer Schwäche, wenn sie für sich sein wol-
10 len, wieder hinausgehen läßt.

Dieser Charakter der Positivität der Rechtswissenschaften betrifft die Form, durch welche sich eine Potenz isoliert und absolut setzt; und von dieser Seite kann so wie
Religion und was es sei, auch jede philosophische Wissenschaft verkehrt und verunreinigt werden. Aber wir müssen
die Positivität auch von Seiten der Materie betrachten.
Denn obzwar sowohl das, was wir vorhin positiv nannten,
und dasjenige, was wir jetzt als Materie betrachten, beides
im Besondern ist, so haben wir doch vorhin die äußere Ver-
20 bindung der Form der Allgemeinheit mit der Besonderheit
und Bestimmtheit betrachtet, jetzt aber betrachten wir das
Besondere als solches.

Und in dieser Rücksicht müssen wir uns vor allen Dingen
dessen, was seiner Materie nach als positiv gesetzt werden
kann, gegen den Formalismus annehmen; denn dieser zer-
reißt die Anschauung und ihre Identität des Allgemeinen
und Besondern, stellt die Abstraktionen des Allgemeinen
und Besondern einander gegenüber, und was er aus jener
Leerheit ausschließen, aber unter die Abstraktion der Be-
30 sonderheit subsumieren kann, gilt ihm für Positives; ohne
zu bedenken, daß durch diesen Gegensatz das Allgemeine
eben so sehr ein Positives wird, als das Besondere; denn es
* wird, wie vorhin gezeigt worden, durch die Form der Entgegensetzung, in der es in jener Abstraktion vorhanden ist,
positiv. Aber das Reale ist schlechthin eine Identität des
Allgemeinen und Besondern, und deswegen kann jene Abstraktion und das Setzen des einen von den Entgegengesetzten, welche durch die Abstraktion entstehen, des Allgemeinen, als eines Ansichseienden, nicht statt haben. Über-

haupt wenn das formelle Denken konsequent ist, so muß
es, wenn es das Besondere als Positives begreift, schlechthin
gar keinen Inhalt haben; in der reinen Vernunft des formellen Denkens muß durchaus jede Mehrheit und Unterscheid-
barkeit wegfallen, und es ist gar nicht abzusehen, wie es
auch nur zu der dürftigsten Mehrheit von Rubriken und Ka-
piteln kommen sollte; so wie diejenigen, welche das Wesen
des Organismus als die Abstraktion einer Lebenskraft begreifen, eigentlich die Glieder und das Gehirn und das Herz
und alle Eingeweide als etwas Besonderes, Zufälliges und 10
Positives begreifen und weglassen müssen. /
Dadurch, daß wie alles Lebendige, so auch das Sittliche
schlechthin eine Identität des Allgemeinen und Besondern
ist, ist es eine Individualität und Gestalt; es trägt die Besonderheit, die Notwendigkeit, das Verhältnis, d. i. die relative Identität in sich, aber indifferenziert, assimiliert, und
dadurch ist es frei in ihr; und dieses, was als Besonderheit
von der Reflexion angesehen werden kann, ist nicht ein
Positives noch Entgegengesetztes gegen das lebendige Individuum, das dadurch mit der Zufälligkeit und Notwendig- 20
keit zusammenhängt, aber lebendig; diese Seite ist seine
unorganische Natur, aber in der Gestalt und Individualität
an sich organisiert. So gehört, um das allgemeinste zu nennen, das bestimmte Klima eines Volks, und seine Zeitperio-
de in der Bildung des allgemeinen Geschlechts, der Notwendigkeit an, und es fällt von der weitausgebreiteten Kette
derselben nur Ein Glied auf seine Gegenwart; welches, nach
der erstern Seite aus der Geographie, nach der andern aus
der Geschichte zu begreifen ist. Aber in dieses Glied hat
sich die sittliche Individualität organisiert, und die Be- 30
stimmtheit desselben geht nicht dieselbe, sondern die Notwendigkeit an; denn die sittliche Lebendigkeit des Volks
ist gerade darin, daß es eine Gestalt hat, in welcher die Bestimmtheit ist, aber nicht als ein Positives (nach unserem
bisherigen Gebrauch dieses Wortes), sondern absolut mit
der Allgemeinheit vereint, und durch sie belebt. Und diese
Seite ist auch darum sehr wichtig, damit erkannt wird, wie
die Philosophie die Notwendigkeit ehren lehrt, sowohl darum, daß sie ein Ganzes ist, und nur die beschränkte Einsicht

sich an die Einzelheit hält und diese als eine Zufälligkeit
verachtet, — als auch darum, weil sie die Ansicht der Einzelheit und Zufälligkeit so aufhebt, daß sie von ihr zeigt,
wie sie das Leben nicht an sich hindert, sondern daß dieses,
indem es sie bestehen läßt, wie sie nach der Notwendigkeit
ist, sie doch zugleich auch dieser entreißt, sie durchdringt,
und belebt. So wenig das Element des Wassers, welchem
sich ein Teil der Tierwelt, und das Element der Luft, dem
sich ein anderer anorganisiert, darum daß sie einzelne Ele-
10 mente sind, jenes für den Fisch, dieses für den Vogel etwas
Positives oder Totes ist, eben so wenig ist diese Form der
Sittlichkeit, in welcher sie sich in diesem Klima und in dieser Periode einer besondern und der allgemeinen Kultur organisiert, etwas Positives in derselben. Wie in der Natur des
Polypen eben so die Totalität des Lebens ist, als in der Natur der Nachtigall und des Löwen, so hat der Weltgeist in
jeder Gestalt sein dumpferes oder entwickelteres, aber absolutes Selbstgefühl, und in jedem Volke, unter jedem Ganzen von Sitten und Gesetzen sein Wesen, und seiner selbst
20 genossen. — Nach außen ist die Stufe eben so gerechtfertigt, welche äußere Seite der Notwendigkeit als solcher angehört; denn auch in dieser Abstraktion der Notwendigkeit
ist durch die Idee wieder die Einzelheit schlechthin aufgehoben; diese Einzelheit der Stufe / des Polypen und der
Nachtigall und des Löwen ist Potenz eines Ganzen, und in
diesem Zusammenhang ist sie geehrt. Über den einzelnen
Stufen schwebt die Idee der Totalität, die sich aber aus ih-
* rem ganzen auseinandergeworfenen Bilde widerstrahlt,
und sich darin anschaut und erkennt; und diese Totalität
30 des ausgedehnten Bildes ist die Rechtfertigung des Einzelnen als eines Bestehenden. Es ist darum der formelle Standpunkt, der an eine Individualität die Form der Besonderheit bringt, und die Lebendigkeit, in welcher die Besonderheit real ist, aufhebt; aber der empirische Standpunkt, welcher da, wo die Realität einer bestimmten Stufe gesetzt ist,
eine höhere verlangt; die höhere auch in ihrer entwickelten
Realität, und empirisch, ist eben sowohl vorhanden; die höhere Entwicklung des Lebens der Pflanze ist im Polypen,
die höhere des Polypen im Insekt u.s.w. Es ist nur empiri-

sche Unvernunft, welche im Polypen die empirische Darstellung der höhern Stufe des Insekts erblicken will; der Polyp, der nicht Polyp wäre, bleibt nichts als dieses bestimmte, mit mir in einer empirischen Beziehung stehende tote
Stück Materie, welches dadurch tot und Materie ist, daß
ich es als eine leere Möglichkeit, etwas anderes zu sein, als
welche Leerheit der Tod ist, setze; ist es absolut ohne eine
empirische Beziehung um die höhere Darstellung zu tun,
so ist sie zu finden, denn sie muß der absoluten Notwendigkeit nach vorhanden sein. — So kann z. B. die Lehens- 10
verfassung wohl als etwas ganz Positives erscheinen; aber
vors erste von Seiten der Notwendigkeit ist sie nicht ein
absolutes Einzelnes, sondern schlechthin in der Totalität
der Notwendigkeit; nach innen aber gegen das Leben selbst
kommt es, ob sie positiv sei, darauf an, daß das Volk in ihr
sich als Individualität wahrhaft organisiert hat, die Gestalt
jenes Systems vollkommen ausfüllt, und lebendig durchdringt, ob das Gesetz dieser Verhältnisse Sitte ist. Wenn also etwa der Genius einer Nation überhaupt tiefer steht, und
ein schwächerer ist, und die Schwäche der Sittlichkeit ist 20
in der Barbarei und in der formellen Kultur am härtesten,
wenn sie von einer andern sich besiegen lassen, ihre Unabhängigkeit verlieren müssen, also das Unglück und die
Schmach des Verlustes der Selbständigkeit, dem Kampfe
und dem Tode vorgezogen hat; wenn sie so roh in die Realität des tierischen Lebens versunken ist, daß sie sich nicht
einmal in die formelle Idealität, in die Abstraktion eines
Allgemeinen erhebt, und also in der Bestimmung der Verhältnisse für das physische Bedürfnis nicht das Verhältnis
von Recht, sondern nur von Persönlichkeit ertragen kann, 30
— oder eben so, wenn die Realität des Allgemeinen und des
Rechts allen Glauben und alle Wahrheit verloren hat, und
sie das Bild der Göttlichkeit nicht in sich selbst zu empfinden und zu genießen vermag, sondern dasselbe außer sich
setzen, und für dasselbe mit einem dumpfen Gefühl, oder
dem ganz schmerzlichen der weiten Entfernung und Erha-
benheit vorlieb nehmen muß, so haben Lehensverfassung
und Knechtschaft absolute Wahrheit, und dies Verhältnis

ist die einzig mögliche Form der Sittlichkeit, und darum die notwendige und gerechte und sittliche. /

Von dieser Individualität des Ganzen aus und dem bestimmten Charakter eines Volks ist denn auch das ganze System, in das sich die absolute Totalität organisiert, zu erkennen; es ist zu erkennen, wie alle Teile der Verfassung und der Gesetzgebung, alle Bestimmungen der sittlichen Verhältnisse schlechthin durch das Ganze bestimmt sind, und ein Gebäude bilden, in welchem keine Verbindung und keine Zierde für sich a priori vorhanden gewesen, sondern jede durch das Ganze geworden und ihm untertänig ist. In diesem Sinne hat Montesquieu sein unsterbliches Werk auf die Anschauung der Individualität und des Charakters der Völker gegründet, und wenn er sich nicht zur lebendigsten Idee erhoben hat, doch schlechthin die einzelnen Einrichtungen und Gesetze nicht aus der sogenannten Vernunft deduziert, noch sie aus der Erfahrung abstrahiert und dann zu etwas Allgemeinem erhoben, sondern wie die höhern Verhältnisse der staatsrechtlichen Teile, so auch die niedrigern Bestimmungen der bürgerlichen Verhältnisse bis auf Testamente, Ehegesetze u.s.w. herab, ganz allein aus dem Charakter des Ganzen und seiner Individualität begriffen, und hiermit den empirischen Theoretikern, welche die Zufälligkeiten ihrer Systeme des Staats und der Gesetze aus der Vernunft zu erkennen und aus dem Menschenverstand selbst oder auch aus der allgemeinen Erfahrung herausgenommen zu haben vermeinen, auf eine ihnen begreifliche Weise gezeigt, daß die Vernunft, und der Menschenverstand, und die Erfahrung, aus welchen die bestimmten Gesetze herkommen, keine Vernunft und Menschenverstand a priori, auch keine Erfahrung a priori, was eine absolut allgemeine wäre, sind, sondern ganz allein die lebendige Individualität eines Volkes, eine Individualität, deren höchste Bestimmtheiten wieder aus einer allgemeinern Notwendigkeit zu begreifen sind.

Wie oben in Beziehung auf die Wissenschaft gezeigt worden ist, daß jede einzelne Potenz fixiert und die Wissenschaft dadurch positiv werden kann, so muß eben dies von dem sittlichen Individuum oder dem Volke behauptet werden.

Denn nach der Notwendigkeit muß die Totalität als Bestehen der auseinandergeworfenen Bestimmtheiten an ihm sich darstellen, und das einzelne Glied der Kette, unter dem es in der Gegenwart gesetzt ist, vorübergehen, und ein anderes eintreten. Indem das Individuum auf diese Art wächst, eine Potenz stärker hervor- und die andere zurücktritt, so geschieht es, daß die Teile, welche sich in der letztern organisiert haben, sich als ausgeschieden und als abgestorben finden. Diese Teilung, worin einiges einem neuen Leben entgegenreift, das andere aber, das sich auf der Stufe einer Bestimmtheit festgesetzt hat, zurückbleibt, und das Leben sich entfliehen sieht, ist allein möglich dadurch, daß die Bestimmtheit einer Stufe fixiert und formell absolut gemacht worden ist; die Form des Gesetzes, welche der bestimmten Sitte gegeben worden, und welche die Allgemeinheit oder das Negativabsolute der Identität ist, gibt ihr den / Schein eines Ansichseienden; und wenn die Masse eines Volkes groß ist, so ist auch der Teil desselben groß, der sich in jener Bestimmtheit organisiert; und das Bewußtsein, das im Gesetz über sie ist, hat ein großes Gewicht über das Bewußtlose des neu aufstrebenden Lebens. Als Sitte und Gesetz Eins war, war die Bestimmtheit nichts Positives, aber wie mit dem Wachstum des Individuums das Ganze nicht gleichmäßig fortschreitet, so trennt sich Gesetz und Sitte, die lebendige Einheit, welche die Glieder verbindet, erschwacht, und es ist in der Gegenwart des Ganzen kein absoluter Zusammenhang und Notwendigkeit mehr. Hier kann also das Individuum nicht aus sich selbst erkannt werden, denn seine Bestimmtheit ist ohne das Leben, welches sie erklärt und begreiflich macht; und indem die neue Sitte eben so anfängt, sich in Gesetzen aufzufassen, so muß schlechthin ein innerer Widerspruch der Gesetze unter sich hervorkommen. Wie im vorigen Geschichte nur eine Seite der Ansicht, und was notwendig, zugleich frei ist, so ist hingegen hier die Notwendigkeit mit der Freiheit nicht mehr eins, und fällt insofern ganz der reinen Geschichte anheim; was in der Gegenwart keinen wahrhaften lebendigen Grund hat, dessen Grund ist in einer Vergangenheit, d. h. es ist eine Zeit aufzusuchen, in welcher die im Gesetz fixierte, aber erstorbene

Bestimmtheit lebendige Sitte und in Übereinstimmung mit
der übrigen Gesetzgebung war. Weiter aber als gerade für
diesen Zweck der Erkenntnis reicht die Wirkung der rein
geschichtlichen Erklärung der Gesetze und Einrichtungen
nicht; sie wird ihre Bestimmung und Wahrheit überschrei-
ten, wenn durch sie das Gesetz, das nur in einem vergangenen Leben Wahrheit hatte, für die Gegenwart gerechtfertigt werden soll; im Gegenteil erweist diese geschichtliche
Erkenntnis des Gesetzes, welche in verlornen Sitten und
10 einem erstorbenen Leben seinen Grund allein aufzuzeigen
weiß, gerade, daß ihm jetzt in der lebendigen Gegenwart
der Verstand und die Bedeutung fehlt, wenn es schon noch
durch die Form des Gesetzes, und dadurch, daß noch Teile
des Ganzen in seinem Interesse sind und ihr Dasein an dasselbe knüpfen, Macht und Gewalt hat.

Es ist aber für die richtige Unterscheidung dessen, was
tot ist und keine Wahrheit hat, und dessen, was noch lebendig ist, an einen Unterschied zu erinnern, welcher der
formalen Ansicht entgehen kann, und der verhindern muß,
20 daß, was an sich negativ ist, für lebendiges Gesetz und also
die Herrschaft der an sich negativen Gesetze für Belebtsein
der Organisation genommen werde. Denn Gesetze, welche
der Oberherrschaft des Ganzen einzelne Bestimmtheiten
und Teile entziehen, die Gewalt desselben von ihnen ausschließen, und die Ausnahmen des Einzelnen vom Allgemeinen konstituieren, sind an sich etwas Negatives, und
Zeichen des beginnenden Todes, der für das Leben immer
drohender wird, je mehr des Negativen und der Ausnahmen
werden, und diese Gesetze, welche auf diese Auflösung
30 gehen, den wahren, welche die Einheit des Ganzen konstituieren, zu mächtig werden. Zum Positiven und Erstorbenen muß also nicht nur dasjenige gerechnet werden, was
ganz einer Vergangenheit / angehört, und keine lebendige
Gegenwart mehr und allein eine unverständige, und weil es
ohne innre Bedeutung ist, schamlose Macht hat, sondern
auch dasjenige ist ohne wahrhaft positive Wahrheit, was das
Negative, die Auflösung und Abtrennung von der sittlichen
Totalität festsetzt; jenes ist die Geschichte eines vergangenen Lebens, dieses aber die bestimmte Vorstellung des ge-

genwärtigen Todes. So können in einem aufgelösten Volk,
wie z. B. im deutschen allerdings, die Gesetze Wahrheit zu
haben scheinen, wenn man nicht unterscheidet, ob sie Gesetze des Negativen und der Trennung, oder Gesetze des
wahrhaft Positiven und der Einheit sind. Unmittelbar damit, daß die ein Ganzes organisierenden Gesetze allein für
eine Vergangenheit Bedeutung haben, und sich auf eine Gestalt und Individualität beziehen, die längst als eine erstorbene Hülle abgestreift ist, daß sie nur noch für Teile Interesse haben, und dadurch nicht eine lebendige Beziehung
gegen das Ganze, sondern eine ihm fremde Gewalt und
Herrschaft setzen, und daß dasjenige, worin ein lebendiges
Band und innre Einheit sich darstellt, als Mittel für seinen
Zweck nicht die allermindeste Angemessenheit mehr, also
dieses Mittel weder Verstand, noch Wahrheit hat, denn die
Wahrheit des Mittels ist darin, daß es dem Zweck adäquat
ist; durch welche innerste Unwahrheit des Ganzen dann
auch erfolgt, daß in der Wissenschaft der Philosophie überhaupt, in der Sittlichkeit, eben so der Religion wenig Wahres mehr sein kann; — unmittelbar damit bestimmt und befestigt sich die Auflösung und setzt sich in einem System
des Negativen, gibt sich somit den formellen Schein wie
von Erkenntnis, so von Gesetzen, deren inneres Wesen das
Nichts ist; wenn die Erkenntnis und Wissenschaft eines solchen Volks sich ausdrückt, daß die Vernunft nichts erkenne und wisse, und nur in der leeren Freiheit, als einer Flucht,
im Nichts und in dessen Schein sei, so ist der Inhalt und
das Wesen der negativen Gesetzgebung, daß kein Gesetz,
keine Einheit, kein Ganzes sei; jene erste Unwahrheit ist
also diejenige, welche bewußtlos und unbefangen es ist,
diese zweite aber, welche sich die Form anmaßt, und damit
sich befestigt.

Es ist also nicht die Philosophie, welche das Besondere,
darum, weil es ein Besonderes ist, für ein Positives nimmt;
sondern nur insofern es außer dem absoluten Zusammenhange des Ganzen als ein eigener Teil Selbständigkeit errungen hat. Die absolute Totalität hemmt sich als Notwendigkeit in jeder ihrer Potenz[en], bringt sich auf ihr als Totalität hervor, wiederholt daselbst sowohl die vorhergehenden

Potenzen, als sie die nachfolgenden antizipiert, aber eine
derselben ist die größte Macht, in deren Farbe und Bestimmtheit die Totalität erscheint, ohne jedoch für das Leben etwas Beschränkendes zu sein, so wenig es das Wasser
für den Fisch, die Luft für den Vogel ist. Es ist zugleich
notwendig, daß die Individualität fortschreite, sich meta-
morphosiere, und das der herrschenden Potenz Angehörige
erschwache und / ersterbe, damit alle Stufen der Notwendigkeit an ihr als solche erscheinen; das Unglück aber der
Periode des Übergangs, daß dieses Erstarken der neuen
Bildung sich nicht von dem Vergangenen absolut gereinigt
hat, ist es, worin das Positive ist. Und die Natur, ob sie zwar
innerhalb einer bestimmten Gestalt mit gleichmäßiger, jedoch nicht mechanisch gleichförmiger, sondern mit gleich-
förmig beschleunigter Bewegung fortgeht, genießt jedoch
auch einer neuen Gestalt, welche sie errungen hat; wie sie
in dieselbe springt, so verweilt sie sich in ihr. Wie die Bom-
be zu ihrer Kulmination einen Ruck tut, und dann in ihr
einen Moment ruht; oder wie das erhitzte Metall nicht wie
Wachs erweicht, sondern auf einmal in den Fluß springt,
und auf ihm verweilt; denn die Erscheinung ist der Übergang ins absolut Entgegengesetzte, also unendlich, und dieses Heraustreten des Entgegengesetzten aus der Unendlichkeit oder seinem Nichts ist ein Sprung, und das Dasein der
Gestalt in ihrer neugebornen Kraft ist zuerst für sich selbst,
ehe sie sich ihres Verhältnisses zu einem Fremden bewußt
wird; so hat auch die wachsende Individualität sowohl die
Freudigkeit jenes Sprungs als eine Dauer des Genusses ihrer
neuen Form, bis sie sich allmählich dem Negativen öffnet,
und auch in ihrem Untergange auf einmal und brechend ist.
  Wenn nun die Philosophie der Sittlichkeit diese Notwendigkeit begreifen und den Zusammenhang ihres Inhalts so
wie die Bestimmtheit desselben als absolut verbunden mit
dem Geiste und als seinen lebendigen Leib erkennen lehrt,
und sich dem Formalismus, der, was er unter den Begriff
der Besonderheit subsumieren kann, für zufällig und für tot
ansieht, entgegensetzt; so erkennt die Philosophie der Sittlichkeit zugleich, daß diese Lebendigkeit der Individualität
überhaupt, welches auch ihre Gestalt sei, eine formale Le-

bendigkeit ist; denn die Beschränktheit dessen, was der
Notwendigkeit angehört, obgleich absolut in die Indifferenz aufgenommen, ist nur ein Teil der Notwendigkeit,
nicht die absolute totale Notwendigkeit selbst, also immer
eine Nichtübereinstimmung des absoluten Geistes und seiner Gestalt. Für diese absolute Gestalt aber kann sie nicht
zur Gestaltlosigkeit des Kosmopolitismus fliehen, noch zu
der Leerheit der Rechte der Menschheit, und der gleichen
Leerheit eines Völkerstaats und der Weltrepublik, als welche Abstraktionen und Formalitäten das gerade Gegenteil
der sittlichen Lebendigkeit enthalten, und ihrem Wesen
nach gegen Individualität protestantisch und revolutionär
sind; sondern sie muß für die hohe Idee der absoluten Sittlichkeit auch die schönste Gestalt erkennen; und da die
absolute Idee an sich selbst absolute Anschauung ist, so ist
mit ihrer Konstruktion unmittelbar auch die reinste und
freiste Individualität bestimmt, in welcher der Geist sich
selbst vollkommen objektiv in seiner Gestalt anschaut, und
ganz, ohne Rückkehr zu sich aus der Anschauung, sondern
unmittelbar die Anschauung selbst als sich selbst erkennt,
und eben dadurch absoluter Geist, und vollkommene Sittlichkeit ist; welche zugleich nach der oben vorgestellten
Weise ihre Verwicklung / mit dem Negativen — denn was
wir bisher positiv genannt haben, ist, wie aus der Sache
selbst hervorgegangen, an sich betrachtet das Negative —
abwehrt, es sich als objektiv und Schicksal gegenüberstellt,
und dadurch, daß sie ihm eine Gewalt und ein Reich durch
das Opfer eines Teils ihrer selbst mit Bewußtsein einräumt,
ihr eigenes Leben davon gereinigt erhält.

ANMERKUNGEN DER HERAUSGEBER*

Die Anmerkungen beschränken sich zumeist auf Nachweise der im
Text vorkommenden Zitate, Bezugnahmen und Realien; sie sind kein
Kommentar. Zitate aus Schriften, die heute weitgehend unbekannt
oder nur schwer zugänglich sind, werden ausführlicher nachgewiesen;
bei leicht zugänglichen Schriften werden Nachweise in extenso nur
dort gebracht, wo Hegel das Original sehr ungenau oder mißverständ-
lich wiedergibt.

    Öfter herangezogene Schriften bzw. Ausgaben werden in den An-
merkungen wie folgt zitiert:

ALZ.	Allgemeine Literatur-Zeitung. Jena und Leipzig.
Diogenes Laertios.	Diogenis Laertii de vitis, dogmatibus et apo-phthegmatibus clarorum philosophorum libri X. Graece et Latine. Cum subjunctis integris anno-tationibus Is. Casauboni, Th. Aldobrandini et Mer. Casauboni. Latinam Ambrosii versionem complevit et emendavit Marcus Meibomius. Amstelaedami apud Henricum Wetstenium 1692.
Fichte: Naturrecht.	Johann Gottlieb Fichte: Grundlage des Natur-rechts nach Principien der Wissenschaftslehre. [Teil 1.] Jena und Leipzig: Gabler 1796. Teil 2. Ebenda 1797.
Fichte: System der Sittenlehre.	Johann Gottlieb Fichte: Das System der Sitten-lehre nach den Principien der Wissenschaftsleh-re. Jena und Leipzig: Gabler 1798.
Fichte: Werke.	Johann Gottlieb Fichte's sämmtliche Werke. Hrsg. von I. H. Fichte. 8 Bde. Berlin 1845—1846. (Nachdruck W. de Gruyter, Berlin 1971)
Hegel: Werke.	Georg Wilhelm Friedrich Hegel: Gesammelte Werke. Hrsg. im Auftrag der Deutschen For-schungsgemeinschaft und der Rheinisch-West-fälischen Akademie der Wissenschaften. Ham-burg 1968 ff. Band 4: Jenaer Kritische Schrif-ten. Hrsg. von Hartmut Buchner u. Otto Pögge-ler. Meiner, Hamburg 1968.

* Siehe oben S. XXX.

Jacobi: Spinoza.	Friedrich Heinrich Jacobi: Ueber die Lehre des Spinoza in Briefen an den Herrn Moses Mendelssohn. Neue vermehrte [= 2.] Ausgabe. Breslau: Loewe 1789.
Jacobi an Fichte.	Jacobi an Fichte. Hamburg: Perthes 1799.
Jacobi: Werke.	Friedrich Heinrich Jacobi's Werke. 6 Bde. Leipzig 1812–1825. (Nachdruck Wissenschaftl. Buchgesellschaft, Darmstadt 1968)
Krug: Briefe über die Wissenschaftslehre.	Willhelm Traugott Krug: Briefe über die Wissenschaftslehre. Nebst einer Abhandlung über die von derselben versuchte Bestimmung des religiösen Glaubens. Leipzig: Roch 1800. (Nachdruck Aetas Kantiana Nr. 154, Brüssel 1969)
Krug: Briefe über den neuesten Idealism.	Willhelm Traugott Krug: Briefe über den neuesten Idealism. Eine Fortsetzung der Briefe über die Wissenschaftslehre. Leipzig: Müller 1801. (Nachdruck Aetas Kantiana Nr. 153, Brüssel 1969)
Krug: Entwurf eines neuen Organons.	Willhelm Traugott Krug: Entwurf eines neuen Organon's der Philosophie oder Versuch über die Principien der philosophischen Erkenntniß. Meissen und Lübben: Erbstein 1801. (Nachdruck Aetas Kantiana Nr. 155, Brüssel 1969)
Philosophisches Journal.	Philosophisches Journal einer Gesellschaft Teutscher Gelehrten. Bd 1–4 hrsg. von Friedrich Immanuel Niethammer. Neu-Strelitz: Michaelis 1795–1796. Bd 5–10 hrsg. von Johann Gottlieb Fichte und Friedrich Immanuel Niethammer. Jena und Leipzig: Gabler 1797–1798. (Nachdruck Olms, Hildesheim 1969)
Platon.	Platonis philosophi quae exstant Graece ad editionem Henrici Stephani accurate expressa cum Marsilii Ficini interpretatione. Studiis Societatis Bipontinae. 11 Bde. Biponti ex Typographia Societatis. 1781–1786.
Schelling: System des transzendentalen Idealismus.	Friedr. Wilh. Joseph Schelling: System des transscendentalen Idealismus. Tübingen: Cotta 1800.
Schelling: Werke.	Friedrich Wilhelm Joseph von Schellings sämmtliche Werke. Hrsg. von K. F. A. Schelling. 1. Abtheilung. 10 Bde. Stuttgart und Augsburg 1856–1861. (Nachdruck in veränderter Anordnung hrsg. von Manfred Schröter, München 1927–1946 u. ö. Teilnachdruck Wissenschaftl. Buchgesellschaft, Darmstadt 1968–1977)

Schulze: Kritik.   Gottlob Ernst Schulze: Kritik der theoretischen
                        Philosophie. 2 Bde. Hamburg: Bohn 1801.
                        (Nachdr. Aetas Kantiana Nr. 244, Brüssel 1973)
Sextos Empirikos.   Sexti Empirici opera Graece et Latine. Pyrrho-
                        niarum institutionum libri III. cum Henr. Ste-
                        phani versione et notis. Contra mathematicos,
                        sive Disciplinarum professores, libri VI. Contra
                        philosophos libri V. cum versione Gentiani Her-
                        veti. Graeca ex mss. codicibus castigavit, versio-
                        nes emendavit supplevitque, et toti operi notas
                        addidit Jo. Albertus Fabricius. Lipsiae, sumtu
                        Joh. Friderici Gleditschii B. Filii, 1718.

5,18 gilt es nicht darum] vielleicht zu lesen: geht es nicht darum,
oder: gilt es darum nicht.

12,1 Vgl. *Aulus Gellius: Noctes Atticae.* Lib. XX, cap. 5, und *Plu-
tarchos: Alexandros.* Abschn. VII. (Beide Stellen zitiert in *Aristote-
lis Opera. Edidit Academia Regia Borussica.* Vol. II. Berlin 1831. *Ora-
tiones et Epistolae* 1581 a 30 — b 2).

12,18 *Der Reichs-Anzeiger. Oder Allgemeines Intelligenz-Blatt
zum Behuf der Justiz, der Polizei und der bürgerlichen Gewerbe im
Teutschen Reiche, wie auch zur öffentlichen Unterhaltung der Leser
über gemeinnützige Gegenstände aller Art.* — Der Herausgeber *R. Z.
Becker* gibt im Vorwort zu den einzelnen Bänden „Absicht und Inhalt des Reichs-Anzeigers" folgendermaßen an: „Dieser seit dem Jahre 1791 von mir herausgegebene, u. von Sr. Kais. Majestät durch ein
Allergändigstes mir unterm 27. Sept. 1792 erteiltes Privilegium zu
einem öffentlich autorisierten Teutschen Reichs-Blatt erhobene An-
zeiger soll für die Teutsche Nation das sein, was ein gutes Intelligenz-
Blatt für eine einzelne Stadt oder Provinz sein würde." Folgende Ge-
genstände werden behandelt: A. Teutsche Reichs-Staatssachen, B.
Neue Gesetze und Verordnungen. C. Justiz- und Polizei-Sachen. D.
Nützliche Anstalten und Vorschläge. E. Moralische Gegenstände. F.
Naturkunde. G. Gesundheitskunde. H. Land- und Hauswirtschaft. I.
Künste, Manufakturen und Fabriken. K. Kauf- und Handels-Sachen.
L. Gelehrte Sachen. M. Dienst-Anerbieten. N. Dienst-Gesuche. O. Be-
förderungen. P. Familien-Nachrichten. Q. Berichtigungen und Strei-
tigkeiten. R. Gemeinnützige Gesellschaften. S. Allerhand.

13,25—26 höchst ephemere] lies: nur höchst ephemere, oder:
höchstens ephemere.

16,6 Der Untertitel der *Briefe über die Wissenschaftslehre* lautet
genau: *Nebst einer Abhandlung über die von derselben versuchte Bestimmung des religiösen Glaubens.*

16,14—15 Übers.: „Welches ist das erste Geschäft des Philosophierenden? — Das Glauben abtun."

16,21 *Krug: Briefe über die Wissenschaftslehre.* 6; und *Krug: Briefe über den neuesten Idealism.* 6.

16,32 Vgl. *Krug: Briefe über die Wissenschaftslehre.* 3ff, vor allem 6—8: „Er [der Verfasser] hat in dieser Prüfung die Wissenschaftslehre mit der ihr gebührenden Achtung behandelt, hat ihr nicht gehässige Folgerungen, sondern Gründe entgegengesetzt, und hat diese Gründe nicht aus dem Systeme seiner eignen Überzeugungen, welches darzulegen und geltend zu machen hier gar nicht seine Absicht war, sondern, wie es der echten Skepsis ziemt, aus dem geprüften Systeme selbst, der Wissenschaftslehre, hergenommen. Er darf also wohl auch auf eine gleiche Behandlung von Seiten der Gegner Anspruch machen, und wenn er sich in denselben nicht ganz irrt, so fürchtet er gar nicht einmal eine entgegengesetzte Behandlung. Denn er hat von dem Unterscheidungsvermögen derselben eine zu vorteilhafte Meinung, als daß er nicht hoffen sollte, auf einen andern Fuß von ihnen behandelt zu werden, als geistlose Possenreißer und herzlose Sykophanten. Sollte er sich gleichwohl in dieser Hoffnung getäuscht finden, so wird er eine Untersuchung, die durch diese Briefe bloß eingeleitet werden sollte, gänzlich aufgeben, weil aus einer literarischen Fehde, die mit leidenschaftlicher Hitze geführt wird, selten etwas Kluges herauskommt, und am Ende den Zuschauern nur ein Skandal gegeben wird, das die Wissenschaft samt ihren Pflegern in öffentlichen Mißkredit bringt."

17,1—13 Ebenda. 5f: „Die Wissenschaftslehre hat zwar bisher ziemlich spröde getan, und ihre Gegner größten Teils in einem etwas unsanften Tone zurecht gewiesen. Indessen ist auch nicht zu leugnen, daß sie in manchen Fällen bloß das Wiedervergeltungsrecht gebraucht hat, und, wenn sie dabei die Grenzen desselben hin und wieder überschritten hat, dies vielleicht mehr von der Kraftfülle, womit sie den Kampfplatz betrat, als von einer feindseligen Gesinnung herrühren mag. Der Verfasser hat bisher an diesem Streite keinen Teil genommen, weil er es für Pflicht hielt, ein System erst genauer für sich selbst zu prüfen, ehe er mit einer öffentlichen Prüfung desselben hervorträte."

17,14—29 Siehe Anm. zu 16,32.

17,30—18,1 *Krug: Briefe über die Wissenschaftslehre.* 14f: „Zuvörderst will ich Ihnen aber gern bekennen, daß ich das Ich, von welchem die Wissenschaftslehre ausgeht und anhebt, weder so lächerlich, noch so undenkbar finde, als es so Viele zu finden scheinen. Warum sollte ich nicht mich selbst, abgesondert von Allem, was nicht zu mir selbst gehört, denken können? Und was liegt denn Ungereimtes darin, was einem verständigen Menschen ein Lachen oder auch nur ein Lächeln abnötigen könnte, wenn das, was ich durch diese Abstraktion denke, schlechthin Ich, oder das absolute, das reine Ich genannt wird, zum Unterschiede von dem relativen, empirischen Ich, in dessen Gedanken gar Vieles enthalten ist, was nicht zu mir selbst unmittelbar gehört, weil es mir erst in der Zeit entstanden ist, und nur in einer außerwesentlichen Beziehung zu mir selbst steht? Auch finde ich die Forderung, welche die Wissenschaftslehre gleich zu Anfang an jeden, der philosophieren will, tut, sehr gegründet: ‚Merke auf dich selbst: kehre deinen Blick von Allem, was dich umgibt, ab, und in dein Inneres!‘ " Das *Fichte*-Zitat findet sich, wie *Krug* auch angibt: *Philosophisches Journal. Bd 5, H. 1.6 (Versuch einer neuen Darstellung der Wissenschaftslehre). Vgl. Fichte: Werke. Bd 1.422 (Erste Einleitung in die Wissenschaftslehre).*

18,2 *Krug: Briefe über die Wissenschaftslehre.* 17f: „Ferner habe ich auch nichts dagegen, wenn die Wissenschaftslehre ihr Problem, und mit demselben zugleich das Problem aller Philosophie in folgender Formel aufstellt: ‚Welches ist der Grund des Systems der vom Gefühle der Notwendigkeit begleiteten Vorstellungen, und dieses Gefühls der Notwendigkeit selbst?‘ — oder: ‚Wie kommen wir dazu, dem, was doch nur subjektiv ist, objektive Gültigkeit beizumessen?‘ " Die *Fichte*-Zitate stehen, wie *Krug* auch angibt: *Philosophisches Journal. Bd 5, H. 1.8, sowie H. 4.323 (Zweite Einleitung in die Wissenschaftslehre). Vgl. Fichte: Werke. Bd 1.423 (Erste Einleitung in die Wissenschaftslehre) und Bd 2.455f (Zweite Einleitung in die Wissenschaftslehre).*

18,2—5 *Krug: Briefe über die Wissenschaftslehre.* 18f: „Endlich kann ich auch den Idealism der Wissenschaftslehre, wenn er auch, sobald er ins Handeln überginge, höchst schädlich wäre, dennoch als philosophische Theorie nicht für so gefährlich halten, als er von Vielen scheint gehalten zu werden; und zwar aus dem sehr einfachen Grunde, weil es nicht möglich ist, daß er je ins Handeln übergehe."

18,5—9 Ebenda. 19f: „Von diesen Seiten betrachtet wüßte ich also Ihnen und Ihrem transzendentalen Idealisme, in welchem Sie Sich jetzt so wohl zu gefallen scheinen, nichts entgegenzusetzen. Ob dieses System, von andern Seiten betrachtet, nicht auch seine Blößen habe, wird sich in der Folge zeigen."

18,15—16 *Hegel* bezieht sich auf eine Anmerkung zu der den *Briefen über die Wissenschaftslehre* beigegebenen *Abhandlung über die von der Wissenschaftslehre versuchte philosophische Bestimmung des religiösen Glaubens* (61ff). *Krug* sagt dort, er könne in dieser Untersuchung den transzendentalen Gesichtspunkt mit desto größerem Rechte ganz zur Seite liegen lassen, „da in den dieser Abhandlung vorausgeschickten Briefen der transzendentale Gesichtspunkt bereits ausführlich geprüft worden ist." (79 Anm.)

18,26 *Krug: Briefe über die Wissenschaftslehre.* 20f: „Sie [die Wissenschaftslehre] nennt nämlich jenes [ihr eigenes System] Idealism, dieses [das ihr entgegengesetzte System] Dogmatism. Nun kommt zwar auf die Namen in der Hauptsache nichts an; allein hier gegen alle diejenigen enthalten zu sein, welchen es etwa beifallen möchte, an der Allgemeingültigkeit des transzendentalen Idealismes zu zweifeln, und auf die Prinzipien der Wissenschaftslehre nicht ein unbedingtes Vertrauen zu setzen, indem durch Entgegensetzung des Dogmatismes gewissermaßen schon vor der Untersuchung vorher der Stab über alle und jede Gegner der Wissenschaftslehre gebrochen, und eben dadurch dem Geiste der unparteiischen Prüfung, wozu das philosophische Publikum doch so oft und so nachdrücklich von ihr aufgefordert worden ist, aller Zugang, wo nicht verwehrt, doch erschwert wird."

18,27—29 Ebenda. 23: „Der Dogmatism (im weitern Sinne) in materialer Hinsicht aber ist entweder Idealism oder Realism. Wer die Realität der Außenwelt leugnet, ist ein Idealist, wer sie zugibt und behauptet, ein Realist." Vorher unterscheidet *Krug* „Dogmatism" und „Skeptizism"; den „Dogmatism im weitern Sinne" unterscheidet er nach formaler Hinsicht in „Dogmatism im engeren Sinne" und „Kritizism".

19,1—4 *Hegel* bezieht sich hier auf *Briefe über die Wissenschaftslehre* 27, wo *Krug* folgendes *Fichte*-Zitat anführt: „Da hier schlechthin nicht weder Dinge an sich, noch Naturgesetze als Gesetze einer Natur außer uns angenommen werden sollen: so läßt sich diese Beschränktheit nur so begreifen, daß das Ich selbst nun einmal sich so beschränke, und zwar nicht etwa mit Freiheit und Willkür, denn dann wäre es nicht beschränkt, sondern zufolge eines immanenten Gesetzes seines eignen Wesens, durch ein Naturgesetz seiner eignen (endlichen) Natur. Dieses bestimmte Vernunftwesen ist nun einmal so eingerichtet, daß es sich gerade so beschränken muß." Siehe *Fichte: System der Sittenlehre.* 124. Vgl. *Fichte: Werke.* Bd 2.100f.

19,4—9 *Krug: Briefe über die Wissenschaftslehre.* 30f: „Gibt es also für das System des transzendentalen Idealismes keinen andern Beglaubigungsbrief, als das Interesse der Selbständigkeit, so sehe ich nicht ein, warum ich zur Behauptung der Selbständigkeit meine Zuflucht zu einer Erklärung nehmen soll, vermöge welcher die totale Selbständigkeit des Ichs eben so gut aufgehoben wird, als wenn man nach der natürlichen Denkart des gemeinen Bewußtseins die selbständige Realität der Außenwelt annimmt, und das Subjekt von außen her affiziert werden läßt, wenn es sich äußere Gegenstände vorstellt. So sehr ich daher auch mit Ihnen und dem Urheber der Wissenschaftslehre für meine Selbständigkeit interessiert bin, so sehe ich doch ein, daß dieselbe in dieser Hinsicht nicht behauptet werden kann, und muß mir dieses gefallen lassen, weil es nun einmal so ist." Vgl. ebenda. 24f.

19,12—15 Ebenda. 29f: „Ob ich durch die Notwendigkeit meiner eignen Natur auf gewisse Weise beschränkt bin, oder durch die Notwendigkeit einer Natur außer mir, das ist im Grunde völlig einerlei." Vgl. auch *Krug: Briefe über den neuesten Idealism.* 71f.

19,15—20 *Krug: Briefe über die Wissenschaftslehre.* 30.

19,21—23 Ebenda. 32.

19,23—25 Ebenda. 35.

19,28—33 Ebenda. 36f.

19,32—20,2 Vgl. dazu den vierten Brief der *Briefe über die Wissenschaftslehre*, besonders 42ff; ferner den fünften Brief, 44ff, 48.

20,3—8 Vgl. *Vergil: Georgica.* IV, 168. Übers.: „Halte die Drohnen, das faule Vieh, fern von den Körben." — Über Einstimmung oder Nichteinstimmung des Kantischen mit dem Fichteschen System vgl. *Briefe über die Wissenschaftslehre.* 53f.

20,14—16 *Krug: Briefe über den neuesten Idealism.* 5f.

20,20 Vgl. ebenda. Z. B. 20, 21, 26.

20,21—23 Vgl. ebenda. 31, 90, 51.

20,33—37 Ebenda. 12ff.

21,22—24 Vgl. ebenda. 16ff, 19f, 31ff.

21,25 Ebenda. 29. *Krug* verweist dort auf *Schelling: System des transzendentalen Idealismus.* 98. Vgl. *Schelling: Werke.* Bd 3.398.

21,30—31 *Krug* sagt *Briefe über den neuesten Idealism* 72ff, in *Schellings System des transzendentalen Idealismus* würden die Gegner mit Argumenten bestritten, „die diese nur umkehren dürfen, um sie mit gleicher Stärke gegen den Idealisten selbst zu brauchen." Er gibt dann u. a. folgendes Beispiel: „Ferner heißt es S. 151: ‚Es hat noch kein Dogmatiker' — soll heißen: Realist — ‚unternommen, die Art und Weise jener äußern Einwirkung zu beschreiben oder darzutun, welches doch als notwendiges Erfordernis einer Theorie, von welcher nichts weniger, als die ganze Realität des Wissens abhängt, billiger Weise erwartet werden könnte. Man müßte denn hierher jene allmähliche Sublimazionen der Materie zur Geistigkeit rechnen, bei welchen nur das Eine vergessen wird, daß der Geist eine ewige Insel ist, zu der man durch noch so viele Umwege von der Materie aus nie ohne Sprung gelangen kann.‘ Hierauf könnte der Gegner mit demselben Rechte erwidern: ‚Es hat noch kein Idealist unternommen, die Art und Weise der Entstehung einer bestimmten Vorstellung von einem äußern Gegenstande (z. B. meiner Schreibfeder) zu beschreiben oder darzutun, welches doch als notwendiges Erfordernis einer Theorie, von welcher nichts weniger, als die ganze Realität des Wissens abhängt, billiger Weise erwartet werden könnte. Man müßte denn hierher jene allmähliche Sublimazionen der Tätigkeit des Ichs zur intellektuellen und produktiven Anschauung rechnen, bei welchen nur das Eine vergessen wird, daß die objektive Welt eine ewige Insel ist, zu der man durch noch so viele Umwege von der ursprünglichen Begrenztheit aus nie ohne Sprung kommen kann.‘ " Vgl. *Schelling: Werke.* Bd 3.429.

21,34 *Krug: Briefe über den neuesten Idealism.* 24. — Im Lateinischen heißt es sprichwörtlich: *parturient montes, nascetur ridiculus mus.* Vgl. *Horaz: De arte poetica.* Vers 139. Ferner: *Phaedrus: Liber Fabularum.* 4.23, 1ff.

21,34—36 *Krug: Briefe über den neuesten Idealism.* 28: „Man hätte sich also auch nicht das Ansehen geben sollen, als wenn man den Knoten lösen wollte, indem man eine vollständige Dedukzion des Systems unsrer Vorstellungen versprach."

21,39—22,5 Ebenda. 31f: „2.) wir wollen jedoch ihn nicht so scharf beim Worte nehmen; wir wollen keine Dedukzion des ganzen Systems unsrer Vorstellungen fordern, weil dies eine unendliche Aufgabe ist, wie der Verfasser sagt. Wir verlangen nur, daß er uns eine einzige unsrer bestimmten Vorstellungen deduziere, z. B. die des Mondes mit allen den eigentümlichen Merkmalen, die diesem Gegenstande in der durchaus bestimmten Vorstellung von ihm beigelegt werden müssen, oder die Vorstellung irgend eines Berges auf der Erde, etwa des Brockens, oder irgend eines bestimmten Tieres, etwa des Pferdes, oder irgend einer bestimmten Pflanze oder Blume, etwa der Rose." Vgl. ebenda. 33f: „Denn wenn wir uns eine gewisse Materie oder ein organisches Naturprodukt als einen realen Gegenstand außer uns vorstellen, so stellen wir uns immer eine bestimmte Materie (Holz, Eisen, Ton) oder ein bestimmtes organisches Wesen (ein Pferd, einen Hund, eine Eiche) vor. Von diesen bestimmten Vorstellungen also möchten wir gern nur Eine aus der gegebnen Natur von entgegengesetzten Tätigkeiten oder aus dem Akte des Selbstbewußtseins, der der Grund aller Begrenztheit sein soll, deduziert haben, welches aber schlechterdings unmöglich ist."

22,30 principium essendi und cognoscendi: Prinzip des Seins und des Erkennens.

22,36—37 Zum folgenden vgl. ebenda. 38f: „Wir leben in diesem bestimmten Zeitpunkte, an diesem bestimmten Orte, unter diesen bestimmten Mitmenschen, und vor uns existierten andre Menschen, die einen bestimmten äußern und innern Charakter hatten, auf bestimmte Weise, zu bestimmten Zeiten, an bestimmten Orten und unter bestimmten Umständen handelten, ein Moses, ein Homer, ein Romulus, ein Cyrus, ein Sokrates, ein Alexander, ein Cicero, ein Jesus, ein Muhamed, ein Karl der Große, ein Luther, ein Friedrich der Große u.s.w. Warum produziert denn nun die Eine Intelligenz, welche diese bestimmte Gegenwart produziert, auch jene bestimmte Vergangenheit? Hierauf find' ich im ganzen Systeme keine Antwort, außer der vorauszusehenden allgemeinen, daß dies alles unerklärbar und unbegreiflich sei." Vgl. auch Anm. zu 21,30—31 und zu 21,39—22,5.

23,13 Vgl. dazu *Briefe über den neuesten Idealism.* 35ff.

23,22—28 Ebenda. 32f: „Hier wäre also ein Problem, durch dessen glückliche Lösung das neueste idealistische System auf einmal bewährt und gegen alle ferneren Einwendungen in Sicherheit gestellt werden könnte. Ich wenigstens würde keinen Augenblick Bedenken tragen, sogleich das ganze System zu unterschreiben, sobald diese einzige Aufgabe, nur die Vorstellung einer Rose zu deduzieren, befriedigend gelöst wäre. Also, hic Rhodus, hic salta! Aber ich bin auch im Voraus überzeugt, daß diese Aufgabe nimmermehr gelöst werden, ja daß kein Idealist in der Welt auch nur den Versuch dazu machen, sondern sich damit entschuldigen werde, daß dies zur be-

stimmten Begrenztheit des Ichs gehöre, welche das Unbegreifliche
und Unerklärbare der Philosophie sei.“

23,29—32 In *Briefe über den neuesten Idealism* sagt *Krug* S. 34,
er werde in seinem „nächsten Briefe“ (35ff) einige besondere Probleme, welche der Idealist schwerlich werde beantworten können,
„Beispielsweise“ vorlegen.

23,33—38 Vgl. ebenda. 35f.

23,38—24,4 Vgl. ebenda. 43f, 47ff.

24,5 fucos: das Vieh.

24,7—14 Ebenda. 11: „Indessen soll mich eine falsche Scham
nicht abhalten, Ihnen auf’s neue meine Zweifel mitzuteilen.“ Ferner
66f: „. . . ich wenigstens gestehe offenherzig ein, daß ich mir etwas,
was da handelt und tut, und dennoch kein Ding ist, oder mit andern
Worten, ein Handeln und Tun ohne ein Sein, ein Wirken ohne
eine Wirklichkeit schlechterdings nicht denken kann. Vielleicht
bin ich eben darum absolut unfähig zum Philosophieren; aber ich
kann nun einmal nicht dafür, daß es so ist, und ich will lieber jene
Unfähigkeit eingestehen, als eine Überzeugung heucheln, die ich nicht
habe, um etwa jenem Verdammungsurteile auszuweichen.“

24,23—26 Vgl. *Matthäus* 26, 65.

24,26—31 Die Stelle findet sich *Schelling: System des transzendentalen Idealismus.* 114. Vgl. *Schelling: Werke.* Bd 3.408. — Hierzu
und zum folgenden vgl. *Briefe über den neuesten Idealism.* 89f.

24,31—38 *Krug* verweist auf *Schelling: System des transzendentalen Idealismus.* 144. Vgl. *Schelling: Werke.* Bd 3.425.

25,3—5 Vgl. Anm. zu 17,1—13.

25,13—17 Vgl. ebenda. 61ff: *Abhandlung über die von der Wissenschaftslehre versuchte philosophische Bestimmung des religiösen
Glaubens;* 109ff: *Anhang;* 117ff: *Zusatz. Krug* verweist S. 64 auf die
beiden folgenden Aufsätze: *Fichte: Über den Grund unsers Glaubens
an eine göttliche Weltregierung* (in: *Philosophisches Journal.* Bd 8,
H. 1.1—20; vgl. *Fichte: Werke.* Bd 5. 175ff) und *Forberg: Entwickelung des Begriffs der Religion* (in: *Philosophisches Journal.* Bd 8, H.
1.21—46). — S. 117ff bezieht sich *Krug* noch auf *Fichte: Appellation an das Publikum.* Jena und Leipzig 1799, und auf die von *Fichte* herausgegebenen *Gerichtlichen Verantwortungsschriften gegen
die Anklage des Atheismus.* Jena und Leipzig 1799. Vgl. *Fichte:
Werke.* Bd 5. 193ff, 241ff.

25,17—24 Vgl. *Krug: Briefe über die Wissenschaftslehre.* 77ff,
besonders 79. — Vgl. auch Anm. zu 18,15—16.

25,26—29 *Krug: Briefe über die Wissenschaftslehre.* 112f.

25,34 Ebenda. 109: „Unter den Paradoxien, womit der zweite
Aufsatz etwas reichlich ausstaffiert ist, und welche zum Teile so beschaffen sind, daß sie dem ganzen Aufsatze den Anstrich einer gewissen mit der Würde des Gegenstandes nicht wohl vereinbaren Keckheit geben, ist wohl eine der auffallendsten folgende (S. 22): ,Die
Religion kann eben so gut mit dem Polytheismus, als mit dem Mono-

theismus, eben so gut mit dem Anthropomorphismus, als mit dem Spiritualismus zusammen bestehen. . . .'" *Krug* bezieht sich auf *Forberg: Entwickelung des Begriffs der Religion.* In: *Philosophisches Journal.* Bd 8, H. 1, vor allem 22.

25,34—36 *Krug: Briefe über die Wissenschaftslehre.* 116.

25,37—26,2 Siehe Anm. zu 16,21.

26,5—8 *Krug: Entwurf einen Neuen Organons.* 112: „Dieses Werk würde eben so viele Bände erhalten, als das System Teile hat, und vielleicht einen achten Band als Zugabe, welcher die Literatur der Philosophie sowohl überhaupt als der angezeigten Teile insonderheit mit kritischer Auswahl des Vorzüglichsten, nebst einem Sachregister über alle sieben Bände, welches die Stelle eines Wörterbuchs der Philosophie vertreten könnte, enthielte."

26,11—19 Ebenda. 75f.

26,23—25 Ebenda. 25f: „Man denkt sich also unter dem Bewußtsein eine ursprüngliche Synthesis des Seins und des Wissens im Ich, eine Synthesis, die eben darum, weil sie ursprünglich ist, auch ihrem Grund und Wesen nach unerklärbar und unbegreiflich ist, mithin als absolut oder unbedingt angesehen werden muß."

26,28—30 *Krug: Briefe über den neuesten Idealism.* 63: „Ich habe nichts wider das Ich, als Anfangspunkt der Philosophie. Alle gründliche Philosophie muß vom Ich anheben, und das, was dem Ich entgegensteht, kann recht füglich das Nichtich heißen. Aller Spott hierüber ist kleinlich und abgeschmackt, und fällt auf seinen Urheber zurück, welcher dadurch beweist, daß er vom Wesen und Zwecke der Philosophie keinen Begriff habe." Vgl. auch Anm. zu 17,30—18,1.

26,31 *Krug: Entwurf eines Neuen Organons.* § 4 (16ff).

26,31—33 *Krug: Briefe über die Wissenschaftslehre.* 24: „Das *System des transzendentalen Idealismes* ist erbauet auf der Behauptung der absoluten Selbständigkeit des Ichs oder der Vernunft und eben darum hat es Ihren Beifall gewonnen. . ." Zum folgenden vgl. ebenda. 31.

26,38—27,1 Das Wort „Vernunft" findet sich in *Briefe über die Wissenschaftslehre* des öfteren, und zwar nicht nur im Genitiv; ebenso im *Entwurf eines Neuen Organons*, vgl. dort z. B. X, XXIII, 97, 98.

27,15—20 *Krug: Entwurf eines Neuen Organons.* 64.

27,21—23 Ebenda. 17.

27,25—32 Vgl. ebenda. 54, 55, 14 Anm.

27,37 Siehe *Goethe: Ein Fastnachtsspiel. Auch wohl zu tragieren nach Ostern. Vom Pater Brey dem falschen Propheten.* Vers 180f.

28,7—17 *Krug: Entwurf eines Neuen Organons.* 77ff.

28,28—35 *Krug: Briefe über den neuesten Idealism.* 91.

29,8—12 Vgl. *Briefe über den neuesten Idealism.* 81ff. Übers.: „Warum sollte ich Menschlein dies denn nicht tun?" — Zum lateinischen Zitat siehe *Terenz: Der Eunuch.* Dort sagt der Jüngling: wenn

Jupiter die Danae betörte, warum sollte ich Menschlein nicht ...
„ego homuncio hoc non facerem?" (Vers 591)

29.36–38 *Krug: Entwurf eines Neuen Organons.* 27: „Hieraus
folgt, daß es für uns überhaupt unmöglich ist, Wissen vom Sein
und Sein vom Wissen abzuleiten, d. h. das Eine aus dem Andern
zu erklären und zu begreifen, und die Anerkennung dieser Uner-
klärbarkeit und Unbegreiflichkeit scheint der eigentliche
Grenzpunkt zu sein, wo sich die wahre, nüchterne und be-
scheidne Philosophie von jeder falschen, eingebildeten und an-
maßenden Weisheit scheidet." Vgl. auch *Krug: Briefe über den
neuesten Idealism.* 9 7f.

29,39 *Krug* beruft sich wie *Jacobi* (jedoch ohne diesen zu nennen) für die Existenz der Dinge außer uns auf das „Gefühl der Notwendigkeit" und den „Glauben"; vgl. *Entwurf eines Neuen Organons.* 37f.

30,4–8 Vgl. *Philosophisches Journal.* Bd 3, H. 2 (= H. 10 des
Jahrgangs). 95ff: [*C.C.E. Schmid:*] *Bruchstücke aus einer Schrift
über die Philosophie und ihre Prinzipien. Zu vorläufiger Prüfung vor-
gelegt.* — Siehe dazu: *Allgemeine Literatur-Zeitung,* Jena u. Leipzig.
Jg. 1801, Bd 3. Nr 207. 145ff, besonders 150. (Die Rezension erschien, wie üblich, anonym.)

30,12–21 *Philosophisches Journal.* Bd 3, H. 4 (= H. 12 des ganzen Jahrgangs). Neu-Strelitz 1796 (nur die ersten drei Hefte des Bandes erschienen 1795). 267ff: [*J.G. Fichte:*] *Vergleichung des vom
Herrn Prof. Schmid aufgestellten Systems mit der Wissenschaftslehre;* besonders 293: „Die Kantianer werden ohne Zweifel diese
Entdeckung sogleich benutzen. Nur ist zu wünschen, daß sie Herrn
Schmid die Ehre der Erfindung, oder wie Er lieber will, des Findens
lassen, und sich besser gegen ihn benehmen, als gegen einen andern
berühmten philosophischen Schriftsteller, dessen Schriften der wahre
Urquell ihres Kantianismus sind, und dem doch nur wenige die schuldige Dankbarkeit bezeigen." Vgl. *Fichte: Werke.* Bd 2.421ff, besonders 439.

30,25 *Karl Leonhard Reinhold: Versuch einer neuen Theorie
des menschlichen Vorstellungsvermögens.* Prag und Jena 1789.

30,38–31,8 *Philosophisches Journal.* Bd 3, H. 4.292 (vgl. Anm.
zu 30,12–21). Vgl. *Fichte: Werke.* Bd 2.438.

31,17–22 *Krug: Entwurf eines Neuen Organons.* 78f.

31,31–38 *Schelling* sagt, nur durch die Annahme eines bestimmten obersten absoluten Prinzips komme man aus dem magischen
Kreis, in den die Untersuchung geführt habe, heraus. (*Über die Möglichkeit einer Form der Philosophie überhaupt.* Tübingen 1795. 18.
Vgl. *Schelling: Werke.* Bd 1.94.) — *Krug* bezweifelt das: *Entwurf
eines Neuen Organons.* 15 Anm.

32,6–15 *Krug: Entwurf eines Neuen Organons.* 40f.

32,20 Spanische Stiefel: Mittelalterliches Folterinstrument, in das
Wade und Knie eingezwängt wurden. Vgl. *Goethe, Faust I,* Studier-

zimmer, VV 1910—1913, Mephistopheles zum Schüler:
„Mein teurer Freund, ich rat' Euch drum,
Zuerst Collegium Logicum.
Da wird der Geist Euch wohl dressiert,
In spanische Stiefeln eingeschnürt . . .“
32,36—33,2 *Krug: Entwurf eines Neuen Organons.* 30.
33,3—9 Ebenda. 112f. Vgl. auch ebenda XXIII.
Privatankündigung] Siehe *Flugblatt* zum *Leipziger Jahrbuch der
neuesten Literatur.* Bd 3. Leipzig 1802. Stück 26 (30. Jan.). Sp. 199f:
„Literarische Ankündigung./ Es wird zu Ostern folgende Schrift
von mir erscheinen:/ Über die verschiedenen Methoden des
Philosophierens und die verschiedenen Systeme der Philosophie in Rücksicht ihrer allgemeinen Gültigkeit./ Diese
Schrift kann, ungeachtet sie in ihren Untersuchungen auf sich selbst
ruhet, doch auch als eine Beilage zu meinem ‚Entwurf eines neuen
Organons der Philosophie‘ angesehen werden. Da dieser Entwurf
in den meisten öffentlichen Blättern auf eine Art beurteilt worden
ist, welche beweist, daß die Beurteiler den wesentlichsten Punkt oder
die eigentliche Tendenz desselben ganz übersehen haben, und da dieser Fall wohl öfter eintreten könnte, so protestiere ich gegen alle Be-
urteilungen meines Organons, die forthin, ohne Rücksicht auf
obige Schrift genommen zu haben, erscheinen möchten, und
bitte daher jeden Freund der Philosophie wenigstens um Aufschub
seines Urteils, bis er diese Schrift gelesen haben wird. Frankfurt a. d.
Oder der 9ten Dezember 1801. / W. T. Krug./ Obige vom Herrn Professor Krug in Frankfurt a. d. Oder angekündigte neue philosophische Schrift erscheint in meinem Verlag schon in den ersten Wochen
des Jahres 1802, und ich hoffe dieses neue Produkt des Herrn Professor Krug mit Ende des Monats Januar ausgeben zu können. Meissen den 28ten Dezember 1801./ K. F. V. Erbstein, Buchhändler
in / Meissen.“ Diese *Ankündigung* fast gleichlautend auch in: ALZ.
Jg. 1802, Bd 1. Intelligenzblatt Nr 8 vom 20. 1. Sp. 61.
33,15—16 *Krug: Entwurf eines Neuen Organons.* 13f Anm.
34,5—8 Die beiden Bände des Werkes von *Schulze* sind in Teile,
Bücher, Abteilungen usw. untergliedert. Der erste Band hat die folgenden Teile: *Erster Teil. Von den Zwecken der Philosophie überhaupt und der theoretischen Philosophie insbesondere* (10—85).
*Zweiter Teil. Darstellung der Systeme des realistischen und idealisti-
schen Dogmatismus in der theoretischen Philosophie* (86—582). *Dritter Teil. Darstellung des Skeptizismus in der theoretischen Philosophie* (583—728). Der zweite Band hat die folgenden Teile: *Erster
Teil. Kritik der Systeme des realistischen Dogmatismus in der theoretischen Philosophie* (7—125). *Zweiter Teil. Kritik des Kantischen
transzendentalen Idealismus* (126—722).
34,10—13 Vgl. [*G. E. Schulze:*] *Aenesidemus oder über die Fun-
damente der von dem Herrn Prof. Reinhold in Jena gelieferten Ele-*

mentar-Philosophie. Nebst einer Verteidigung des Skeptizismus gegen die Anmaßungen der Vernunftkritik. o.O. 1792.

34,18 Bei jedem der beiden Bände des Werkes von *Schulze* sind die Bogen (ein Bogen gleich 16 Seiten) jeweils zweimal nach dem Alphabet (mit 23 Buchstaben) durchgezählt. —

vor der Hand] Vgl. Anm. zu 77,31—32.

35,1—34 *Hegel* referiert hier weitgehend wörtlich *Schulze: Kritik.* Bd 1.3—7.

35,37 Apragmosyne (gr.): politische Enthaltsamkeit, private Zurückgezogenheit.

36,24—28 Übers.: „Ich habe gefunden, daß die meisten Sekten bei einem gut Teil dessen, was sie behaupten, Recht haben, nicht so sehr jedoch bei dem, was sie leugnen." Vgl. *Jacobi: Spinoza.* 1. Dieses Motto ist in *Jacobi: Werke* (Bd 4, Abt. 1) weggelassen.

36,31 Übers.: „Über Prinzipien läßt sich gegen die, die sie verneinen, nicht streiten."

37,18 nachher] Siehe 44f und 74ff.

37,14—20 *Schulze: Kritik.* Bd 1. 7f.

37,28—33 Zusammengefaßt aus *Schulze: Kritik.* Bd 1. 607—610.

38,22 ponderos: schwergewichtig, schwerfällig; hier wohl im Sinne von: umständlich, schleppend.

38,24 Notizenblatt] Das *Notizenblatt* ist ein eigener Bestandteil des *Kritischen Journals* (siehe oben *Einleitung* S. IX—XVII). — Hegel verweist hier auf die im zweiten Stück des Ersten Bandes unter III. Nr. 2b erschienene Notiz.

38,38—39,9 *Schulze: Kritik.* Bd 1.52: „An den Tatsachen unseres Bewußtseins kommen wichtige Unterschiede vor, und so weit wir bis jetzt diese Unterschiede erforscht und kennen gelernt haben, sind jene Tatsachen entweder Erkenntnisse von Objekten, oder Äußerungen des Wollens, oder Gefühle der Lust und Unlust, zu welchen auch die Gefühle des Schönen und Erhabenen gehören. Obgleich aber diese Tatsachen in mancherlei Verbindungen mit einander stehen, so können sie doch nicht, so weit unsere Einsicht von denselben reicht, auf eine einzige Klasse zurückgeführt, oder aus einer einzigen Quelle abgeleitet werden, sondern sind durch bleibende Merkmale wesentlich von einander verschieden. Auf diese Verschiedenheit an den Tatsachen unsers Bewußtseins gründet sich nun die Einteilung der Philosophie in die theoretische, praktische, und in die Philosophie über die Gefühle, welche letztere, in wie fern sie die Gefühle des Schönen und Erhabenen betrifft, seit Baumgartens Zeiten unter den Deutschen den Namen der Ästhetik erhalten hat." *Hegel* führt die *Kritik der Urteilskraft* vermutlich nach der 1. Auflage (1790) an.

39,10—14 Vgl. *Sextos Empirikos: Pyrrhonische Hypotyposen.* Buch 2, Kap. 1; und *Adversus logicos.* Buch 1, Kap. 1.

39,21—24 *Schulze: Kritik.* Bd 1.26f: „Fassen wir nun dasjenige zusammen, was durch die bisherigen Untersuchungen über die Ab-

sichten der Vernunft, worauf sich die Philosophie bezieht, dargetan worden ist; so muß diese durch die Wissenschaft der obersten und unbedingten Ursachen alles Bedingten, von dessen
Wirklichkeit wir Gewißheit haben, erklärt werden."

39,25—40,4 *Hegel* arbeitet hier mit Formulierungen, die er den
verschiedensten Partien von *Schulze: Kritik* entnimmt; vgl. dort z. B.
Bd 1. 723, 700, 618, 627f, 675.

40,16—17 Vgl. *Matthäus* 4,3—4 und *Lukas* 4,3—4.

40,28—41,2 Fast wörtliches Zitat aus *Schulze: Kritik*. Bd 1. Zeile
31f sagt *Schulze* jedoch: „so können wir dessen Existenz eben so wenig bezweifeln."

41,5—7 Vgl. *Schulze: Kritik*. Bd 1.18—21.

41,13—15 Ebenda. Bd 1.55ff.

41,16—19 Ebenda. Bd 1.72f.

41,24—28 Verkürztes Zitat.

41,35—42,2 Fast wörtliches Zitat.

42,4—12 Verkürzte Zitate. Zeile 9 schreibt *Schulze*: „unmittelbar, schlechthin".

42,34—43,1 *Schulze: Kritik*. Bd 1.585; fast wörtliches Zitat.

43,3—9 *Hegel* referiert fast wörtlich *Schulze: Kritik*. Bd 1.588.

43,9—20 Ebenda. Bd 1.589 und 590f.

43,20—29 Ebenda. Bd 1.593f.

43,29—36 Ebenda. Bd 1.595 und 596f. *Schulze* verweist auf *Sex-
tos Empirikos: Pyrrhonische Hypotyposen*. Buch 1, Kap. 10. 10. Zu
Zeile 32—36 vgl. jedoch vor allem *Pyrrhonische Hypotyposen*.
Buch 1, Kap. 8.

44,6—12 *Diogenes Laertios*. Buch 9, Abschn. 108 (*Pyrrhon*):
οὔτε γὰρ τάδε ἑλοίμεθα, ἢ ταῦτα φευξοίμεθα ὅσα περὶ ἡμᾶς ἐστι. τὰ
δὲ ὅσα περὶ ἡμᾶς οὐκ ἔστιν, ἀλλὰ κατ' ἀνάγκην, οὐ δυνάμεθα φεύγειν·
ὡς τὸ πεινῆν, διψῆν, ἀλγεῖν· οὐκ ἔστι γὰρ λόγῳ περιελεῖν ταῦτα.

44,15—18 Vgl. *Sextos Empirikos: Pyrrhonische Hypotyposen*.
Buch 1, Kap. 11. Abschn. 23: τοῖς φαινομένοις οὖν προσέχοντες κατὰ
τὴν βιωτικὴν τήρησιν ἀδοξάστως βιοῦμεν· ἐπεὶ μὴ δυνάμεθα ἀνενέρ-
γητοι παντάπασιν εἶναι.

44,20—26 Vgl. ebenda. Buch 1, Kap. 11. Abschn. 22: κριτήριον
τοίνυν φαμὲν εἶναι τῆς Σκεπτικῆς ἀγωγῆς τὸ φαινόμενον, δυνάμει
τὴν φαντασίαν αὐτοῦ οὕτω καλοῦντες. ἐν πείσει γὰρ καὶ ἀβουλήτῳ
πάθει κειμένη ἀζήτητός ἐστιν.

44,33 Vgl. Anm. zu 45,19—20.

44,35 Wendungen] Hegel übersetzt den terminus technicus
τρόποι = Tropen mit ,Wendungen'; vgl. 74,22.

45,12 Vgl. *Schulze: Kritik*. Bd 1.593f (Anm.); ferner 597: „Da
aber dasjenige, was wir durch die Sinne empfinden oder wahrnehmen, schon in den frühesten Zeiten der spekulativen Philosophie,
wenn auch nicht allezeit ausdrücklich für eine bloße und nur subjektiv vorhandene Vorstellung, dennoch für eine Erscheinung, der etwas
davon ganz Verschiedenes zum Grunde liege, von den Dogmatikern

ausgegeben wurde; und da diese zugleich den Objekten der sinnlichen Empfindungen selbst in der Qualität bloßer Erscheinungen genommen, Übereinstimmung mit dem, was hinter ihnen als eigentliche Sache befindlich sein soll, beilegten, ja die Erkenntnis durch Empfindungen sogar vielmals für eine Wissenschaft des hinter der Empfindung verborgen liegenden Objektes ausgaben: So griffen die Skeptiker diese Lehren der Dogmatiker von der Gewißheit der sinnlichen Erkenntnisse an, und leugneten, daß vermittelst des Objektes in der Empfindung sich von dem mit Zuverlässigkeit etwas erkennen lasse, was hinter diesem Objekte als wahre und eigentliche für sich bestehende Sache befindlich sein soll."

45,19—20 Vgl. *Sextos Empirikos: Pyrrhonische Hypotyposen.* Buch 1, Kap. 30 und Buch 2, Kap. 6. Abschn. 51 und 63.

45,21—33 *Schulze: Kritik.* Bd 1.599: „Daß aber für die Skeptiker Griechenlands nicht allein die Wahrheit der Dogmen der spekulativen Philosophie, sondern auch der Lehrsätze aller Doktrinen, die auf Gültigkeit für jeden menschlichen Verstand Ansprüche machen, ein Gegenstand des Zweifels war, zeugt allerdings von einer Unbekanntschaft derselben mit den wahren Quellen ihrer Zweifel, denn sonst würden sie solche wohl nicht so weit ausgedehnt haben. Wenn man inzwischen bedenkt, daß in den damaligen Zeiten die Philosophie von den übrigen Wissenschaften noch nicht so genau unterschieden wurde, als heut zu Tage, daß man die besondern Quellen der Erkenntnisse jeder Wissenschaft und die Grade der in derselben möglichen und zu beabsichtigenden Überzeugung fast noch gar nicht untersucht hatte, daß endlich viele Doktrinen, die jetzt aller vernünftigen Zweifelsucht Trotz bieten, wie z. B. Physik und Astronomie, damals nur noch ein Inbegriff unerweisbarer Meinungen und grundloser Hypothesen waren: So wird man es wohl verzeihlich finden, daß diejenigen, welche zuerst die Frage: Was wohl der Mensch wissen könne? untersuchten, indem sie dabei auf die Beschaffenheit dessen, was zu ihrer Zeit für Wissenschaft ausgegeben wurde, vorzüglich Rücksicht nahmen, oftmals die Grenzen der unserer Vernunft angemessenen Zweifel überschritten."

46,2 Amalgamation] Vermischung, Verschmelzung (in der Metallurgie Legierungen von Metallen mit Quecksilber).

46,14—16 *Schulze: Kritik.* Bd 1.596.

47,13—21 Vgl. *Diogenes Laertios.* Buch 9, Abschn. 71—72 (*Pyrrhon*): ταύτης δὲ τῆς αἱρέσεως ἔνιοι φασὶν Ὅμηρον κατάρξαι. ἐπεὶ περὶ τῶν αὐτῶν πραγμάτων παρ' ὅντιν' ἄλλοτε ἄλλως ἀποφαίνεται, ... ἐπεὶ καὶ τὰ τῶν ἑπτὰ σοφῶν, σκεπτικὰ εἶναι· οἷον τό, Μηδὲν ἄγαν· καί, Ἐγγύα, πάρα δ' ἄτα.... ἀλλὰ καὶ Ἀρχίλοχον καὶ Εὐριπίδην σκεπτικῶς ἔχειν, ... οὐ μὴν ἀλλὰ καὶ Ξενοφάνης, καὶ Ζήνων ὁ Ἐλεάτης, καὶ Δημόκριτος, κατ' αὐτοὺς σκεπτικοὶ τυγχάνουσιν.... καὶ Πλάτωνα τὸ μὲν ἀληθὲς θεοῖς τε καὶ θεῶν παισὶν ἐκχωρεῖν· τὸν δὲ εἰκότα λόγον ζητεῖν.

48,9—24 *Hegel* referiert die *Ficinus*-Stelle und die Ansichten

Tiedemanns offenbar nach *Diet. Tiedemann: Dialogorum Platonis argumenta exposita et illustrata.* Biponti ex typographia societatis 1786. 339f.

49,3—6 *Spinoza: Ethica.* Pars I. Definitio I: „Per causam sui intelligo id, cujus essentia involvit existentiam; sive id, cujus natura non potest concipi, nisi existens."

49,12—14 Ebenda. Pars I. Propositio XVIII: „Deus est omnium rerum causa immanens; non vero transiens."

49,28 Übers.: „Jeder Rede liegt eine gleichstarke Rede entgegen." Vgl. *Sextos Empirikos: Pyrrhonische Hypotyposen.* Buch 1, Kap. 6 und Kap. 27.

50,7—8 Ebenda. Buch 1, Kap. 1.

50,11—13 Vgl. ebenda. Buch 1, Kap. 33. — Vgl. auch vorliegenden Band 52,23.

50,20—34 *Schulze: Kritik.* Bd 1. 608 Anm.: „Allerdings scheint es aber eine Maxime und Behauptung des Arkesilaus und Karneades gewesen zu sein, daß nicht nur alles, was die Dogmatiker von überschwenglichen Dingen lehrten, sondern auch selbst dieses, daß alles ungewiß sei, wieder für ungewiß erklärt werden müsse, daher auch Sextus (*Pyrrhon. Hypot.* L. I. C. XXXIII). die Lehre des Arkesilaus vom Skeptizismus unterschieden wissen will. Durch diese Lehre wird nun freilich das Zweifeln an der Wahrheit der Lehren des Dogmatismus zu einem von aller Anwendung der Vernunft entblößten Geschäfte gemacht, weil es sich selbst wieder aufhebt und vernichtet, und die Vernunft dabei gar nichts mehr vernimmt."

51,2 φωναί: Redensarten, Aussprüche.

51,5—6 ὑφ' ἐαυτῶν ... λέγεται] Übers.: „Sie heben sich selbst auf, indem sie sich in das mit einschließen, worüber sie ausgesagt werden." — Vgl. *Sextos Empirikos: Pyrrhonische Hypotyposen.* Buch 1, Kap. 28. Abschn. 206. *Fabricius* verweist in seiner *Sextus*-Ausgabe in Anm. D zu Buch 1, Kap. 7 auf diese Stelle. Vgl. *Sextus: Opera* (ed. *Fabricius*). 5.

51,21—23 Vgl. *Sextos Empirikos: Pyrrhonische Hypotyposen.* Buch 1, Kap. 33. Abschn. 226: οἱ δὲ ἀπὸ τῆς νέας Ακαδημίας, εἰ καὶ ἀκατάληπτα εἶναι πάντα φασὶ, διαφέρουσι τῶν σκεπτικῶν· ἴσως μὲν καὶ κατὰ αὐτὸ τὸ λέγεω πάντα εἶναι ἀκατάληπτα ...

51,23—28 *Schulze: Kritik.* Bd 1.607 Anm.: „So sieht man leicht ein, daß Sextus wohl nur hat lehren wollen: Der Skeptiker bestimme über die Beschaffenheit der transzendentalen Dinge, die der Dogmatiker zu kennen vorgibt, gar nichts, weder daß sie das objektiv wirklich seien, wofür solche der Dogmatiker ausgibt, noch auch daß sie es nicht seien, und dogmatisiere also über diese Dinge weder auf eine positive, noch auch negative Art."

51,38—52,5 λόγοις: Reden; ἀγωγή: Art (und Weise) der Behandlung, Führungsweise, Erziehung (vgl. 60,30); ἐποχή: Enthaltung, insbes. vom (bejahenden oder verneinenden) Urteil. — Vgl. *Sextos Empirikos: Pyrrhonische Hypotyposen.* Buch 1, Kap. 33. Abschn. 232—234:

ὁ μέν τοι Ἀρκεσίλαος, ὃν τῆς μέσης Ἀκαδημίας ἐλέγομεν εἶναι προστά-
την καὶ ἀρχηγὸν, πάνυ μοι δοκεῖ τοῖς Πυρρωνείοις κοινωνεῖν λογοις,
ὡς μίαν εἶναι σχεδὸν τὴν κατ' αὐτὸν ἀγωγὴν καὶ τὴν ἡμετέραν· ...
λέγει δὲ καὶ ἀγαθὰ μὲν εἶναι τὰς κατὰ μέρος ἐποχὰς, κακὰ δὲ, τὰς κατὰ
μέρος συγκαταθέσεις. ἤτοι πλὴν εἰ μὴ λέγοι τὶς, ὅτι ἡμεῖς μὲν κατὰ τὸ
φαινόμενον ἡμῖν ταῦτα λέγομεν, καὶ οὐ διαβεβαιωτικῶς· ἐκεῖνος δὲ
ὡς πρὸς τὴν φύσιν. ὥστε καὶ ἀγαθὸν μὲν εἶναι αὐτὴν λέγειν τὴν
ἐποχήν· κακὸν δὲ, τὴν συγκατάθεσιν. εἰ δὲ δεῖ καὶ τοῖς περὶ αὐτοῦ
λεγομένοις πιστεύειν, φασὶν ὅτι κατὰ μὲν τὸ πρόχειρον, Πυρρώνειος
ἐφαίνετο εἶναι, κατὰ δὲ τὴν ἀλήθειαν, δογματικὸς ἦν.

52,16 das Aporematische] von gr. ἀπόρημα, wörtlich: Durch-
gangslosigkeit; Unentscheidbarkeit.

52,20 *Sextos Empirikos: Pyrrhonische Hypotyposen.* Buch 1,
Kap. 33. Abschn. 234.

52,23 Vgl. Anm. zu 50,11—13.

52,36—38 αἵρεσις: Lehrauffassung, Denkungsart. Übers.: „ir-
gendeiner Rede gemäß dem Erscheinenden Folge leistenden Führungsweise ..." — Vgl. ebenda. Buch 1, Kap. 8. Abschn. 17: εἰ δέ τις
αἵρεσιν εἶναι φάσκει τὴν λόγῳ τινὶ κατὰ τὸ φαινόμενον ἀκολουθοῦσαν
ἀγωγὴν, ἐκείνου τοῦ λόγου, ὡς ἔστιν ὀρθῶς δοκεῖν ζῆν ὑποδεικνύον-
τος, (τοῦ ὀρθῶς μὴ μόνον κατ' ἀρετὴν λαμβανομένου, ἀλλ' ἀφελέσ-
τερον) καὶ ἐπὶ τὸ ἐπέχειν δύνασθαι διατείνοντος· αἵρεσίν φαμεν ἔχειν·
...

52,27—53,6 *Schulze: Kritik.* Bd 1.608. Zeile 3 hat Schulze: „nämlich durch [!] die Kunst." — *Carl Fridrich Stäudlin: Geschichte
und Geist des Skeptizismus vorzüglich in Rücksicht auf Moral und
Religion.* 2 Bde. Leipzig 1794. *Schulze* bezieht sich auf Bd 1, S. 306
dieses Werkes.

53,18 *Diogenes Laertios.* Buch 3, Abschn. 51.

53,25—27 Vgl. *Sextos Empirikos: Pyrrhonische Hypotyposen.*
Buch 1, Kap. 33. Abschn. 222. Dort sagt *Sextos* in bezug auf *Platon*:
περὶ δὲ τοῦ εἰ ἔστιν εἰλικρινῶς Σκεπτικὸς, πλατύτερον μὲν ἐν τοῖς
ὑπομνήμασι διαλαμβάνομεν· ... *Fabricius* merkt zu dieser Stelle an:
„Commentarios suos Scepticos hoc loco allegat, qui interciderunt.
Nam in libris adversus Mathematicos hanc controversiam non attigit
Sextus, nedum prolixius discussit." Vgl. *Sextus: Opera* (ed. *Fabri-
cius*). 57.

53,27—37 Anschließend an die in der vorigen Anmerkung zitierte
Stelle sagt *Sextos*: νῦν δὲ ὡς ἐν ὑποτυπώσει διαλαμβάνομεν κατὰ
Μηνόδοτον καὶ Αἰνησίδημον (οὗτοι γὰρ μάλιστα ταύτης προέστησαν
τῆς στάσεως) ὅτι ὅταν ὁ Πλάτων ἀποφαίνεται περὶ ἰδεῶν, ἢ περὶ τοῦ
πρόνοιαν εἶναι, ἢ περὶ τοῦ τὸν ἐνάρετον βίον αἱρετώτερον εἶναι τοῦ
μετὰ κακιῶν· εἴτε ὡς ὑπάρχουσι τούτοις συγκατατίθεται, δογματίζει·
εἴτε ὡς πιθανωτέροις προστίθεται, ἐπεὶ προκρίνει τὶ κατὰ πίστιν ἢ
ἀπιστίαν, ἐκπέφευγε τὸν σκεπτικὸν χαρακτῆρα.

54,16 Hegel zitiert hier (wie häufig) verkürzt; Übers.: „[Als näch-
stes ist zu zeigen,] daß der Verstand sich nicht selbst erkennt, [wie

die Dogmatiker unter den Philosophen behaupten. Wenn nämlich]
die Vernunft sich selbst erfaßt, ..." – Vgl. die übernächste Anm.

54,21 Gorgonen-Schild: Gorgonen sind die schlangenhaarigen
Frauengestalten der griechischen Mythologie, deren Blick einen ver-
steinert; von daher gebräuchliches Emblem auf Panzern und Schil-
den. – Der Überlieferung nach war auch der Schild des Zeus mit
einem Gorgonenhaupt geschmückt.

54,33–55,27 Vgl. *Sextos Empirikos: Adversus logicos.* Buch 1,
Abschn. 310–313: ἑξῆς δὲ ὑποδεικτέον, ὅτι οὐδ' ἑαυτῆς ἐπιγνώμων
ἐστὶν ἡ διάνοια, καθάπερ ἀξιοῦσιν οἱ Δογματικοὶ τῶν φιλοσόφων.
εἴπερ γὰρ ὁ νοῦς ἑαυτὸν καταλαμβάνεται, ἤτοι ὅλος ἑαυτὸν καταλή-
ψεται, ἢ ὅλος μὲν οὐδαμῶς, μέρει δέ τινι ἑαυτοῦ πρὸς τοῦτο χρώμε-
νος. καὶ ὅλος μὲν ἑαυτὸν καταλαμβάνεσθαι οὐκ ἂν δυνηθείη. εἰ γὰρ
ὅλος ἑαυτὸν καταλαμβάνεται, ὅλος ἔσται κατάληψις, καὶ κατα-
λαμβάνων. ὅλου δ' ὄντος τοῦ καταλαμβάνοντος, οὐδὲν ἔτι ἔσται τὸ
καταλαμβανόμενον. τῶν δὲ ἀλογωτάτων ἐστί, τὸ εἶναι μὲν τὸν κατα-
λαμβάνοντα, μὴ εἶναι δὲ τὸ, οὗ ἐστιν ἡ κατάληψις. καὶ μὴν οὐδὲ
μέρει τινὶ δύναται πρὸς τοῦτο χρῆσθαι ὁ νοῦς. αὐτὸ γὰρ τὸ μέρος
ὅπως ἑαυτὸ καταλαμβάνει; εἰ μὲν γὰρ ὅλον, οὐδὲν ἔσται τὸ ζητούμε-
νον· εἰ δὲ μέρει τινί, ἐκεῖνο πάλιν πῶς ἑαυτὸ γνώσεται. καὶ οὕτως,
εἰς ἄπειρον. ὥστε ἄναρχον εἶναι τὴν κατάληψιν, ἤτοι μηδενὸς
εὑρισκομένου πρώτου τοῦ τὴν κατάληψιν ποιησομένου, ἢ μηδενὸς
ὄντος τοῦ καταληψομένου. ἐπείπερ εἰ ἑαυτὸν καταλαμβάνει ὁ νοῦς,
καὶ τὸν τόπον ἐν ᾧ ἐστι, συγκαταλήψεται. πᾶν γὰρ τὸ καταλαμβάνον,
σύν τινι τόπῳ καταλαμβάνεται. εἰ δὲ καὶ τὸν τόπον ὁ νοῦς τὸ ἐν ᾧ
ἐστι συγκαταλαμβάνει ἑαυτῷ, ἐχρῆν μὴ διαφωνεῖσθαι τοῦτον παρὰ
τοῖς φιλοσόφοις· τῶν μὲν, κεφαλὴν λεγόντων εἶναι, τῶν δὲ θώρακα·
καὶ ἐπ' εἴδους, τῶν μὲν ἐγκέφαλον, τῶν δὲ μήνιγγα· τιῶν δὲ,
καρδίαν· ἄλλων δὲ, ἥπατος πύλας, ἤ τι τοιοῦτο μέρος τοῦ σώματος.
διαφωνοῦσι δέ γε περὶ τούτου οἱ Δογματικοὶ τῶν φιλοσόφων. οὐκ ἄρα
καταλαμβάνει ἑαυτὸν ὁ νοῦς.

55,35–38 Vgl. ebenda. Buch 1, Abschn. 317–319.

56,2 Vgl. *Xenophon: Memorabilia.* Buch 1, Kap. 1. Abschn. 13f.

57,1 Vgl. *Sextos Empirikos: Pyrrhonische Hypotyposen.* Buch 1,
Kap. 14–16.

57,9–10 Vgl. ebenda. Buch 1, Kap. 15. Abschn. 164; und *Diogenes Laertios.* Buch 9, Abschn. 88.

57,13 Vgl. *Sextos Empirikos: Pyrrhonische Hypotyposen.* Buch
1, Kap. 16.

57,21–27 ἀταραξία: Unbeirrtheit, Gemütsruhe – Vgl. ebenda.
Buch 1, Kap. 12. Abschn. 28f.

57,31–34 Vgl. *Diogenes Laertios.* Buch 9, Abschn. 68.

58,4–13 *Sextos Empirikos (Pyrrhonische Hypotyposen.* Buch 1,
Kap. 14. Abschn. 36–37) führt die zehn Tropen folgendermaßen auf:
εἰσὶ δὲ οὗτοι, πρῶτος, ὁ παρὰ τὴν τῶν ζώων ἐξαλλαγήν· δεύτερος, ὁ
παρὰ τὴν τῶν ἀνθρώπων διαφοράν· τρίτος, ὁ παρὰ τὰς διαφόρους
τῶν αἰσθητηρίων κατασκευάς· τέταρτος, ὁ παρὰ τὰς περιστάσεις·

πέμπτος, ὁ παρὰ τὰς θέσεις, καὶ τὰ διαστήματα καὶ τοὺς τόπους. ἕκτος, ὁ παρὰ τὰς ἐπιμιξίας · ἕβδομος ὁ παρὰ τὰς ποσότητας, καὶ σκευασίας τῶν ὑποκειμένων · ὄγδοος ὁ ἀπὸ τοῦ πρός τι · ἔννατος, ὁ παρὰ τὰς συνεχεῖς ἢ σπανίους ἐγκυρήσεις · δέκατος, ὁ παρὰ τὰς ἀγωγὰς, καὶ τὰ ἔθη, καὶ τοὺς νόμους, καὶ τὰς μυθικὰς πίστεις, καὶ τὰς δογματικὰς ὑπολήψεις.

58,14—18 Ebenda. Buch 1, Kap. 14. Abschn. 38: τούτων δὲ ἐπαναβεβηκότες εἰσὶ τρόποι τρεῖς · ὁ ἀπὸ τοῦ κρίνοντος · ὁ ἀπὸ τοῦ κρινομένου · ὁ ἐξ ἀμφοῖν · . . .

58,21—22 Vgl. ebenda. Buch 1, Kap. 14. Abschn. 44ff, 79ff.

58,23—25 Vgl. ebenda. Buch 1, Kap. 14. Abschn. 39.

60,29 oben] Siehe 52,1.

60,37—61,6 *Sextos Empirikos: Adversus ethicos.* Abschn. 155—156: καὶ οὐχ οὕτω φοβερὰ ἡ περὶ τὸν Σκεπτικὸν συμβαίνουσα ταραχή. οὐ μὴν ἀλλὰ κἂν μεγίστη τις ἦ, οὐχ ἡμᾶς αἰτιᾶσθαι δεῖ τοὺς ἀκουσίως καὶ κατ᾽ ἀνάγκην πάσχοντας, ἀλλὰ τὴν φύσιν, ἢ νόμων οὐδὲν μέλει · καὶ τὸν δοξαστικῶς καὶ κατὰ κρίσιν ἐπισπώμενον ἑαυτῷ τὸ κακόν.

61,35 oben] Siehe 51ff.

62,6 *Sextos Empirikos: Pyrrhonische Hypotyposen.* Buch 1, Kap. 14. Abschn. 65.

62,12 Vgl. ebenda. Buch 1, Kap. 15. Abschn. 164—171. Abschnitt 164 lautet: Οἱ δὲ νεώτεροι Σκεπτικοὶ παραδιδόασι τρόπους τῆς ἐποχῆς πέντε τούσδε · πρῶτον, τὸν ἀπὸ τῆς διαφωνίας · δεύτερον δὲ εἰς ἄπειρον ἐκβάλλοντα · τρίτον τὸν ἀπὸ τοῦ πρός τι · τέταρτον τὸν ὑποθετικόν · πέμπτον τὸν διάλληλον.

62,38—63,8 Ebenda. Buch 1, Kap. 16. Abschn. 178—179: Παραδιδόασι δὲ καὶ δύο τρόπους ἐποχῆς ἑτέρους. ἐπεὶ γὰρ πᾶν τὸ καταλαμβανόμενον, ἤτοι ἐξ ἑαυτοῦ καταλαμβάνεσθαι δοκεῖ, ἢ ἐξ ἑτέρου καταλαμβάνεται · τὴν περὶ πάντων ἀπορίαν εἰσάγειν δοκοῦσι. καὶ ὅτι μὲν οὐδὲν ἐξ ἑαυτοῦ καταλαμβάνεται, φασὶ δῆλον ἐκ τῆς γεγενημένης παρὰ τοῖς φυσικοῖς περί τε τῶν αἰσθητῶν καὶ τῶν νοητῶν ἀπάντων, οἶμαι, διαφωνίας. ἡ δὴ ἀνεπίκριτός ἐστιν, μὴ δυναμένων ἡμῶν μήτε αἰσθητῷ μήτε νοητῷ κριτηρίῳ χρῆσθαι, διὰ τὸ πᾶν ὅπερ ἂν λάβωμεν, ἄπιστον εἶναι, διαπεφωνημένον. διὰ δὲ τοῦτο, οὐδ᾽ ἐξ ἑτέρου τι καταλαμβάνεσθαι συγχωροῦσιν. εἰ μὲν γὰρ τὸ ἐξ οὗ τι καταλαμβάνεται, ἀεὶ ἐξ ἑτέρου καταλαμβάνεσθαι δεήσει, εἰς τὸν διάλληλον, ἢ τὸν ἄπειρον ἐμβάλλουσι τρόπον.

64,34—38 Vgl. hierzu *Platon: Philebos.* 14d—15a.

65,32 oben] Siehe 53f.

66,2 oben] Siehe 39f.

66,5 ὑποκείμενον: das Vorliegende; ὑπάρχον: das Zugrundeliegende; ἄδηλον: das Nicht-Offenbare.

66,22—28 Siehe vorliegenden Band 50f. und Anm. 51,21—23.

66,30—32 Vgl. *Diogenes Laertios.* Buch 9, Abschn. 68.

67,14 oben] Siehe 50,38ff.

67,21—26 *Sextos Empirikos: Pyrrhonische Hypotyposen.* Buch 1, Kap. 24. Abschn. 199: καὶ ὥσπερ ὁ λέγων, περιπατῶ, δυνάμει φησὶν, ἐγὼ περιπατῶ· οὕτως ὁ λέγων, πάντα ἐστὶν ἀόριστα, συσσημαίνει, καϑ᾽ ἡμᾶς, τὸ ὡς πρὸς ἐμὲ, ἢ ὡς ἐμοὶ φαίνεται·...

68,37 oben] Siehe 49,3ff.

68,38 causa sui: Ursache seiner selbst.

69,39—70,2 *Schulze* unterscheidet im 1. Band seiner *Kritik* S.70f die „Vorstellung des logischen Seins" von der des „realen oder objektiven Seins" und sagt dann: „Die Vorstellung des realen Seins hingegen ist zwar auch wie jeder Begriff ein Prädikat, und kann als Prädikat in einem Urteile gebraucht werden. Allein soll diese Vorstellung dem Objekte, das dadurch vorgestellt wird, angemessen sein, so darf sie, was sie vorstellt, nicht als eine Eigenschaft vorstellen, die zu den übrigen Eigenschaften eines Dinges noch hinzukäme, und die Zahl dieser Eigenschaften vermehrte, so daß dergleichen Eigenschaften noch etwas Reales wären, und übrig blieben, wenn von ihnen das Sein getrennt würde: Sondern durch die Vorstellung des realen Seins wird etwas bezeichnet und ausgedrückt, das keine Beziehung zu etwas Anderm ausmacht, das schlechthin, absolute, in sich und für sich ist, das eine gänzliche Unabhängigkeit von allem Vorstellen und Denken hat, und durch dieses Denken weder entsteht noch vergeht, das durch nichts getragen, erhalten und bestimmt wird, sondern alles selbst trägt, erhält, und zu allen Bestimmungen die Materie liefert." Das folgende Zitat aus *Schulze: Kritik.* Bd 1.618, ist fast wörtlich. Vgl. dazu *Kant: Kritik der reinen Vernunft.* B 618ff.

70,27 nihil negativum: „nichtiges Nichts", „bloßes Nichts".

70,35—39 *Jacobi an Fichte.* 24: „Wäre das Spiel mit unserer Unwissenheit nicht unendlich, und nicht so beschaffen, daß aus jeder seiner Wendungen ein neues Spiel entstünde: so würde es uns mit der Wissenschaft, wie mit dem Nürnberger so genannten Grillenspiel ergehen, das uns anekelt, so bald uns alle seine Gänge und mögliche Wendungen bekannt und geläufig sind. Das Spiel ist uns dadurch verdorben, daß wir es ganz verstehen, daß wir es wissen." Vgl. *Jacobi: Werke.* Bd 3.29f. — Nürnberger Grillenspiel: Solitärspiel; ein Spiel mit 33 kleinen Kegeln (oder Holzpflöckchen), die auf einem Brett nach einer bestimmten Ordnung in Löchern, von denen eines leer bleibt, stehen, und die man nach bestimmten Regeln aus einem Loch in das andere steckt, indem immer ein Kegel über einen anderen hinweg in ein leeres Loch springt und der übersprungene Kegel weggenommen wird, bis nur noch einer übrig bleibt. Vgl. *Grimm, Deutsches Wörterbuch*, Vierter Band, I. Abteilung 6. Teil, Artikel „Grillenspiel".

71,8—11 Diese Wendungen finden sich häufig in *Schulze: Kritik;* vgl. z. B. Bd 1. XI, XII, XVII; 21, 22, 24f, 26.

71,20—22 Vgl. ebenda. Bd 1. XII.

72,24—37 Ebenda. Bd 1.70: „Im täglichen Leben nun setzen wir die Wirklichkeit einer solchen Übereinstimmung beständig als gewiß voraus, ohne uns um deren Möglichkeit im geringsten zu bekümmern. Die neuere Metaphysik hingegen enthält mehrere Versuche, diese

Möglichkeit zu erforschen und zu ergründen, welche Versuche wir in
der Folge ihrem Inhalte und Werte nach genauer werden kennen lernen."

73,28—39 Zitat aus *Schulze: Kritik.* Bd 1.69f.

74,8—10 Vgl. vorliegenden Band 72,22ff.

76,25 Vgl. *Schulze: Kritik.* Bd 1.610—642: *Dritter Teil. Zweiter
Abschnitt. Von den allgemeinen Gründen des Skeptizismus. — Unmöglichkeit einer Erklärung des Ursprunges menschlicher Erkenntnisse von Dingen.* *Hegel* zitiert die „drei Gründe" wörtlich und referiert dann jeweils die ihnen von *Schulze* beigegebene *Erläuterung.*

77,12—22 Ebenda. Bd 1.609f: „Wenn man nämlich, wird der
Skeptiker auf die Frage: Ob wissenschaftliche Philosophie schlechterdings unmöglich sei? antworten, sowohl den eigentlichen Zweck
dieser Philosophie, als auch die Bedingungen betrachtet, unter welchen dieser Zweck allein erreicht werden kann, und zugleich die Fähigkeit des menschlichen Gemütes, zu einer realen und sichern Erkenntnis von Dingen zu gelangen, in Erwägung zieht, so läßt sich gar
nicht einsehen, wie es jemals (wenn anders sich die Einrichtung des
menschlichen Erkenntnisvermögens nicht ändert, was wohl kein Vernünftiger erwarten, und worauf er also auch nicht die Hoffnung der
Möglichkeit einer Wissenschaft gründen wird) möglich sein soll, eine
Wissenschaft der absoluten und übersinnlichen Gründe des nach den
Zeugnissen unsers Bewußtseins Vorhandenen aufzustellen, und der
Vernunft in Ansehung solcher Dinge, die lediglich gedacht werden
können, die Überzeugung und Gewißheit beizubringen, daß sie auch
etwas objektiv Wirkliches seien. Ob also gleich jeder Mensch eigentlich nur immer die jedesmal vorhandenen Bestimmungen seiner Überzeugung mit Sicherheit kennt, so würde es doch töricht sein, wenn
man im geringsten die Hoffnung nähren wollte, daß die Erreichung
der Hauptzwecke einer wissenschaftlichen Philosophie künftig einmal, und wenn sie etwa auf einem bisher noch gar nicht versuchten
Wege verfolgt würden, wohl besser gelingen werde, als solche bisher
gelungen ist."

77,31—32 Vgl. ebenda. Bd 2. Vf. — Dieser dritte Band, bzw. der
dritte, ausstehende Teil des zweiten Bandes, ist nicht erschienen.

78,8—80,24 *Hegel* gibt *Schulzes* Darlegungen zumeist wörtlich
wieder; vgl. *Kritik.* Bd 2.100—105.

80,37 Vgl. vorliegenden Band 72,33ff. und Anm. zu 72,24—37.

81,3—10 Zitat aus *Schulze: Kritik.* Bd 2.105f.

81,21—32 Fast wörtliches Zitat aus *Schulze: Kritik.* Bd 2.106.

82,15 oben] Siehe 40,26—41,2.

82,32—36 *Schulze: Kritik.* Bd 2.107f.

83,3—11 Ebenda. Bd 1.160.

83,12 *Schulze: Kritik.* Bd 1.163 (§ 34) verweist in einer Anmerkung auf *Leibniz: Principia Philosophiae (Monadologie)* §§ 58—61.

83,19 Vgl. vorliegenden Band 71,26.

83,24—85,4 *Hegel* gibt *Schulzes* Darlegungen zumeist wörtlich wieder; vgl. *Kritik*. Bd. 2. 108—114.

85,11—12 Vgl. Anm. zu 77,31—32.

85,39—86,3 Vgl. *Schulze: Kritik*. Z. B. Bd 1. XXVII; Bd 2.506f, u. ö.

86,38—87,9 Verkürztes Zitat aus *Schulze: Kritik*. Bd 1. XXIIIf.

87,24 Stark verkürztes Zitat aus *Schulze: Kritik*. Bd 2.91f.

87,24—27 Ebenda. Bd 2.93f.

87,27—37 Wörtlich nach *Schulze: Kritik*. Bd 2.137.

88,38 Hyoscyamus] Bilsenkraut. Narkotisch-giftig mit widerlich betäubend riechenden Blättern.

92,25 Zum folgenden siehe *Fichte: Naturrecht*. T. 1. *Einleitung*. (VIII ff Anm.). Vgl. *Fichte: Werke*. Bd 3.6f Anm.

97,2 Siehe vorliegenden Band 112ff.

99,7 unten] Siehe 104ff.

108,1 erinnertermaßen] Siehe 104f.

110,37 oben] Siehe 108,6ff.

112,37 vorhin] Siehe 108ff.

113,36 Zum folgenden vgl. *Kant: Kritik der praktischen Vernunft*. § 4.

114,23—37 Vgl. *Kant: Kritik der reinen Vernunft*. B 82f.

115,16—19 Vgl. *Kant: Kritik der praktischen Vernunft*. § 7.

116,2—11 Vgl. ebenda. § 4, *Anmerkung*.

124,6 es ist Bedingung des reinen Selbstbewußtseins,] wohl genitivus subiectivus; also zu lesen wie: reines Selbstbewußtsein ist die Bedingung ...

124,15—17 *Fichte: Naturrecht*. T. 1. § 14 (166ff). Vgl. *Fichte: Werke*. Bd 3.139ff.

124,23 als etwas absolutes Ansichseiendes] Original: als etwas absolutes an sich seiendes.

127,19 Insurrektion: Aufstand, Empörung.

127,33 Ephorat: In Sparta die auf Lykurg zurückgehende Institution der fünf Ephoren (‚Aufseher‘), die als die höchsten Beamten die Könige berieten und kontrollierten, die höchste Gerichtsbarkeit innehatten, die Behörden beaufsichtigten, die Volksversammlung einberiefen und die Außenpolitik mitbestimmten.

124,27—128,21 Hierzu vgl. *Fichte: Naturrecht*. T. 1. §§ 14—16 (vor allem 169ff und 206ff). Vgl. *Fichte: Werke*. Bd 3. (142ff und 170ff).

128,31 oben] Siehe 110ff.

132,37 Preiskurant: Preisliste, Kurs.

136,6 oben] Siehe 128ff.

137,3—23 *Platon: Politikos*. 294a—c: ΞΕΝ. Τρόπον μέντοι τινὰ δῆλον ὅτι τῆς βασιλικῆς ἐστὶν ἡ νομοθετική· τὸ δ᾽ ἄριστον, οὐ τοὺς νόμους ἐστὶν ἰσχύειν, ἀλλὰ ἄνδρα τὸν μετὰ φρονήσεως βασιλικόν. οἶσθ᾽ ὅπη; ΣΩ. Πῆ δὴ λέγεις; ΞΕΝ. Ὅτι νόμος οὐκ ἄν ποτε δύναιτο τό, τε ἄριστον καὶ τὸ δικαιότατον ἀκριβῶς ἅμα πᾶσι περιλαβὼν, τὸ βέλτιστον ἐπιτάττειν. αἱ γὰρ ἀνομοιότητες τῶν ἀνθρώπων καὶ τῶν πράξεων, καὶ τὸ μηδέποτε μηδέν, ὡς εἰπεῖν ἔπος, ἡσυχίαν ἄγειν τῶν ἀνθρωπίνων, οὐδὲν ἐῶσιν ἁπλοῦν ἐν οὐδενὶ περὶ ἁπάντων καὶ ἐπὶ πάντα τὸν χρόνον ἀποφαίνεσθαι τέχνην οὐδ' ἡντινοῦν. ταῦτα δὴ συγχωροῦμέν που; ΣΩ. Τί μήν; ΞΕΝ. Τὸν δέ γε νόμον ὁρῶμεν σχεδὸν ἐπ' αὐτὸ τοῦτο ξυντείνοντα, ὥσπέρ τινα ἄνθρωπον αὐθάδη καὶ ἀμαθῆ, καὶ μηδὲν ἐῶντα ποιεῖν παρὰ τὴν ἑαυτοῦ τάξιν· μηδ' ἐπερωτᾶν μηδένα, μηδ' ἄν τι νέον ἀρά τῳ ξυμβαίνῃ βέλτιον, παρὰ τὸν λόγον ὃν αὐτὸς ἐπέταξε. ΣΩ. Ἀληθῆ. ποιεῖ γὰρ ἀτεχνῶς, καθάπερ εἴρηκας νῦν, ὁ νόμος ἡμῖν ἑκάστοις. ΞΕΝ. Οὐκοῦν ἀδύνατον εὖ ἔχειν πρὸς τὰ μηδέποτε ἁπλᾶ τὸ διαπαντὸς γιγνόμενον ἁπλοῦν. ΣΩ. Κινδυνεύει.

138,18 oben] Siehe 124ff.

139,16 oben] Siehe 108—112.

140,22 oben] Siehe 110ff.

141,6—12 *Aristoteles: Politik.* A 7. 1255b 35—37; *Platon: Politeia.* V. 473b und VI. 484a ff.

142,7 *Platon: Politikos.* 308e—309a: ΞΕΝ. Ταυτὸν δή μοι τοῦθ' ἡ βασιλικὴ φαίνεται, πᾶσι τοῖς κατὰ νόμον παιδευταῖς καὶ τροφεῦσι, τὴν τῆς ἐπιστατικῆς αὐτὴ δύναμιν ἔχουσα, οὐκ ἐπιτρέπειν ἀσκεῖν ὅ, τι μὴ τις πρὸς τὴν αὐτῆς ξύγκρασιν ἀπεργαζόμενος, ἦθός τι πρέπον ἀποτελεῖ. ταῦτα δὲ μόνα παρακελεύεσθαι παιδεύειν, καὶ τοὺς μὲν μὴ δυναμένους κοινωνεῖν ἤθους ἀνδρείου καὶ σώφρονος, ὅσά τε ἄλλα ἐστὶ τείνοντα πρὸς ἀρετήν, ἀλλ' εἰς ἀθεότητα καὶ ὕβριν καὶ ἀδικίαν ὑπὸ κακῆς βίᾳ φύσεως ἀπωθούμενα, θανάτοις τε ἐκβάλλει καὶ φυγαῖς καὶ ταῖς μεγίσταις κολάζουσα ἀτιμίαις. ΣΩ. Λέγεται γοῦν πως οὕτω. ΞΕΝ. Τοὺς δ' ἐν ἀμαθίᾳ τ' αὖ καὶ ταπεινότητι πολλῇ κυλινδουμένους, εἰς τὸ δουλικὸν ὑποζεύγνυσι γένος. ΣΩ. Ὀρθότατα.

142,7—10 *Aristoteles: Politik.* A 4—5. 1254a 13ff.

143,5—21 *Edward Gibbon: The History of the Decline and Fall of the Roman Empire.* Vol. 1. A new Edition. Basil: Tourneisen 1787. 74—75: „It was scarcely possible that the eyes of contemporaries should discover in the public felicity the latent causes of decay and corruption. This long peace, and the uniform governement of the Romans, introduced a slow and secret poison into the vitals of the empire. The minds of men were gradually reduced to the same level, the fire of genius was extinguished, and even the military spirit evaporated. The natives of Europe were brave and robust, Spain, Gaul, Britain, and Illyricum, supplied the legions with excellent soldiers, and constituted the real strength of the monarchy. Their personal valour remained, but they no longer possessed that public courage, which is nourished by the love of independence, the sense of national honour, the presence of danger, and the habit of command. They received laws and governors from the will of their sovereign, and trusted for their defence to a mercenary army. The posterity of their boldest leaders was contented with the rank of citizens and subjects. The most aspiring spirits resorted to the court or standard of the emperors; and the deserted provinces, deprived of political strength or union, insensibly sunk into the languid indifference of private life."

143,39–144,21 *Platon: Politeia.* IV. 425c–426a: Τί δέ; ὦ πρὸς θεῶν, ἔφην, τάδε τὰ ἀγοραῖα ξυμβολαίων τε πέρι κατ᾽ ἀγορὰν ἔκαστοι ἃ πρὸς ἀλλήλους συμβάλλουσιν· εἰ δὲ βούλει, καὶ χειροτεχνικῶν πέρι ξυμβολαίων, καὶ λοιδοριῶν, καὶ αἰκίας, καὶ δικῶν λήξεις, καὶ δικαστῶν καταστάσεις, καὶ εἴπου τελῶν τινὲς ἢ πράξεις ἢ θέσεις ἀναγκαῖοί εἰσιν, ἢ κατ᾽ ἀγορὰς, ἢ λιμένας, ἢ καὶ τοπαράπαν ἀγορανομικὰ ἄττα, ἢ ἀστυνομικὰ, ἢ ἐλλιμενικὰ, ἢ ὅσα ἄλλα τοιαῦτα, τούτων τολμήσομεν τι νομοθετεῖν; Ἀλλ᾽ οὐκ ἄξιον, ἔφη, ἀνδράσι καλοῖς κἀγαθοῖς ἐπιτάττειν. τὰ πολλὰ γὰρ αὐτῶν ὅσα δεῖ νομοθετήσασθαι, ῥαδίως που εὑρήσουσι. Ναὶ, ὦ φίλε, εἶπον, ἐάν γε θεὸς αὐτοῖς διδῷ σωτηρίαν τῶν νόμων ὧν ἔμπροσθεν διήλθομεν. Εἰ δὲ μή γε, ἦ δ᾽ ὅς, πολλὰ τοιαῦτα τιθέμενοι ἀεὶ καὶ ἐπανορθούμενοι, τὸν βίον διατελέσουσιν, οἰόμενοι ἐπιλήψεσθαι τοῦ βελτίστου; Λέγεις, ἔφην ἐγὼ, βιώσεσθαι τοὺς τοιούτους, ὥσπερ τοὺς κάμνοντάς τε, καὶ οὐκ ἐθέλοντας, ὑπὸ ἀκολασίας, ἐκβῆναι πονηρᾶς διαίτης. Πάνυ μὲν οὖν. Καὶ μὴν οὗτοί γε χαριέντως διατελοῦσιν. ἰατρευόμενοι γὰρ, οὐδὲν περαίνουσι, πλήν γε ποικιλώτερα καὶ μείζω ποιοῦσι τὰ νοσήματα, καὶ αἰεὶ ἐλπίζοντες, ἐάν τις φάρμακον συμβουλεύσῃ, ὑπὸ τούτου ἔσεσθαι ὑγιεῖς. Ebenda. IV. 426e: Μὴ τοίνυν χαλέπαινε. καὶ γάρ που εἰσὶ πάντων χαριέστατοι οἱ τοιοῦτοι, νομοθετοῦντές τε οἷα ἄρτι διήλθομεν, καὶ ἐπανορθοῦντες ἀεὶ, οἰόμενοί τε πέρας εὑρήσειν περὶ τὰ ἐν τοῖς ξυμβολαίοις κακουργήματα, καὶ περὶ ἃ νῦν δὴ ἐγὼ ἔλεγον· ἀγνοοῦντες ὅτι τῷ ὄντι ὥσπερ Ὕδραν τέμνουσι.

144,22–31 Ebenda. III. 404e–405b: Ἀκολασίας δὲ καὶ νόσων πληθυουσῶν ἐν πόλει, ἆρ᾽ οὐ δικαστήριά τε καὶ ἰατρεῖα πολλὰ ἀνοίγεται, καὶ δικανική τε καὶ ἰατρικὴ σεμνύνονται, ὅταν δὴ καὶ ἐλεύθεροι πολλοὶ καὶ σφόδρα περὶ αὐτὰ σπουδάζωσι; Τί γὰρ οὐ μέλλει; Τῆς δὲ κακῆς τε καὶ αἰσχρᾶς παιδείας ἐν πόλει ἆρα μή τι μεῖζον ἕξεις λαβεῖν τεκμήριον, ἢ τὸ δεῖσθαι ἰατρῶν καὶ δικαστῶν ἄκρων μὴ μόνον τοὺς φαύλους τε καὶ χειροτέχνας, ἀλλὰ καὶ τοὺς ἐν ἐλευθέρῳ σχήματι προσποιουμένους τετράφθαι; ἢ οὐκ αἰσχρὸν δοκεῖ, καὶ ἀπαιδευσίας μέγα τεκμήριον, τὸ ἐπακτῷ παρ᾽ ἄλλων, ὡς δεσποτῶν τε καὶ κριτῶν, τῷ δικαίῳ ἀναγκάζεσθαι χρῆσθαι, καὶ ἀπορίᾳ οἰκείων; Πάντων μὲν οὖν, ἔφη, αἴσχιστον. Ἦ δοκεῖ σοι, ἦν δ᾽ ἐγὼ, τούτου αἴσχιον εἶναι τοῦτο, ὅταν τίς μὴ μόνον τὸ πολὺ τοῦ βίου ἐν δικαστηρίοις φεύγων τε καὶ διώκων κατατρίβηται, ἀλλὰ καὶ . . .

146,27–147,6 *Hegel* spricht hier von der *Orestie* des *Aischylos.*

148,5–6 *Platon: Politikos.* 302a.

148,19 pullulieren: sprossen, sich durch Sprossung vermehren.

149,9–12 Siehe *F. G. Klopstock: Der Messias.* 2. Gesang, Vers 370–387 (Belielel).

151,15–17 *Platon: Phaidros.* 246c–d: . . . ἀθάνατον δὲ, οὐδ᾽ ἐξ ἑνὸς λόγου λελογισμένου, ἀλλὰ πλαττομένου, οὔτε ἰδόντες, οὔτε ἱκανῶς νοήσαντες θεόν, ἀθάνατον τὶ ζῶον, ἔχον μὲν ψυχὴν, ἔχον δὲ σῶμα · τὸν ἀεὶ δὲ χρόνον ταῦτα ξυμπεφυκότα.

152,20–21 Vgl. *Aristoteles: Metaphysik.* A 4. 985b 8 (über *Leukippos* und *Demokritos*). Vgl. auch den Abschnitt über *Leukipp* in *Hegel: Vorlesungen über die Geschichte der Philosophie.*

154,23 das griechische Wort] = ἦθος, vgl. auch ἔθος; davon „Ethik".

155,12–17 *Aristoteles: Politik.* A 2. 1253a 25–29: ὅτι μὲν οὖν ἡ πόλις, καὶ φύσει καὶ πρότερον ἢ ἕκαστος, δῆλον. εἰ γὰρ μὴ αὐτάρκης ἕκαστος χωρισθεὶς ὁμοίως τοῖς ἄλλοις μέρεσιν, ἕξει πρὸς τὸ ὅλον. ὁ δὲ μὴ δυνάμενος κοινωνεῖν, ἢ μηθὲν δεόμενος δι᾿ αὐτάρκειαν, οὐθὲν μέρος πόλεως. ὥστε ἢ θηρίον, ἢ θεός. Zitiert nach: *Aristoteles summi semper viri, et in quem unum vim suam universam contulisse natura rerum videtur, opera, quaecunque impressa hactenus extiterunt omnia, summa cum vigilantia excusa. Per Des. Eras. Roterodamum.* Basileae, apud Jo. Beb. 1531. Bd 2.75.

156,23　oben] Siehe 116ff.

156,33　obigen] Siehe 112ff.

158,2–5 *Diogenes Laertios.* Buch VIII, Abschn. 16 (*Pythagoras*): ἔνθα καὶ Ξενόφιλον τὸν Πυθαγορικὸν, ἐρωτηθέντα, πῶς ἂν μάλιστα τὸν υἱὸν παιδεύσειεν, εἰπεῖν, εἰ πόλεως εὐνομουμένης γενηθείη.

167,7　oben] Siehe 116ff.

169,33　vorhin] Siehe 165f.

171,28　widerstrahlt] Original: wiederstrahlt.

173,12 *Montesquieu: De l'esprit de lois.* (1. Ausgabe Genf 1748).

173,36　oben] Siehe 158ff. und 165ff.

178,22　oben] Siehe 145ff.

SACHINDEX

Der Sachindex bezieht sich nur auf die Texte Hegels. Er ist nicht auf Vollständigkeit hin angelegt, verzeichnet vielmehr neben definitorischen Stellen für Hegel charakteristische Prägungen, die geeignet sind, mit dem Duktus seines Denkens vertraut zu machen. / = „versus"; Seitenangaben in ( ) beziehen sich auf sinngleiche Stellen.

G.esbeweis, ontologischer 69 f

Humanität 12

Ideal 12
Idealismus
— transzendentaler 16 ff
Idee
— nur I. 9 f
— reine 91
— des Absoluten 11
Vernuft-I., absolute 97
Identität 92
— bewußtlose 73
— formale 117
— relative 95
— vernünftige 70
— des Allgemeinen und Besondern 69
— des Ideellen und Reellen 110
— von Begriff und Ding 72
— von Denken und Sein 72
Intelligenz 153

Kausalitätsverhältnis 76
Komödie 147 f, 149 f
Krieg 135
— und Frieden 133 f
Kritik 14 f
— philosophische, Wesen der 1–15
— Maßstab der 1
Kunstwerk
— absolutes 150

Legalität 123, 158
— System der 124
Lehensverfassung 172

Maxime 114 ff, 118 f
Menschenverstand 173
— gemeiner 10, 16–33, 59, 68
— gesunder 8, 11, 14, 107, 165
Metaphysik 73, 90, 105
Moral 154 f
— der Moralität 157
m.isches Prinzip 168

Moralität 123, 156, 158

Naturrecht 90–178
Naturzustand 99 ff, 103
— Fiktion des 102
Negatives
— absolut 152 f
Negativität
— reine 67
Nichtidentität 69
Notwendigkeit
— ursprüngliche, einfache 97
— Schein der 97
—/ Freiheit 111 f

Ökonomie
— politische, System der 134 f
Ontotheologie (Begriff Schulzes) 70
Originalität
— als Besonderheit 6

Partei 15
Pflicht 114 ff, 117 f, 123, 137
— reiner Begriff der 113
Philosophie 10, 12, 36, 46, 48, 70, 77, 105, 159–162, 165, 170, 176
— echte, wahre 11, 14, 47, 49
— kritische 92 f, 97
— praktische 92
— nur Eine 1, (61)
— mit dem Skeptizismus Eins 46, (53), 56
— als Erkennen des Absoluten 2
— etwas Esoterisches 11
— kein Dogmatismus 53
— Begriff einer 47
— Anfang der 59
— Ernst der 5
— Interesse der 22
— Teile der 90
— Wissenschaft der 10
— — absolute Wissenschaft 91
— des Sittlichen 167, 177
— Tatsachen-P. 41
Physik 45, 64

PERSONENVERZEICHNIS

Der Index gilt nur für den Textteil und nur für historische Personen. Stellen, die ausdrücklich auf eine bestimmte Person anspielen, ohne sie namentlich zu nennen, sowie Zitierungen aus Werken, die ohne Nennung des Autors gebracht werden, sind in ( ) aufgeführt. Wendungen wie z. B. Kantianismus, pythagoräisch usw. sind bei den betreffenden Namen (Kant, Pythagoras usw.) mitverzeichnet.